Nem com Marx, nem contra Marx

FUNDAÇÃO EDITORA DA UNESP

Presidente do Conselho Curador
Mário Sérgio Vasconcelos

Diretor-Presidente
Jézio Hernani Bomfim Gutierre

Superintendente Administrativo e Financeiro
William de Souza Agostinho

Conselho Editorial Acadêmico
Carlos Magno Castelo Branco Fortaleza
Henrique Nunes de Oliveira
João Francisco Galera Monico
João Luís Cardoso Tápias Ceccantini
José Leonardo do Nascimento
Lourenço Chacon Jurado Filho
Paula da Cruz Landim
Rogério Rosenfeld
Rosa Maria Feiteiro Cavalari

Editores-Adjuntos
Anderson Nobara
Leandro Rodrigues

Norberto Bobbio

Nem com Marx, nem contra Marx

Organização
Carlo Violi

Tradução
Marco Aurélio Nogueira

© 1997 Editori Riuniti di Sisifo
Título original em italiano: *Né con Marx, né contro Marx*

© 2004 da tradução brasileira:
Fundação Editora da Unesp (FEU)

Praça da Sé, 108
01001-900 – São Paulo – SP
Tel.: (0xx11) 3242-7171
Fax: (0xx11) 3242-7172
www.editoraunesp.com.br
www.livrariaunesp.com.br
feu@editora.unesp.br

CIP – Brasil. Catalogação na fonte
Sindicato Nacional dos Editores de Livros, RJ

B637n
 Bobbio, Norberto, 1909-2004
  Nem com Marx, nem contra Marx / Norberto Bobbio; organização Carlo Violi; tradução Marco Aurélio Nogueira. – São Paulo: Editora Unesp, 2006
  Tradução de: Né con Marx, né contro Marx
  ISBN 85-7139-700-7
 1. Marx, Karl, 1818-1883. 2. Socialismo. 3. Comunismo. I. Violi, Carlo. II. Título.
 06-3326.   CDD 320.532
                                                CDU 321.74

Editora afiliada:

Asociación de Editoriales Universitarias
de América Latina y el Caribe

Associação Brasileira de
Editoras Universitárias

Sumário

Preâmbulo de Norberto Bobbio   7

Introdução de Carlo Violi   11

Primeira Parte
O debate sobre o marxismo

1   Prefácio a Karl Marx, *Manuscritos econômico-filosóficos de 1844*   45

2   Apêndice. Advertência a Ludwig Feuerbach, *Princípios da filosofia do futuro*   55

3   A filosofia antes de Marx   61

4   Ainda sobre o stalinismo: algumas questões de teoria   69

5   Apêndice. Stalin e a crise do marxismo   103

Segunda parte
O marxismo teórico

6   A dialética de Marx   121

7   Marx e o Estado   149

8   Marxismo e ciências sociais   167

9   Marx e a teoria do direito   207

10 Relações internacionais e marxismo   221

Terceira parte
Discursos críticos

11 Marxismo crítico   245

12 Marxismo e fenomenologia   249

13 Marx, Engels e a teoria do Estado.
    Carta a Danilo Zolo   259

14 Marxismo e questão criminal.
    Carta a Alessandro Baratta   265

15 Teoria do Estado ou teoria do partido?   271

16 Uma tentativa de resposta para
    a crise do marxismo   281

17 Ainda a propósito de marxismo.
    Carta a Costanzo Preve   293

18 Convite para que se releia Marx   299

Índice onomástico   307

Referências bibliográficas   311

Preâmbulo

Devo a Carlo Violi a ideia e a cuidadosa organização desta coletânea de textos sobre Marx e o marxismo. Remeto à sua ampla introdução para a obtenção de maiores informações sobre as circunstâncias que deram origem à ideia, sobre as razões que a justificam e sobre os critérios adotados para implementá-la.

Para aqueles que, como eu, completaram seus estudos durante o fascismo (graduei-me em 1931), Marx e o marxismo eram temas proibidos. Não me recordo de ter ouvido falar deles por intermédio de meus professores do ensino médio e da universidade. Zino Zini, meu professor de filosofia no colégio de Azeglio, velho socialista, depois vereador comunista, amigo de Gramsci, cuja casa frequentei durante anos mesmo depois da universidade, disse-me certo dia, maravilhado, no decurso de uma amigável conversa: "Mas como, o senhor nunca leu o *Manifesto do Partido Comunista?*". Não, nunca o havia lido. Não era nem sequer fácil lê-lo naqueles anos, porque simplesmente não se encontravam exemplares do texto nas livrarias. A primeira edição que me caiu em mãos foi a publicada no volume *Le carte dei diritti* [As declarações de direitos] organizado por

Felice Battaglia e publicado em Florença, pela editora Sansoni, em 1934.

De grande ajuda para meu conhecimento da história do marxismo foi o ensaio de Croce, "Come nacque e come morí il marxismo teorico in Italia" (1895-1900) [Como nasceu e como morreu o marxismo teórico na Itália], publicado pela Editora Laterza em 1938. Sobre este ensaio e sobre o livro de Antonio Labriola, *La concezione materialistica della storia* [A concepção materialista da história], no qual o ensaio crociano foi republicado, realizei um seminário na Universidade de Pádua no ano acadêmico 1942-1943, quando a queda do fascismo estava próxima. No mesmo ano falei pela primeira vez sobre Marx em um curso dedicado à análise histórica dos conceitos de liberdade e de igualdade, e da correspondente contraposição entre individualismo e universalismo. O principal texto de Marx que utilizei naquelas aulas foi o *Manifesto*.

Em 1944 saiu o livro de Guido Calógero, *La critica dell'economia e il marxismo* [A crítica da economia e o marxismo], título que, na reedição que se seguiu, foi alterado para *Il metodo dell'economia e il marxismo* [O método da economia e o marxismo] (Florença, La Nuova Itália). Em 1943, Galvano della Volpe já havia publicado o primeiro de seus livros de interpretação da filosofia de Marx, *Discorso sull'ineguaglianza* [Discurso sobre a desigualdade].

Depois do fim do fascismo, pôde-se ver que a longa abstinência forçada havia conseguido fazer que o marxismo se tornasse um dos temas mais apaixonadamente debatidos entre os jovens que se abriam para a democracia. Não se deve esquecer que a pátria do socialismo, da qual Marx era o grande fundador, havia sido – não obstante Stalin ou graças a Stalin, como então se podia sustentar sem suscitar qualquer tipo de escândalo – uma das duas nações vencedoras da Segunda Guerra Mundial que havia libertado o mundo do fascismo e do nazismo. Participei ativamente dos debates que então se generalizaram. Em 1946, resenhei o livro de Karl Popper, *The Open Society and Its Enemies* [A sociedade aberta e seus inimigos], que dedicava uma de suas partes à crítica de Marx, considerado um dos piores inimigos da sociedade aberta. No mesmo ano, traduzi para a Editora Einaudi os *Principi della filosofia dell'avvenire* [Princípios da filosofia do futuro] de Feuerbach, aos quais se seguiria, dois anos depois, a tradução dos *Manoscritti economico-filosofici del 1844* [Manuscritos econômico-filosóficos de 1844] de Marx.

Ao longo destes cinquenta anos, meu interesse por Marx jamais arrefeceu, ainda que se tenha limitado mais ao tema do Estado e tenha sempre permanecido no âmbito da filosofia política. De resto, não faltaram ocasiões. Foram duas as principais: o debate em defesa dos direitos de liberdade da tradição liberal, que os comunistas tinham repudiado, entre 1951 e 1955; e o debate em defesa do Estado democrático de direito entre 1972 e 1976. Em ambos os casos o alvo foi a teoria marxiana do Estado, do Estado enquanto tal e, portanto, de todos os Estados reais, considerados como ditaduras.

Entre um e outro debate ocupa um posto central, seja pelo método da discussão, seja pelos argumentos empregados, o extenso ensaio "Ancora dello stalinismo" [Ainda sobre o stalinismo], que até agora não havia sido incluído em nenhuma coletânea de meus textos. Redigido após o famoso discurso de Kruschev contra Stalin e contra o culto da personalidade, pronunciado no XX Congresso do Partido Comunista da União Soviética (fevereiro de 1956), seu tema era a tirania como figura histórica do milenar curso da filosofia política. Esse ensaio, juntamente com a resposta aos críticos, "Stalin e la crisi del marxismo" [Stalin e a crise do marxismo], escrita muitos anos depois (1987) e também nunca mais republicada, constitui idealmente a ponte de passagem entre o primeiro debate, sobre os direitos de liberdade, e o segundo, sobre o Estado de direito.

Não obstante o ânimo crítico com que foi escrita a maior parte dos ensaios aqui reunidos, o diálogo com os marxistas permaneceu sempre aberto. Prova disso é o número daqueles que contribuíram diretamente para esse diálogo e que mais tarde o retomaram.

Não é por acaso que o último ensaio, "Invito a rileggere Marx" [Convite para que se releia Marx], escrito quase cinquenta anos depois daquele que dá início a esta coletânea, seja a introdução a um seminário dedicado ao tema *Rileggere Marx* [Reler Marx], promovido pela revista *Teoria Politica* (1992) e do qual participaram marxistas e não marxistas, italianos e estrangeiros. O encontro nasceu com o propósito de responder à questão: "O que aconteceu com Marx e com o marxismo?". Na minha introdução, sugeri que a essa questão fosse dada uma resposta consistente e bem argumentada, que se contrapusesse à refutação emotiva, irritada, passional e acrítica que se seguiu aos eventos de 1989. Nas intervenções posteriores, aceitou-se o convite. Para que se compreenda melhor o espírito daquele seminário, creio que não há nada melhor do que esta passagem de Jon Elster, citada por Salvatore Veca: "Não é mais possível hoje, moral e intelectualmente, ser marxista no sentido tradicional... Creio, porém, que é possível ser marxista em um sentido bem diferente do termo... A crítica da exploração e da alienação permanece central" (Veca, 1993, p.49).[1]

Se não me iludo, parece-me que estas palavras exprimem bem o espírito com que foi concebido e composto o livro que ora submetemos – Violi e eu – ao juízo dos leitores.

Norberto Bobbio

---

1 A referência é ao livro de ELSTER, J. *Sense of Marx*. Cambridge: Cambridge University Press, 1985. p.531.

Introdução

Carlo Violi

A ideia de reunir em livro um número consistente de textos de Norberto Bobbio, fruto de seus intermitentes encontros com Marx e com o marxismo, nasceu de minha familiaridade com a produção intelectual do autor. Referi-me, em outra ocasião, às circunstâncias e às modalidades do meu encontro com a obra de Bobbio, da qual também procurei, em diversas etapas, encontrar o "fio vermelho", se é que se pode assim falar (Violi, 1995, p.XXV-XLII). O contato inicial com os primeiros escritos de Bobbio pró e contra Marx deu-se na segunda metade dos anos de 1950, quando estava escolhendo o tema de minha monografia de conclusão do curso superior, a ser apresentada e discutida na Universidade de Messina com Galvano della Volpe, e que também foi, por outro lado, a primeira monografia dedicada ao pensamento de Bobbio a ser discutida em uma universidade (idem, 1957-1958).

A Universidade de Messina sempre foi uma "encruzilhada" de docentes ilustres, que por ali passavam à espera de postos definitivos em outros centros, muito mais cobiçados do que a pequena universidade de província. Diferentemente de muitos de seus colegas, Galvano della Volpe foi o único professor universitário italiano a não ter conseguido uma transferência, e por isso concluiu, em 1965, por ter alcançado o limite de idade, a carreira universitária em Messina, onde Giovanni Gentile, seu antigo professor, o havia "confinado" em 1939. Graças à presença de della Volpe e do grupo de estudiosos marxistas reunidos no correr de diferentes ocasiões em torno dele – entre os quais devem ser recordados Raniero Panzieri, Mario Rossi, Giulio Pietranera, Lucio Colletti e Nicolao Merker –, a Universidade de Messina foi, entre a segunda metade da década de 1940 e a primeira metade da década de 1960, um "centro de produção teórica de primeiro plano, em nível não somente nacional mas também europeu e internacional" (Alcaro, 1984, p.49), e representou então, para os jovens intelectuais de esquerda, "o ponto de referência mais alto e mais orgânico para uma aproximação com o marxismo" (Vacca, 1970, p.7).

De fato, na principal cidade do Estreito de Messina, entre 1943 e 1946, no clima inquieto e turbulento de uma guerra que dividira a Itália ao meio, manifestaram-se, por obra de della Volpe, os primeiros sinais de retomada do marxismo teórico depois da interrupção de seu desenvolvimento, provocada pelo fascismo. O regime de Mussolini, por quase vinte anos, erradicou o marxismo da vida social e cultural italiana, cortando brutalmente sua história em um "antes" e em um "depois", representados, respectivamente, por duas personalidades profundamente distintas por formação e inspiração, separadas, além do mais, por divergências radicais sobre suas "visões" de Marx: Rodolfo Mondolfo e seu aluno Galvano della Volpe.

A última voz ouvida antes da forçada interrupção da tradição marxista, começada por Labriola no início do século, foi precisamente a de Mondolfo, com quem della Volpe havia se formado na Universidade de Bolonha em dezembro de 1919. Logo depois do fim da Segunda Guerra, della Volpe irá submeter à crítica a versão que Mondolfo dará do marxismo, vendo nela um "equívoco ideológico" e inserindo-a na história do revisionismo (Violi, 1989, p.229-76). O primeiro e mais autorizado intérprete do marxismo teórico, após o ostracismo fascista imposto à cultura marxista e à tradição cultural do movimento operário, foi della Volpe, que chegou ao marxismo não a partir das fileiras do antifascismo militante, mas através de um longo e inusitado percurso filosófico: a "longa viagem" do atualismo ao marxismo mediante a crítica do idealismo hegeliano, a descoberta do empirismo de Hume e do existencialismo como "filosofia do finito". Uma viagem que lhe permitiria reabrir o discurso sobre Marx e reivindicar a "autonomia problemática, filosófica e ética" do marxismo (Matteucci, 1953, p.78), ou seja, sua autossuficiência como corpo doutrinário. De fato, ao passo que em outros países o marxismo seria conjugado com o existencialismo, o neopositivismo, o pragmatismo e a fenomenologia, "na Itália, della Volpe buscava em Marx, liberado de todo contágio com a filosofia clássica e pós-clássica alemã, não o continuador de Hegel, mas sim o de Galileu". Romperá assim com a tradição italiana do "retorno a Marx", à qual pertence também Mondolfo: "somente com della Volpe começa uma nova história, ainda que em meio a muitos contrastes" (Bobbio, em Mondolfo, 1968, p.XLVI-XLVII).

Eu estudava justamente na Universidade de Messina e estava idealmente próximo ao grupo de estudiosos liderados por della Volpe – alguns dos quais eram docentes da faculdade que eu frequentava –, quando veio à luz *Politica e cultura*, um dos livros mais conhecidos de Bobbio, com o qual minha geração aprendeu a grande virtude do "diálogo" e a não se entregar ao jogo das "alternativas excessivamente claras" (Bobbio, 1955a, p.9), segundo um costume intelectual da época. Estávamos na época da "guerra fria" e dos blocos opostos, dos grandes entusiasmos e das oposições ideológicas radicais: um período, na verdade, caracterizado por "contraposições totais de alinhamentos políticos e sociais, mitos ideológicos e realidades de lutas de classe, ascensão e queda brusca de certezas" (Spriano, 1986, p.7).

Naquela situação conflituosa determinada pela contraposição dos blocos, não estava de modo algum afastado o perigo de uma terceira guerra mundial e do choque frontal entre capitalismo e comunismo. No clima da "guerra fria" e das ideologias em contraste, Bobbio assumiu a função do intelectual "mediador", cujo dever era essencialmente o de lançar uma ponte sobre o abismo que então dividia os intelectuais de formação liberal e os intelectuais comunistas, restabelecendo assim a confiança no diálogo entre as partes em conflito (Bobbio, 1974, p.230).

Os textos reunidos em *Politica e cultura* eram, na verdade, o fruto de serenas e elevadas discussões sobre os temas fundamentais dos direitos de liberdade, realizadas entre 1951 e 1955, com alguns importantes representantes comunistas da cultura e da política. A discussão sobre os princípios tivera início com Ranuccio Bianchi Bandinelli e prosseguira com Galvano della Volpe, para finalmente concluir-se com a intervenção – considerada por Bobbio "um bom sinal" (idem, 1955b, p.282) – de Palmiro Togliatti, então secretário-geral do Partido Comunista Italiano, que dedicou ao tema dois de seus artigos, assinados com o pseudônimo de Roderigo di Castiglia.

Frequentando a Editora Einaudi, local de encontro "de comunistas críticos e de representantes do Partido de Ação", Bobbio se atribuiu a meta de

> abrir uma livre discussão sobre um problema essencial para o desenvolvimento da nossa democracia, qual seja, o problema da relação entre a tradição liberal, que devia ser renovada, e a tradição socialista, então representada principalmente, ao menos na Itália, pelo Partido Comunista. (Bobbio & Polito, 1996, p.54)[1]

O objetivo do diálogo com os comunistas foi esclarecido por Bobbio na conclusão do ensaio "Democrazia e ditadura"

---

1 Sobre a editora turinense, local de encontro de intelectuais de ideologias distintas, cf. Turi, 1990.

[Democracia e ditadura], que inaugurou a discussão teórica com della Volpe:

> Com esta discussão espera-se a elaboração de uma teoria, que até hoje nos falta, sobre a inserção da experiência comunista no desenvolvimento da civilização liberal, da qual o comunismo é certamente filho, se bem que ainda não possa ser considerado o seu herdeiro com plenos direitos. (Bobbio, 1955c, p.159)

Sem entrar aqui no âmbito das argumentações desenvolvidas no curso da discussão, a diferença entre o interlocutor liberal e os marxistas pode ser resumida no título irônico que Bobbio deu a um de seus ensaios, "Dalla libertà dei moderni comparata a quella dei posteri" [Da liberdade dos modernos comparada com a liberdade dos pósteros], onde por "liberdade dos modernos" entende, antecipando a conhecida teoria de Isaiah Berlin sobre as duas liberdades (Berlin, 1989, p.185-241), tanto a liberdade negativa quanto a liberdade positiva, e por "liberdade dos pósteros" a liberdade predicada e prometida pelos comunistas, à base da profecia feita no *Manifesto* sobre a passagem "do reino da necessidade ao reino da liberdade". Numa carta particular enviada a Bobbio, della Volpe considerou que este ensaio estava "destinado a permanecer exemplar para a nossa época, graças à série de doutrinas que resume, amplia e completa" (Bobbio, 1989, p.43).[2]

Com uma postura tipicamente neoiluminista, Bobbio defendeu alguns princípios fundamentais da tradição liberal recusados, naquela época, pelos marxistas, que os viam como a expressão da ideologia burguesa e não como valores humanos dignos de ser garantidos a todos os cidadãos, burgueses ou proletários. Na verdade, a liberdade, inaugurada pelo liberalismo e

---

2 Carta de della Volpe a Bobbio de 14 de fevereiro de 1955, publicada no ensaio "Postilla a un vecchio dibattito", cit.

defendida por Bobbio, era considerada pelos marxistas de então uma liberdade formal, burguesa, e, como tal, uma *libertas minor* diante da *libertas maior*, que deveria ser garantida pela futura e hipotética sociedade comunista.

Após a leitura de *Politica e cultura*, propus a della Volpe, como tema da minha monografia, a discussão de Bobbio com os marxistas, centrada, fundamentalmente, na relação entre "liberalismo e comunismo" e conduzida "em um alto nível de dignidade intelectual" (Asor Rosa, 1975, p.1615). As preferências políticas de Bobbio, voltadas para conjugar liberalismo e socialismo e, portanto, para alcançar uma integração dos direitos de liberdade com as exigências de justiça social, "dois princípios necessários de uma democracia realizada, não somente formal mas também substancial" (Bobbio, 1996, p.132), contrastavam com a versão do marxismo elaborada por della Volpe no início de seu novo curso filosófico e com seu arraigado antiliberalismo. De fato, para della Volpe, não era possível qualquer confluência no plano teórico entre liberalismo e socialismo marxista. Ele ainda não havia reconhecido – o que fará apenas a partir da terceira edição de *Rousseau e Marx* (1962), acolhendo algumas sugestões de Bobbio – a inadequação jurídica do marxismo e não havia refletido sobre o grande nó teórico presente na relação do socialismo com o garantismo jurídico burguês.

Estendendo a crítica do personalismo individualista ao liberal-socialismo e ao revisionismo marxista, della Volpe elaborou, apoiando-se nas obras filosóficas juvenis de Marx, naquela época quase completamente desconhecidas na Itália, "uma teoria da liberdade do homem total, liberado da alienação por meio da revolução comunista e reconciliado com a sociedade não mais atomizadora mas comunitária" (idem, 1990, p.199). Em nome da autonomia problemática, filosófica e ética de Marx e, portanto, do primado do marxismo sobre o liberalismo, della Volpe rejeitou as tentativas ideológicas de conciliação entre "liberalismo" e "socialismo", propostas, no imediato pós-guerra, pelos teóricos do liberal-socialismo e pelos militantes do Partido de Ação. A propósito das tentativas de conjugar liberdade e justiça, della Volpe, "impelido por uma forte exigência de rigor teórico e de uma precisa reelaboração do marxismo" (Giannantoni, 1976, p.34), denunciou a falta de rigor conceituaI, a confusão e o ecletismo dos princípios gerais (Della Volpe, 1973, p.311).

Depois do contato com os primeiros escritos de crítica política, sobre os quais desenvolvi a minha monografia, integrando-a com a documentação da parte marxista, era quase natural que continuasse a me interessar pelos textos de Bobbio e passasse a dar maior atenção sobretudo àqueles que eram dedicados a Marx e à discussão com os marxistas. No posicionamento de Bobbio perante Marx e os marxistas sempre há um equilíbrio constante entre posições opostas, fato que corresponde ao modelo de intelectual descrito tantas vezes pelo filósofo turinense: um posicionamento nem de aceitação fideística, incondicional, nem de refutação preconceituosa, emotiva e acrítica.

Em um de seus primeiros textos de autobiografia intelectual, Bobbio de fato declarou jamais ter sido comunista e jamais ter tido a tentação de se tornar um, mas também acrescentou, por outro lado, que jamais foi, como tantos outros intelectuais de fé liberal, um anticomunista (Bobbio, 1974, p.227).[3] Diante da exasperação da polêmica que se seguiu à derrocada do comunismo histórico contra os numerosos e autorizados intelectuais que haviam abraçado sem hesitação a causa do comunismo, ou que não haviam mantido uma relação de equidistância entre fascismo e comunismo, Bobbio intitulou seu ensaio "Né con loro, né senza di loro" [Nem com eles, nem sem eles]: "eles", aqui, são precisamente os comunistas, considerados "não inimigos a serem combatidos, mas interlocutores de um diálogo sobre as razões da esquerda" (idem, 1993, p.213).

---

3 Para seu posicionamento ideal e político diante do comunismo, ver Bobbio, De Felice & Rusconi, 1996, p.41.

Inspirando-se nos princípios de liberdade e de tolerância, Bobbio dedicou a maior parte de seus textos de crítica política ao diálogo com os comunistas: um diálogo sempre sereno e sempre conduzido de modo civilizado. De resto, a honestidade das intenções de Bobbio jamais foi posta em discussão por seus interlocutores marxistas. Nicola Badaloni, por exemplo, reconheceu que o maior mérito do filósofo turinense era

> a argúcia de pensamento combinada com um hábito humano segundo o qual até mesmo as críticas mais ásperas não provocam operações de rejeição, mas são sempre estímulos para novas reflexões sobre as coisas e sobre nós mesmos. (Badaloni, 1979, p.11)

Com grande autonomia crítica, honesta e rigorosa postura intelectual, imune a toda e qualquer polêmica instrumental, Bobbio estimulou os intelectuais comunistas à discussão teórica e ideológica, dedicada precisamente, segundo Umberto Cerroni, "a aplacar de algum modo as chagas e a tecer a trama de uma teoria política do socialismo" (Cerroni, 1976, p.39).

Entre a discussão sobre os direitos de liberdade – do qual nasceu *Politica e cultura* – e o debate, em 1975-1976, com o qual Bobbio abriu o diálogo na esquerda italiana sobre o problema da existência ou da inexistência de uma teoria política marxista e sobre o problema da existência ou da inexistência de um modelo alternativo ao modelo da democracia representativa, desenvolveu-se, em 1964, a discussão entre Bobbio e o dirigente comunista Giorgio Amendola: uma discussão em tom menor quando comparada com as outras duas, mas nem por isso menos interessante. Aproveitando-se da oportunidade oferecida pela destituição de Kruschev – personagem apreciado até pelos não marxistas em decorrência de seu anti-stalinismo –, Bobbio manteve com Amendola uma troca de cartas em caráter privado e público, nas quais criticou precisamente o método seguido na destituição do primeiro-ministro soviético e declarou-se de acordo com a tese do interlocutor comunista, segundo a qual, na

Itália, sem a força dos comunistas, "não temos como ajustar as contas" (Amendola, 1964). Bobbio observou então: "Ajustemos as contas com vocês. Mas sob uma condição: que vocês também ajustem, honesta, leal e definitivamente, *as contas conosco*, ou seja, com as exigências imprescindíveis e irreversíveis da democracia moderna". Concluiu de modo provocativo: "Hoje a Itália está madura para um grande partido unido do movimento operário. Necessitamos da força dos comunistas. Mas vocês não podem dispensar os nossos princípios" (Bobbio, 1964, p.3). Aceitando a provocação de Bobbio acerca da "força" e dos "princípios", Amendola destacou, no comentário que fez à primeira carta do filósofo turinense, que no partido único do movimento operário encontrariam lugar comunistas, socialistas e homens como Bobbio, "que representam com dignidade a continuação da batalha liberal iniciada por Piero Gobetti" (Amendola, 1964, p.4).[4]

Por meio do debate direto com os marxistas, explicitado em três fases diferentes no correr de um quarto de século, Bobbio contribuiu, seguindo as pegadas de Gobetti, para o nascimento de um liberalismo crítico e radical, não conservador, distinto do de Croce e seus epígonos. O que distinguia, no pós-guerra, os intelectuais progressistas dos conservadores era a diversa postura diante do comunismo. Em nome da equidistância entre fascismo e comunismo,[5] os conservadores refutavam o diálogo com os

---

4 Para o prosseguimento da polêmica Bobbio-Amendola, ver "Ipotesi sulla unificazione". *Rinascita*, v.21, n.47, p.8-9, 1974. Para um comentário dos temas discutidos com Amendola, ver a entrevista de Bobbio, realizada por Calò, 1985, p.71-85.

5 Em *De senectute*, p.8-9, N. Bobbio retornou ao tema da equidistância entre fascismo e comunismo para rejeitar a acusação dirigida aos seguidores do Partido de Ação de que teriam sido "muito brandos" como anticomunistas e "muito severos" como antifascistas. A refutação do antifascismo em nome do anticomunismo pode conduzir, segundo Bobbio, a uma outra forma de equidistância, que ele considerava abominável: qual seja, aquela entre fascismo e antifascismo.

marxistas, ao passo que os progressistas, ainda que rejeitando a teoria e a prática do comunismo – sobretudo na única forma histórica em que ele se realizara na pátria do "socialismo real" –, eram ao contrário inteiramente abertos ao confronto crítico.

Depois do diálogo com Amendola, transcorrerão cerca de dez anos antes que Bobbio volte com certa continuidade aos assuntos de atualidade política e abra o debate direto com a esquerda sobre o tema específico do marxismo e do Estado. Um primeiro artigo, "Democrazia socialista?" [Democracia Socialista?] (Bobbio, 1973, p.431-46), apareceu em 1973, mas passou quase despercebido. O debate propriamente dito começará de fato em 1975 e se desenvolverá por meio de uma série de artigos, posteriormente reunidos no livro *Quale socialismo?* [Qual socialismo?], acima mencionado.

As relações de Bobbio com Marx, com o marxismo e com os marxistas, sobretudo os comunistas – que acabei de recordar –, são estreitamente vinculadas entre si e podem ser resumidas, sinteticamente, em duas fórmulas análogas e perfeitamente simétricas. A relação com os comunistas se expressa na fórmula *nem com eles nem contra eles*, que, como se sabe, também é o título de um ensaio dominantemente autobiográfico com o qual Bobbio refez, depois da derrocada do comunismo histórico ou da "utopia invertida" (idem, 1990, p.127-30), o exame de consciência sobre suas próprias relações com os comunistas. A relação com Marx e com o marxismo pode ser resumida, em vez disso, na fórmula análoga *nem com Marx nem contra Marx*, que é por sua vez o título da presente coletânea.

Com efeito, referindo-se recentemente à sua postura diante de Marx, Bobbio precisou:

> Não era possível ignorá-lo, mas também era difícil adotá-lo para quem vinha, como eu, de uma formação liberal, que os marxistas consideravam depreciativamente burguesa ... Mas era possível continuar a ser liberal sem ser necessariamente antimarxista. O que escrevi sobre Marx está geralmente orientado a distinguir aquilo

que me parece estar vivo e aquilo que está morto na sua obra, para falar com uma fórmula abusada. (Bobbio & Polito, 1996, p.49)

Bobbio declarou diversas vezes não ser nem marxista nem antimarxista, e que sempre considerou Marx um clássico com quem se deveria acertar as contas. Leu e releu suas obras, sobretudo as históricas e as filosóficas, do mesmo modo que leu "Platão e Aristóteles, Hobbes e Rousseau, Kant e Hegel ou, para chegarmos aos dias de hoje, Pareto e Weber" (Bobbio, 1978, p.61). De fato, para Bobbio, clássico é o autor "que supera com sua obra as inesperadas tempestades (e as bonanças) da história" (idem, 1986a, p.13). Para atingir a condição de clássico, um autor deve ter reconhecidas três qualidades fundamentais, que Bobbio indicou, pela primeira vez, em um ensaio sobre Max Weber (idem, 1981a, p.215). Quase literalmente, irá empregar a mesma ideia ao reconhecer a condição de clássico de Marx no ensaio intitulado, precisamente, "Marx, lo Stato e i classici" [Marx, o Estado e os clássicos]:

> Deve ser considerado um intérprete da época em que viveu, de tal forma que não se pode prescindir da sua obra para que se conheça o "espírito do tempo"; deve ser sempre atual no sentido de que toda geração sinta a necessidade de relê-lo e de dar a ele uma nova interpretação; deve ter elaborado categorias gerais de compreensão histórica que se tornem imprescindíveis para a interpretação de uma realidade diversa da que lhes deu origem e à qual foram aplicadas. (idem, 1983, p.84)

Os clássicos são, portanto, e sobre a base das qualidades que se lhes atribui, uma espécie de "autobiografia intelectual" de uma época, e Bobbio – que se refere particularmente aos clássicos do pensamento político, a cuja família Marx pertence de modo pleno – chamou constantemente a atenção para seu persistente magistério, ou seja, para a capacidade que têm "de sugerir hipóteses de pesquisa, motivos de reflexão, ideias gerais e novas sobre o mundo por eles explorado" (idem, 1981b, p. XVIII).

Por isso, recomendou que se voltasse a ouvir, com muita paciência, a "lição dos clássicos", uma lição "que Marx aprendeu muito bem e que os marxistas e os neomarxistas ... quase sempre esqueceram", e sugeriu então que, para que se superasse a crise atravessada pelo marxismo, seria preciso devolver "a Marx o posto que lhe cabe na história do pensamento político" e tratá-lo precisamente como "um dos clássicos cuja lição merece ser continuamente ouvida e aprofundada" (idem, 1984, p.10).

Além de não se ver como marxista nem como antimarxista, Bobbio jamais se considerou um marxólogo. No entanto, quem está familiarizado com seus escritos sabe perfeitamente que, mesmo sem ter feito das obras de Marx o objeto principal de seus próprios estudos, Bobbio dedicou ao pensador de Treves, direta ou indiretamente, tal número de escritos que às vezes supera aquele dedicado a alguns dos autores que ele considerava como "seus".[6]

De fato, no Prefácio ao volume bibliográfico, publicado por ocasião da comemoração de seus 75 anos, ao indicar os autores que considerava "seus", Bobbio fez uma lista de dez, entre os quais seria difícil "encontrar convergências de pensamento ou afinidades eletivas", dada a diversidade existente entre eles. Os autores que reconhece como seus são divididos em dois grupos, perfeitamente simétricos, de escritores clássicos e de escritores modernos e contemporâneos. Os primeiros cinco – Hobbes, Locke, Rousseau, Kant e Hegel – são de fato, por consenso comum, os mais notáveis filósofos da política da Idade Moderna e representam precisamente, para um filósofo da política, uma escolha quase obrigatória, "que não exige explicações, pelo menos até a ruptura da tradição do pensamento político racionalista

---

6 Para o interesse de Bobbio por Marx e pelo marxismo, veja o verbete "Marxismo" no Índice analítico da *Bibliografia degli scritti di Norberto Bobbio*. op. cit.

consumada por Marx". Os outros cinco – Croce, Cattaneo, Kelsen, Pareto e Weber – são, por sua vez, as principais fontes em que se inspirou Bobbio nos anos da Resistência ao fascismo e da sua militância política, caracterizada, depois da Libertação, por um vasto empenho político em favor da renascida democracia (idem, 1986b),[7] e no curso de sua intensa atividade de estudioso, que se seguiu à breve temporada de engajamento político. Diferentemente dos clássicos, os escritores modernos e contemporâneos não são listados em "ordem cronológica" mas segundo a "ordem objetiva" do momento em que Bobbio deles se aproximou. Evitando a tendência às "racionalizações póstumas", como costuma acontecer quando se conta a própria história intelectual, Bobbio não apresentou seus mestres intelectuais "como etapas de uma sucessiva e progressiva iluminação", mas limitou-se a relevar que cada um deles exerceu – detalhando sinteticamente a contribuição dada – uma benéfica influência "em distintos momentos" de sua própria formação e com respeito às "diversas direções seguidas por seus estudos" (Bobbio, em Violi, 1984, prefácio).[8]

Marx está ausente da lista, e não porque Bobbio – como já observei – não o reconheça como um clássico, mas por razões completamente distintas. Reconhecendo o caráter incompleto da lista com seus próprios autores na área dos clássicos, Bobbio justificou a exclusão de Marx com uma dupla motivação:

> Não estava seguro de que deveria incluir Marx entre os clássicos. Mas, deixando de lado o fato de que teria destruído a bela simetria (pois não conseguiria realmente encontrar um sexto nome entre os contemporâneos), não me considero um marxólogo. Li e reli muitas obras de Marx, especialmente as históricas e filosófi-

---

7 Sobre a concepção de democracia do filósofo turinense, veja Meaglia, 1994.

8 Agora publicado com o título "Per una bibliografia" [Para uma bibliografia]. In: Bobbio, 1996, p.86. [Ed. bras.: O tempo da memória, p.89 (N. T.)]

cas, mas não estudei Marx como fiz com os outros autores da lista. (Bobbio, 1986c)[9]

Não me convence a ideia de que Bobbio "realmente" não teria conseguido encontrar um sexto autor contemporâneo que restabelecesse o equilíbrio entre os dois grupos, que ficaria quebrado com a inclusão do nome de Marx entre os clássicos. Em minha opinião, entre os inúmeros pontos ideais de referência sobre os quais poderia recair sua escolha existem dois nomes de ponta, um alternativo ao outro: Gramsci e Gobetti – mais Gobetti, uma das fontes do Partido da Ação, do que Gramsci –, a cada um dos quais, por outro lado, o filósofo turinense dedicou um livro (idem, 1986d; 1990c). Durante o período da reconstrução democrática, ambos foram assumidos por ele como símbolo das duas possíveis direções com que se poderia, após a derrota do fascismo e a sua anticultura, empreender a renovação política e cultural italiana: "a direção iluminista própria do liberalismo radical" e, como uma alternativa a esse tipo de renovação, "a direção histórico-materialista, própria do neomarxismo", ou seja, a revolução liberal e a revolução comunista, simbolizadas precisamente por Gobetti e Gramsci (Bobbio, 1955d, p.209). A cinquenta anos de distância, sabemos bem como andaram as coisas: não andaram nem na direção simbolizada por Gobetti nem na direção simbolizada por Gramsci.

Recentemente Bobbio escreveu: "A única coisa que acredito ter compreendido, e isso nem exigia muito esforço, é que a história, por inúmeras razões que os historiadores conhecem muito bem, mas nem sempre levam em consideração, é imprevisível". Pouco depois, advertindo que seria conveniente que os historiadores comparassem de vez em quando as previsões com os fatos, observou: "Para meu aprimoramento e, considerando os resultados da comparação, para minha mortificação,

---

9 Agora em Bobbio, 1996, p.99. (Ed. bras.: O *tempo da memória*, p.101. (N. T.)]

faço com frequência esse controle sobre mim mesmo. É desnecessário dizer que o resultado é quase sempre desastroso" (idem, 1996, p.47-8).*

O nome de Marx, caso fosse agregado à lista dos indicados na área dos clássicos sem o correspondente acréscimo de um outro autor contemporâneo, teria destruído certamente a "bela simetria" sabiamente construída por Bobbio entre os autores do primeiro e do segundo grupo. O discurso sobre Marx, complexo por muitas razões, não pode porém ser resolvido, em Bobbio, como "um problema de simetria" nem sequer com declarações frequentemente repetidas por ele de que não se considerava marxista nem marxólogo. De fato, o diálogo de Bobbio com Marx e com os marxistas é "um dos fios mais resistentes" (Bobbio & Polito, 1996, p.48), que se desenrola, atestando um interesse constante ainda que esporádico, ao longo de um arco cronológico de quase meio século: dos anos imediatamente posteriores à Libertação – quando o marxismo, depois do ostracismo decretado pelo fascismo, reingressa no circuito cultural e provoca um vivaz debate político entre estudiosos de distinta formação e proveniência –, até a derrocada do comunismo histórico e o fim do "socialismo real".

O presente volume recolhe somente uma parte, publicada entre 1949 e 1993, dos artigos e dos ensaios que resultaram dos esporádicos encontros de Bobbio com Marx e com o marxismo: do Prefácio à edição italiana dos *Manuscritos de 1844* até *Convite para que se releia Marx*, que também é, em ordem cronológica, o último escrito de Bobbio sobre o tema.

Como não se trata de uma compilação exaustiva dos escritos sobre Marx e o marxismo, é oportuno estabelecer, preliminarmente, seus limites e sua extensão, para que o leitor não busque aquilo que não pode encontrar aqui. Da coletânea foram

---

* Ed. bras.: O *tempo da memória*, p.52-3 (N. T.).

excluídos – por integrarem volumes bem conhecidos e facilmente acessíveis – todos os ensaios relativos ao debate direto de Bobbio com a esquerda, ocorrido durante os anos de 1970, sobre o tema "o marxismo e o Estado". Dos artigos que compõem o volume, o que tem mais relação com esse debate é o texto elaborado a partir de uma discussão, travada precisamente naqueles mesmos anos, a respeito da tese de Althusser referente à ausência de uma teoria do Estado em Marx.[10]

Com este volume, propus-me essencialmente a reunir – salvando-os do esquecimento que o tempo acabaria por lhes reservar – alguns escritos de Bobbio sobre Marx e o marxismo, dispersos em diferentes tipos de publicações e por isso nem sempre fáceis de encontrar.

Os escritos foram agrupados em três seções, bem distintas umas das outras não somente quanto ao conteúdo mas também no que diz respeito ao gradual e progressivo distanciamento de Bobbio em relação ao marxismo, vivido como compromisso direto.[11]

Com a derrota do fascismo e a entrada na cena política dos partidos de esquerda, o marxismo – que havia sido, entre as duas guerras, uma filosofia do "subsolo" – voltou à luz do sol, juntamente com as outras filosofias militantes do pós-fascismo: o existencialismo e o neopositivismo. Depois do descrédito das filosofias idealistas, em que se formaram as gerações que saíram adultas do fascismo, o marxismo, como filosofia positiva, não

---

10 Entre os diversos textos historicamente significativos que não foram aqui incluídos, destaco o ensaio, já mencionado, *Marx, lo Stato e i classici*, que infelizmente teve de ser descartado. Quando projetei a presente coletânea, o título do ensaio já se encontrava inserido no índice de um volume dedicado a "todo" Bobbio, em organização por Michelangelo Bovero, a ser publicado pela editora Einaudi. [Ed. bras.: *Teoria geral da política*. A filosofia política e as lições dos clássicos. Rio de Janeiro. Campus, 2000. (N. T.)]

11 Sobre os anos do "compromisso", ver Bobbio, 1990a, p.193-207.

podia deixar de receber a atenção de Bobbio "filósofo militante",[12] intensamente envolvido no debate político entendido como obrigação moral. Com efeito, retomando e aprofundando o mote central do Iluminismo, o marxismo era rechaçado no pós--guerra por muitos jovens intelectuais que pretendiam frear o processo de desenvolvimento do racionalismo moderno, contra os quais Bobbio tomou uma posição muito clara:

> Quem hoje refuta totalmente o marxismo como aberração, barbárie, secularização, precisa saber que também deve refutar, se não quiser renunciar à própria coerência, todo o pensamento moderno ... Chamar de bárbara, aberrante e secularizante a toda a ciência moderna ... é percorrer ao revés o caminho até aqui seguido ao longo de quatro séculos para mergulhar novamente na Idade Média. (Bobbio, 1955e, p.26)

Na resposta que deu a Roderigo de Castiglia, exprimindo a convicção de que "se não tivéssemos aprendido com o marxismo a ver a história do ponto de vista dos oprimidos e adquirido assim uma nova e imensa perspectiva do mundo humano, não teríamos nos salvado", Bobbio destacou – ao evocar seu distante e passageiro interesse pelo existencialismo – que sem o compromisso com o marxismo, no pós-guerra, "ou teríamos buscado abrigo na ilha da interioridade ou nos teríamos posto a serviço de velhos patrões"; e concluiu, aludindo à possibilidade de regeneração da nova classe política, com uma profissão de fé ético--política: "Deixamos para trás o decadentismo, que era a expressão ideológica de uma classe em declínio. Pudemos abandoná-lo porque participamos do trabalho e das esperanças de uma nova classe" (idem, 1955b, p.281).

Os fervorosos anos posteriores à Libertação foram, para o marxismo, anos de intenso e vivaz debate, mas também de con-

---

12 Que é o título do livro de Lanfranchi, 1989.

fusão mental, determinada pelo entusiasmo e pela voracidade das leituras, realizadas frequentemente sem guia e sem mediações, bem como pelo frenesi de preencher o vazio de consciência criado pelo fascismo: "O fascismo havia nos forçado à abstinência e corremos o risco de morrer de inanição. Agora corremos o risco de morrer de indigestão", relevou Bobbio ao recordar o debate filosófico daqueles anos (idem, 1982, p.307). Com a derrota do fascismo, que não havia deixado às novas gerações nenhuma alternativa entre a apologia e o silêncio, cada um teve de assumir suas próprias responsabilidades diante do conflito entre as duas diversas e contrapostas filosofias da história e da liberdade: o liberalismo e o comunismo. O comunismo, de fato, depois da restauração da democracia, converteu-se no antagonista principal do liberalismo e o debate sobre a liberdade deslocou-se precisamente "da oposição ao fascismo para a oposição ao comunismo" (idem, 1986b, p.104).

Desde o ressurgimento do marxismo, além de ser um interlocutor dos comunistas, Bobbio contribuiu para a difusão do marxismo, traduzindo e apresentando os *Manuscritos de 1844*, a cuja edição agregou a tradução e a apresentação dos *Princípios* de Feuerbach. Os textos com que se abre a primeira seção do presente volume, dedicada ao "debate sobre o marxismo", são o Prefácio e, como apêndice, a Advertência, que antecederam as duas obras publicadas em 1949 e 1946, respectivamente. Por que Bobbio, que jamais foi marxista, considerou que devia traduzir uma obra de Marx como os *Manuscritos de 1844* – que, além de ser quase desconhecida (fora traduzida, antes de Bobbio, por Galvano della Volpe), havia provocado problemas de interpretação que dividiram radicalmente a cultura marxista, e aos quais não é nem sequer o caso de aludir, tanto são eles "complexos, enredados, e muitas vezes puramente doutrinários" –, é explicado por ele mesmo ao destacar que os *Manuscritos* "podem ser considerados, dentre os escritos de Marx, aqueles que oferecem os melhores argumentos à interpretação humanista do marxismo" (idem, 1984b, p.80). Na biografia intelectual do autor, os *Manuscritos* representam, segundo Bobbio, o distanciamento de Marx tanto do hegelianismo quanto de Feuerbach e a chegada ao materialismo histórico e à filosofia da práxis. Segundo Eugenio Garin, que resumiu a interpretação de Bobbio, eram "um programa fragmentário, útil sobretudo para que se possa entender o nexo e a distância entre Marx e Hegel" (Garin, 1962, p.310).

Não se deve entretanto esquecer – como o próprio Bobbio recordou – que nos mesmos anos em que se deixou levar pela fascinação por Marx, ele também foi seduzido pela obra política de Hobbes, de quem apresentou, em 1948, a primeira tradução integral de *De Cive*. O que atraiu Bobbio em ambos os casos foi

> a postura realista, despreconceituosa, desencantada mas não indiferente, perante a crueldade da história, a dureza das condições objetivas que os homens devem enfrentar para sobreviver, a necessária crueldade dos remédios a que se deve recorrer para não sucumbir.

No caso de Marx, porém, o fascínio

> pela força de sua crítica das coisas foi atenuado e talvez substituído por uma espécie de invencível aversão pela intolerância, a maneira desdenhosa, cortante e feroz de que o autor da *Ideologia Alemã* e da *Sagrada Família*, juntamente com seu fiel amigo Engels, deu tantas provas na crítica dos homens. (Bobbio, 1983b, p.61-2)

A presença de Bobbio no debate sobre o marxismo como nova forma de filosofia está documentada no ensaio *A filosofia de Marx*, que nasceu como intervenção na longa e acirrada discussão entre Augusto Del Noce e Felice Balbo, uma discussão que Bobbio considerava "um dos momentos mais dramáticos da autoconsciência do intelectual novo diante do apocalipse" (idem, 1990a, cit., p.203). Para ambos os pensadores católicos, o marxismo constitui uma reviravolta decisiva na história do pensamento moderno, mas com uma diferença: para Del Noce, a filosofia de Marx apresenta-se como atividade transformadora da realidade, identifica-se com a realidade política do comunismo e por isso representa a superação da filosofia na política; para Balbo, ao contrário, a importância da filosofia de Marx reside na descoberta da "razão científica", ou seja, em ser o marxismo não uma concepção do mundo mas uma ciência. A atualidade de Marx, fato decisivo na história do pensamento moderno, está associada, para ambos, à crise da filosofia racionalista. Daí a preocupação de Bobbio, que em polêmica com Balbo defendeu o pensamento moderno na sua tradição racionalista crítica, da qual Hegel não representa de modo algum a conclusão. Dissolvendo em uma alternativa o nó implícito na tese de seu interlocutor, Bobbio concluiu: ou "cai a figura de um Hegel-fechamento do pensamento moderno" ou "esvazia-se a representação de um Marxfato decisivo na história da filosofia".[13]

Já desde esses primeiros escritos, e sobretudo do ensaio que acabamos de mencionar, destaca-se o contraste – que se tornará sempre mais profundo – entre a filosofia de Marx, herdeiro do racionalismo absoluto de Hegel, e o neoempirismo, do qual Bobbio, logo depois da guerra, protegido da confusão idealista e de sua fugaz passagem pelo existencialismo, havia se aproximado para aprofundá-lo e nunca mais abandoná-lo.[14]

O ensaio sobre o stalinismo – publicado em 1956 a título de comentário da primeira grande crise do comunismo, que também atingiu a Itália depois do famoso discurso de Kruschev no XX Congresso do Partido Comunista da União Soviética – mar-

---

13 Os principais documentos da discussão sobre a filosofia ou não filosofia de Marx, travada na *Rivista di filosofia*, estão reunidos em Balbo, 1966, p.223-99. Como Apêndices desse volume estão a intervenção de Dei Noce, p.951-69, e de Bobbio, p.970-85. A citação de Bobbio encontra-se nas páginas 971-2.

14 Para um balanço do empirismo, veja as *Atti del XXVI Congresso nazionale di filosofia: I: Le relazioni; II: Le comunicazioni*. Roma, S.F.I., 1973-1974, que contém dois escritos de Bobbio às páginas 11-32 e 315-24, respectivamente.

ca o final do marxismo vivido por Bobbio como compromisso direto. O argumento do ensaio, sugerido por uma frase de Claude Roy – mencionada tanto no texto de 1956 quanto em seu comentário de 1987 –, levou Bobbio a analisar o tema da tirania, um tema clássico da filosofia política desde Platão. À época de sua publicação, o ensaio recebeu duas críticas autorizadas: a de Franco Fortini e a de Valentino Gerratana, um dos habituais interlocutores marxistas de Bobbio. No comentário, Bobbio resumiu o ensaio sobre o stalinismo, retomou amplas partes do texto – que omiti na presente reimpressão, referindo-me a elas em nota – e respondeu às críticas da época: críticas que, presumivelmente, lhe tinham feito perder a vontade de discutir com os comunistas, os quais, em sua opinião, reconheciam verbalmente os erros de Stalin mas se recusavam a ir até o fundo na análise teórica deles. Junto com o comentário, que se encontra como apêndice, o ensaio sobre o stalinismo fecha a seção do presente volume dedicada ao "debate sobre o marxismo".

Os escritos da segunda seção, dedicada ao "marxismo teórico", nasceram por ocasião de conferências e congressos e são obra não do "filósofo militante" mas do estudioso. Isso não quer dizer que naqueles mesmos anos o debate político de Bobbio pró e contra o marxismo tenha se interrompido: nos anos de 1970 desenrola-se a discussão sobre "o marxismo e o Estado", à qual já nos referimos e que foi conduzida com uma série de escritos não incluídos na presente compilação. Os escritos teóricos dessa segunda parte cobrem os anos de 1958-1981, nos quais o interesse prevalecente de Bobbio dirigiu-se, de resto, para a filosofia do direito em sentido técnico e para a docência universitária. O método empregado na composição dos textos foi o mesmo que Bobbio usou em seus estudos dos clássicos, qual seja, um método comum tanto aos escritos sobre Marx quanto aos dedicados a Gramsci, com o qual Bobbio pretendeu "bem mais compreender alguns aspectos de seu pensamento do que elaborar um guia ideal" (Bobbio & Polito, 1996, p.49).

De fato, em estudos quase contemporâneos, Bobbio tratou os dois autores com o mesmo método: o da "decomposição e recomposição do texto", com o qual havia realizado "a leitura de alguns clássicos como Hobbes e Hegel. Mais para compreender e, presumível e pretensiosamente, para fazer compreender do que para julgar" (Bobbio, 1990c, p.9).

Um exemplo de aplicação desse método pode ser encontrado no ensaio sobre a dialética em Marx, que abre a segunda seção e que se relaciona com o ensaio da mesma época sobre a dialética em Gramsci (idem, 1990d, p.25-37), "do qual foi ao mesmo tempo ponto de partida e confirmação" (idem, 1965, p.6). Nenhum dos ensaios passou despercebido da cultura marxista. Nicola Badaloni, por exemplo, submeteu-os a análise em *Marxismo come storicismo* [Marxismo como historicismo] (Badaloni, 1962, p.108-34), ao qual Bobbio dedicou o artigo sobre "marxismo crítico" incluído na terceira parte do presente volume. Entre o marxismo como "historicismo" e o marxismo como "ciência" (distinção que dividiu a cultura marxista italiana e deu lugar ao conhecido debate entre filósofos de 1962),[15] a análise sobre a dialética de Marx empreendida por Bobbio, "um estudioso que sempre manteve aberto o diálogo com a cultura marxista", é considerada precisamente "uma tentativa de mediação" (Lissa, 1982, p.219-20).[16]

Um ensaio que se afasta amplamente do quadro geral dos estudos do marxismo feitos pelos marxistas é *Relações internacionais e marxismo*, no qual, segundo Bobbio, aparecem com maior evidência a unilateralidade e a parcialidade da filosofia da história e da filosofia política, próprias do marxismo teórico. De particular importância também é o ensaio *Marxismo e ciências sociais*, elaborado para um seminário realizado em Catania, em dezem-

---

15 Os textos mais importantes da discussão foram reunidos por Cassano, 1973.

16 Sobre a dialética em Marx, também com referência ao ensaio de Bobbio, ver Dal Pra, 1965.

bro de 1972, por iniciativa de Franco Leonardi, dedicado à promoção de um encontro entre sociólogos, economistas e historiadores marxistas e não marxistas. Tratou-se de um encontro que, pelo modo como se deu a recepção do marxismo na cultura italiana do pós-guerra – conforme observou polemicamente Pietro Rossi –, "teve pouco eco, ao passo que as diatribes filosóficas entre seguidores de Banfi, dellavolpianos e gramscianos ocuparam amplamente as páginas de revistas e de jornais" (Rossi, 1996, p.X).

Enfrentando o tema das relações entre marxismo e ciências sociais, Bobbio distinguiu quatro níveis de análise – epistemológico, ontológico, metodológico e ideológico –, cuja existência buscou verificar no campo específico da ciência política, mediante o exame das obras de um marxista, Nicos Poulantzas, e de um não marxista, Gabriel Almond, mostrando seus distintos traços antitéticos com respeito à concepção geral da ciência, à teoria geral da sociedade e portanto do Estado, aos critérios de método aplicados e à ideologia que os inspirou.

O ensaio *Marx e a teoria do direito* foi elaborado como introdução a uma mesa-redonda sobre *Sociedade e direito em Marx*, realizada em outubro de 1978, por ocasião do XII Congresso Nacional da Associação Italiana de Filosofia Jurídica e Política. À intervenção de Bobbio seguiram-se um comentário de Renato Treves, *Marx e a sociologia do direito*, e as conclusões de Bobbio, *Marx e a teoria sociológica do direito*, com as quais respondeu às objeções que lhe foram dirigidas durante a discussão: a teoria do direito em Marx e as teorias do direito contemporâneo são heterogêneas demais para ser confrontadas com alguma utilidade; Marx não tinha qualquer intenção de elaborar uma teoria do direito; existe uma teoria do direito em Marx, mas ela se identifica com a teoria da justiça. Ainda que se possa extrair, mesmo que de forma não elaborada, uma teoria das formas de governo dos escritos políticos e históricos de Marx, uma verdadeira e própria teoria do Estado, completa, articulada em todas as suas partes, não existe na imensa obra marxiana.[17] Ao tema *Marx e o Estado* está dedicado o ensaio que fecha a segunda seção do presente volume.[18]

Na teoria marxista do Estado podem ser distinguidos dois momentos. O primeiro deles é *negativo*, e está relacionado com a polêmica de Marx contra Hegel (crítica filosófica), contra a ideologia do Estado burguês (crítica ideológica) e contra o Estado representativo (crítica política e histórica). O momento *positivo*, por sua vez, apresenta características essenciais que podem ser deduzidas por intermédio de três relações essenciais: sociedade civil-Estado, Estado-classes sociais, Estado-força. Para Marx, o Estado não é o reino da razão, mas da força; não é a saída do estado de natureza, como na tradição jusnaturalista de Hobbes a Hegel, mas a sua continuidade. A saída do Estado de natureza coincide, em Marx, com o fim do Estado, com sua extinção. Como o Estado para Marx sempre é uma ditadura, seria pouco relevante o *como* se governa, ao passo que ganharia maior importância o problema de saber *quem* governa (burguesia ou proletariado) (Bobbio & Bovero, 1979).

A terceira e última seção do livro, dedicada aos "discursos críticos", agrupa algumas intervenções polêmicas, quase todas ocasionadas por encontros pessoais ou por leituras de livros. Alguns desses discursos críticos ocupam-se de temas específicos: a relação do marxismo com a fenomenologia, o "marxismo e a questão criminal" ou o problema da "extinção do Estado" na teoria marxista. A discussão deste último tema teve início com uma apreciação crítica que Riccardo Guastini fez do então recém-publicado livro de Danilo Zolo, *La teoria comunista dell'estin-*

---

17 Ver, a propósito, o capítulo dedicado a Marx em Bobbio, 1976, p.185-200.

18 Apresentado inicialmente como verbete "Marxismo" do *Dicionário de política*, o ensaio é, na realidade, dedicado à reconstrução da teoria do Estado em Marx. Com base em seu conteúdo, modifiquei o título para o presente volume.

zione dello Stato [A teoria comunista da extinção do Estado], à qual se seguiram a resposta do autor e a intervenção de Bobbio, acompanhada da réplica de Zolo. Uma nota crítica de Domenico Corradini intitulada *La marxologia non basta* [A marxologia não é suficiente] concluiu a discussão.[19]

O fio condutor que mantém unidos, em minha opinião, os demais artigos dessa parte do livro é o tema da "crise do marxismo": um tema "recorrente" nas discussões de Bobbio com os marxistas, ao menos desde o ensaio de 1973 intitulado "Democrazia socialista?", que abriu a série dos textos incluídos em *Quale socialismo?* Na verdade, o tema da "crise do marxismo" voltou a ser proposto a propósito de Althusser, que havia denunciado, em novembro de 1977, algumas "lacunas" do marxismo e, em primeiro lugar, a ausência de uma teoria marxista do Estado. Reaparece também na discussão com Costanzo Preve, originada da leitura de um livro do estudioso marxista e desenvolvida por meio da réplica deste último e da contrarréplica de Bobbio, e no último ensaio, apresentado inicialmente como conferência introdutória de um seminário sobre o tema *Rileggere Marx dopo il diluvio* [Reler Marx depois do dilúvio].

A introdução de Bobbio é intitulada, significativamente, "Invito a rileggere Marx" [Convite para que se releia Marx] e pode ser interpretada como uma apropriada síntese do percurso empreendido pelo filósofo de Turim através da obra de Marx, iniciado há aproximadamente cinquenta anos. Nele se pode ler que desde o início do século o marxismo atravessou quatro grandes crises. A mais grave, porém, na visão de Bobbio, é a atual, que deriva não mais de um defeito de "previsão" e, portanto, de um desmentido por parte da realidade, mas sim da "constatação" de um fato real, extremamente real, tão real que não há como não o

---

19 Ver Un dibattito sul problema dell'estinzione dello Stato nella teoria marxista. *Prassi e teoria*, v.1, n.3, p.347-88, 1975.

aceitar tal como é, qual seja, o dramático fracasso da primeira tentativa de realizar, em nome de Marx, uma sociedade comunista. Mas ninguém pode afirmar que desta vez, diferentemente das anteriores, trata-se da última crise, da crise definitiva, depois da qual Marx estaria destinado a se tornar um "cão morto".

Retomando mais uma vez o discurso sobre "o que está vivo e o que está morto", Bobbio dirigiu-se ao ilustre economista e amigo Paolo Sylos Labini, que havia participado de um debate organizado pela revista *Il Ponte* em torno do tema *Carlo Marx: è tempo di bilancio* [Karl Marx: é tempo de se fazer um balanço], e lhe perguntou se – ainda que prescindindo do Marx sociólogo, historiador, filósofo – não considerava que ao menos duas teses fundamentais do Marx economista mantinham plena validade: "(*a*) o primado do poder econômico sobre o político; (*b*) a previsão de que através do mercado tudo pode se tornar mercadoria, donde a irrupção da sociedade da mercantilização universal" (Bobbio, 1993b, p.6). Sylos Labini lhe respondeu dizendo que estava apenas parcialmente de acordo com a primeira tese, ainda que reconhecendo que ela teve na época de Marx um "efeito perturbador". Estava completamente de acordo, porém, quanto à questão da mercantilização universal, embora duvidando da sinceridade das afirmações de Marx e condenando – mas o argumento não era pertinente – o exasperado fetiche das mercadorias na União Soviética (Sylos Labini, 1994, p.17-9).

Ao passo que Sylos Labini, de maneira amistosa, parecia repreender Bobbio por seu não de todo renegado marxismo, Pasquale Serra sustentou que, a partir de *Quale socialismo?*, Bobbio teria modificado "radicalmente" o paradigma adotado em *Politica e cultura*, modificando também, ao mesmo tempo, seu juízo sobre Marx e sobre Gramsci. Em sua opinião, Bobbio passou a mostrar uma diminuição de seu interesse pelo marxismo em geral e a contribuir assim de modo determinante para a liquidação do próprio marxismo no debate político italiano (Serra, 1995, p.53-100).

Julgue o leitor. Meu propósito foi o de facilitar o acesso a alguns textos aparecidos ao longo de um intervalo de tempo de cinquenta anos e disseminados nas mais diversas revistas, em atas de congressos e em compilações ocasionais não facilmente recuperáveis, porque considero que eles ainda podem dar uma útil contribuição ao debate sobre o tema sempre atual de Marx e o marxismo.

Carlo Violi

Referências bibliográficas

ALCARO, M. Il marxismo della scuola di Messina. In: VV.AA. *Il marxismo e la cultura meridionale*. Ensaios reunidos e apresentados por Piero Di Giovanni. Palermo: Palumbo, 1984.

AMENDOLA, G. I conti che non tornano. *Rinascita*, v.21, n.41, 17 out. 1964.

ASOR ROSA, A. Una discussione su comunismo e liberalismo. *Storia d'Italia. IV. Dall'Unità ad oggi. La cultura*. Torino: Einaudi, 1975. v.II.

BADALONI, N. *Marxismo come storicismo*. Milano: Feltrinelli, 1962.

_____. Passa dall'assunzione di nuove responsabilità la via d'uscita dalla crisi! *Avanti!*, n.267, p.11, 1979.

BALBO, F. *Opere 1945-1946*. Torino: Boringhieri, 1966.

BERLIN, I. Due concetti di libertà (1958). In: _____. *Quatro saggi sulla libertà*. Trad. it. Marco Santambrogio. Milano: Feltrinelli, 1989.

BOBBIO, N. *Politica e cultura*. Torino: Einaudi, 1955a.

_____. Libertà e potere (1955). In: _____. *Politica e cultura*. Torino: Einaudi,1955b.

_____. Democrazia e dittatura (1954). In: _____. *Politica e cultura*. Torino: Einaudi, 1955c.

_____. Cultura vecchia e política nuova (1955). In: _____. *Politica e cultura*. Torino: Einaudi, 1955d.

_____. Invito al colloquio (1951). In: _____. *Politica e cultura*. Torino: Einaudi, 1955e.

BOBBIO, N. Il socialismo in Occidente. *Rinascita*, v.21, n.44, 7 nov. 1964.
_____. *Da Hobbes a Marx*. Napoli: Morano, 1965.
_____. Democrazia socialista? In: AA.VV. *Omaggio a Nenni*. Roma: Quaderni di Mondoperaio, 1973.
_____. L'attività di un intellettuale di sinistra. In: AA.VV. *I comunisti a Torino* 1919-1972. *Lezione e testimonianze*. Prefácio de Gian Carlo Pajetta. Roma: Editori Riuniti, 1974.
_____. *La teoria delle forme di governo della storia del pensiero politico*. Torino: Giappichelli, 1976. [Ed. bras.: *A teoria das formas de governo*. Tradução de Sergio Bath. 4.ed. Brasília: Ed. Universidade de Brasília, 1985.]
_____. Marxismo e socialismo. *Mondoperaio*, v.31, n.5, 1978.
_____. La teoria dello Stato e del potere. In: ROSSI, Pietro (org.). *Max Weber e l'analisi del mondo moderno*. Torino: Einaudi, 1981a.
_____. *Studi hegeliani*. Torino: Einaudi, 1981b. [Ed. bras.: *Estudos sobre Hegel:* direito, sociedade civil, Estado. 2.ed. São Paulo: Editora Unesp, Brasiliense, 1991.]
_____. Bilancio di un convegno. In: VV.AA. *La cultura filosofica italiana dal 1945 al 1980, nelle sue relazione con gli altri campi del sapere*. Napoli: Guida, 1982.
_____. Marx, lo Stato e i classici. *Mondoperaio*, v.36, n.12, 1983a.
_____. Marxismo e socialismo. In: *Mondoperaio*, v.36, n.12, 1983b.
_____. La crisi della democrazia e la lezione dei classici. In: BOBBIO, N., PONTARA, G., VECA, S. *Crisi della democrazia e neocontrattualismo*. Roma: Editori Riuniti, 1984a.
_____. Umanesimo di Rodolfo Mondolfo (1977). In: _____. *Maestri e compagni*. Firenze: Passigli, 1984b.
_____. *Discorso tenuto in occasione del centenario della Gius*. Bari: Laterza & Figli, 28 fev. 1986a.
_____. *Tra due Repubbliche*. Alle origine della democrazia italiana con una nota storica di Tommaso Greco. Roma: Donzelli, 1986b. [Ed. bras.: *Entre duas repúblicas*: às origens da democracia italiana. Brasília: UnB, 2001.]
_____. Congedo. In: BONANATE, Luigi, BOVERO, Michelangelo (orgs.). *Per una teoria generale della politica*. Scritti dedicati a Norberto Bobbio. Firenze: Passigli, 1986c.
_____. *Italia fedele*: il mondo di Gobetti. Firenze: Passigli, 1986d.
_____. Postilla a un vecchio dibattito. In: VV.AA. *Studi dedicati a Galvano della Volpe*. Roma: Herder, 1989.

BOBBIO, N. *Pro filo ideologico del Novecento*. Milano: Garzanti, 1990a.

_____. L'utopia capovolta (1989). In: _____. *L'utopia capovolta*. Torino: Editrice La Stampa, 1990b.

_____. *Saggi su Gramsci*. Milano: Feltrinelli, 1990c. [Ed. bras.: *Ensaios sobre Gramsci e o conceito da sociedade civil*. São Paulo: Paz e Terra, 1999.]

_____. Gramsci e la dialettica. In: _____. *Saggi su Gramsci*. Milano: Feltrinelli, 1990d.

_____. Né con loro, né senza di loro (1992). In: _____. *Il dubbio e la scelta. Intellettuali e potere nella società contemporanea*. Roma: NIS, 1993a. [Ed. bras.: *Os intelectuais e o poder*: dúvidas e opções dos homens de cultura na sociedade contemporânea. São Paulo: Editora Unesp, 1997.]

_____. Invito a rileggere Marx. *Teoria Politica*, v.9, n.2, 1993b.

_____. *De senectute e altri scritti autobiografici*; nota ai testi e nota biografica. Organização de Pietro Polito. Torino: Einaudi, 1996. [Ed. bras.: O *tempo da memória*. De Senectute e outros escritos autobiográficos. Tradução de Daniela Versiani. Rio de Janeiro: Campus, 1997.]

_____. *Teoria Geral da Política*. A filosofia política e as lições dos clássicos. Organização de Michelangelo Bovero. Tradução de Daniela B. Versiani. Rio de Janeiro: Campus, 2000.

BOBBIO, N., BOVERO, M. *Società e Stato nella filosofia politica moderna*. Modello giusnaturalistico e modello hegelo-marxiano. Milano: Il Saggiatore, 1979. [Ed. bras.: *Sociedade e Estado na filosofia política moderna*. Trad. Carlos Nelson Coutinho. 4.ed. São Paulo: Brasiliense, 1996.]

BOBBIO N., POLITO, P. Dialogo su una vita di studi. *Nuova Antologia*. a.131, v.577. fascículo 2.200, 1996.

BOBBIO, N., DE FELICE, R., RUSCONI, G. E. *Italiani, amici nemici*. Milano: I libri di *Reset*, 1996.

CALÒ, Vincenzo. Sul partito unico della classe operaia. *Acciaio*, v.9, n.9, 1985.

CASSANO, F. *Marxismo e filosofia in Italia (1958-1970)*. Bari, De Donato, 1973.

CERRONI, U. Esiste una scienza politica marxista? (1975). In: VV.AA. *Il marxismo e lo Stato*. Il dibattito aperto nella sinistra italiana sulle tesi di Norberto Bobbio. Roma: Quaderni di Mondoperaio, 1976, v.4.

DAL PRA, M. *La dialettica in Marx*. Bari: Laterza, 1965.

DELLA VOLPE, G. *La teoria marxista dell'emancipazione umana*. Saggio sulla trasmutazione marxista dei valori (1945). In: AMBROGIO, Ignazio (org.). *Opere*. 3.ed. Roma: Editori Riuniti, 1973.

GARIN, E. *La cultura italiana tra '800 e '900*. Bari: Laterza, 1962. GIANNANTONI, G. *Il marxismo di Galvano della Volpe*. Roma: Editori Riuniti, 1976.

LANFRANCHI, E. *Un filosofo militante. Politica e cultura nel pensiero* di *Norberto Bobbio*. Torino: Bollati Boringhieri, 1989.

LISSA, G. Il marxismo italiano fra scienza e filosofia. In: VV.AA. *La cultura filosofica italiana dai 1945 al 1980, nelle sue relazione con gli altri campi dei sapere*. Napoli: Guida, 1982.

MATTEUCCI, N. La cultura italiana e il marxismo dal 1945 al 1951. *Rivista di filosofia*, v.44, n.1, 1953.

MEAGLIA, P. *Bobbio e la democrazia*. Le regole del gioco. San Domenico de Fiesole: Edizione Cultura della Pace, 1994.

MONDOLFO, R. *Umanismo di Marx*. Studi filosofici 1908-1966. Introdução de Norberto Bobbio. Torino: Einaudi, 1968.

ROSSI, P. *Il marxismo*. Bari: Laterza, 1996.

SERRA, P. *Il seco lo che oscilla*. Gli slittamenti progressivi deli a cultura politica italiana. Milano: Data News, 1995.

SPRIANO, P. *Le passioni di um decennio* (1946-1956). Milão: Garzanti, 1986.

SYLOS LABINI, P. *Cario Marx: è tempo di um bilancio*. Bari: Laterza, 1994.

TURI, G. *Casa Einaudi. Libri uomini idee oltre il fascismo*. Bologna: Il Mulino, 1990.

VACCA, G. *Scienza Stato e critica* di *classe*. Galvano della Volpe e il marxismo. Bari: De Donato, 1970.

VIOLI, C. *Il concetto di democracia in Norberto Bobbio*. Monografia de conclusão do curso superior apresentada e discutida pela banca composta pelo professor Galvano della Volpe (presidente) e pelos professores Giorgio Spina e Rosario Romeo. Universidade de Messina, ano acadêmico 1957-1958.

———. (org.). *Norberto Bobbio*: 50 anni di studi. Bibliografia degli scritti (1934-1983). Bibliografia dos escritos sobre Norberto Bobbio. Apêndice de Bruno Maiorca. Milano: Franco Angeli, 1984.

———. Galvano della Volpe e l'equivoco ideologico di Rodolfo Mondolfo. In: ———. (org.). *Studi dedicati a Galvano della Volpe*. Roma: Herder, 1989.

———. (org.). *Bibliografia degli scritti di Norberto Bobbio 1934-1993*. Roma-Bari: Laterza, 1995.

Nem com Marx, nem contra Marx

Primeira parte
O debate sobre o marxismo

1
Prefácio a Karl Marx, *Manuscritos econômico-filosóficos de 1844**

As páginas que compõem a obra fragmentária de Marx foram publicadas integral e criticamente pela primeira vez por V. Adoratskij com o título de *Oekonomisch-philosophische Manuskripte aus dem Jahre 1844 (Zur Kritik der Nationalökonomie, mit einem Schlusskapitel über die Hegelsche Philosophie)* na *Karl Marx-Friedrich Engels Historisch-kritische Gesamtausgabe*. Marx as escreveu quando tinha 26 anos, entre março e setembro de 1844, durante sua estada em Paris, para onde havia se dirigido no final de outubro de 1843, acompanhado da esposa, Jenny Von Westphalen (com quem havia se casado poucos meses antes, em 13 de junho de 1843), para tomar parte da organização e da publicação dos *Deutsch-französische Jahrbücher* [Anais Franco-Alemães]. Dirigida por Arnold Ruge, esta revista após a supressão da *Rheinische Zeitung für Politik, Handel und Gewerbe* [Gazeta renana de política, indústria e comércio], ocorrida em março de 1843, iria representar uma nova tentativa do jovem hegelianismo – que na rea-

---

* Marx, 1968, p.VII-XVI. (N.E. It.)

lidade também foi a última – de expor, como grupo, uma orientação crítica própria diante da cultura e da sociedade da época. O empreendimento dos *Anais* fracassou depois do primeiro número, publicado nos primeiros dias de março de 1844 e que, entre outros, trazia dois artigos de Marx: "Zur Kritik der Hegelschen Rechtsphilosophie. Einleitung" [Introdução à crítica da filosofia do direito de Hegel] e "Zur Judenfrage" [Sobre a questão judaica]. Mas a estada em Paris, que se prolongou até fevereiro de 1845, independentemente do fracasso da revista, ocupa um lugar bem mais importante na biografia de Marx, porque naquele período ele aprofundou e esclareceu sua própria orientação comunista, à qual havia chegado poucos meses antes a partir do radicalismo democrático e que professaria publicamente pela primeira vez nos dois mencionados artigos dos *Anais*.

Esta obra de aprofundamento e de determinação foi empreendida por Marx, seja mediante a completa submersão nos estudos dos economistas ingleses e franceses (Say, Smith, Ricardo, Mill, Chevalier etc.) e na leitura dos livros de história da revolução francesa, com os quais chegou à idealização da concepção materialista da história, seja mediante a frequência assídua às reuniões das associações comunistas de artesãos franceses e alemães em Paris. Ainda que sem compartilhar as ideias, Marx admirava a espontaneidade do impulso revolucionário e a genuinidade do espírito solidário que estavam presentes naquelas reuniões. O empreendimento se valeu, ainda, tanto da aproximação com os socialistas teóricos franceses – sobretudo Proudhon, com quem teria longas e frequentes discussões –, quanto, por fim, do encontro decisivo que teve em agosto de 1844 com Engels, de quem havia lido com interesse o recentemente publicado ensaio nos *Anais*, "Umrisse zu einer Kritik der National-ökonomie" [Esboço de uma crítica da economia política], do qual recolhera notáveis sugestões.

O primeiro encontro entre os dois havia ocorrido na cidade de Colônia, em outubro de 1842, e fora insignificante, rápido e além disso pouco cordial. O novo encontro em Paris, porém, durou dez dias e deve ter sido extremamente estimulante e conclusivo para ambos, a tal ponto que Engels, muitos anos depois, na sua introdução às *Enthüllungen über den Kommunistenprozess in Köln* [Revelações sobre o processo dos comunistas em Colônia], escreveria: "Quando visitei Marx em Paris no verão de 1844, ficou evidente nosso completo acordo em todos os campos da teoria e desde aquele momento teve início nosso trabalho comum".

Os *Manuscritos* conservam importantes marcas das experiências humanas e culturais da estada parisiense. Sobretudo das leituras, e particularmente das leituras dos economistas: os fragmentos que tratam de alguns conceitos econômicos são compostos em boa parte por amplos extratos de obras de economistas (vejam-se os primeiros três fragmentos sobre o salário, sobre o lucro do capital, sobre a renda da terra, e as páginas dedicadas à divisão do trabalho). Há também o fragmento sobre o dinheiro (Marx, 1968, p.151-7), que se desenvolve como comentário de duas passagens de autores clássicos (Goethe e Shakespeare), e não é improvável que tenha sido sugerido pelo ensaio homônimo, "Ueber das Geldwesen" [A natureza do dinheiro], do jovem hegeliano e comunista Moses Hess, que é citado com respeito no Prefácio (ibidem, p.4) e em outras partes (ibidem, p.117). Bem menos evidente é a influência das leituras sobre a revolução francesa, que serão utilizadas, ao contrário, amplamente na obra seguinte, *A sagrada família*. a única referência direta é ao diário de Camille Desmoulins, *Révolutions de France et de Brabant* (ibidem, p.94). Também se faz presente a experiência obtida através do contato com as organizações de artesãos: pode-se encontrar uma descrição das reuniões dos *ouvriers* socialistas franceses – comumente citada pelos biógrafos de Marx – que é suficientemente viva para não ser o reflexo de uma impressão direta (ibidem, p.137). E há ainda a crítica do comunismo grosseiro e materialista (ibidem, p.107-10) que, movido pela inveja – forma mascarada da avidez de ganho –, em vez de se resolver em uma supressão da propriedade privada é, na realidade, sua generalização e consumação. Pode-se considerar que Marx, falando deste comunismo primitivo, tivesse em mente os enunciados políticos ouvidos nas reuniões de artesãos e operários, como por exemplo as da Barrière du Trône, na rua Vincennes, das quais era um assíduo frequentador. O único socialista francês citado mais de uma vez é Proudhon, cujas teorias Marx deseja confrontar com sua própria crítica da economia. De Proudhon, Marx expõe e refuta em vários lugares a teoria da igualdade dos salários (ibidem, p.20, 84, 136) e critica algumas teses menores (ibidem, p.l07, 140, 143), ao passo que outros teóricos do socialismo, como Saint-Simon, Fourier, Cabet, Owen, são mencionados apenas de passagem (ibidem, p.96, 107, 108, 111, 112).

O objetivo de Marx, ao compor as diversas partes integrantes dos manuscritos que sobreviveram e que podem dar à primeira vista a impressão de constituir um material não organizado, pode ser deduzido do fragmento de prefácio que, escrito não antes de agosto de 1844, quando a maior parte dos demais manuscritos já havia sido composta, está agora colocado no início do volume. Neste prefácio Marx traça um desenho muito mais vasto de seu trabalho futuro, do qual a obra que estava escrevendo deveria ser uma primeira parte. Trata-se da primeira obra de grande envergadura e teoricamente engajada do jovem Marx, o qual, depois da tese de láurea e naqueles dois anos de atividade literária, havia escrito somente poesias e artigos para jornais e revistas, além do comentário à filosofia do direito de Hegel, que de resto permaneceu incompleto e inédito. O desenho geral compreende uma crítica da economia, do direito, da moral, da política etc., que deveria ser exposta em ensaios separados, e um trabalho de conjunto, resumido e polêmico, a ser publicado por último e separadamente, que deveria pôr em evidência os nexos entre os ensaios precedentes e a diferença entre o método crítico ali seguido e o método especulativo. O trabalho efetivamente empreendido na primavera de 1844, do qual os fragmentos aqui traduzidos constituem tudo o que resta, deveria constituir a primeira execução parcial do desenho geral, isto é, a crítica da economia política. Observe-se que o capítulo central, talvez o menos incompleto e o mais elaborado, é aquele sobre o trabalho alienado (ibidem, p.69-86). Nele Marx desvenda a incapacidade que tem a economia política de explicar a propriedade privada e demonstra que esta forma de propriedade originariamente nada mais é do que o efeito do trabalho alienado, assim como os deuses, na origem, não são a causa mas o efeito da imaginação humana: disso se segue que a emancipação da sociedade em relação à propriedade privada deverá se exprimir na forma política da emancipação dos operários. É importante que a primeira parte do vasto programa que Marx procura executar seja a crítica da economia política, porque indica desde logo qual será, depois dos estudos filosóficos juvenis, seu interesse científico prevalecente, que o conduzirá por sucessivos desenvolvimentos até a obra maior. Ainda que tivesse, alguns meses mais tarde (lº. de fevereiro de 1845), assinado com o editor C. W Leske, de Darmstadt, um contrato que previa a publicação de um seu escrito intitulado "Crítica da política e da economia política", não há dúvida de que na execução do desenho original ele não foi além do esboço de crítica da economia política; no máximo seria possível imaginar que para uma crítica da política ele pensasse em utilizar parte do material e sobretudo das ideias reunidas no comentário à filosofia do direito de Hegel, escrito nos meses imediatamente precedentes à estada parisiense.

Para traçar esse vasto programa de obras futuras, Marx foi induzido, segundo suas próprias palavras, por duas exigências de método que lhe haviam sido apresentadas na elaboração da introdução à crítica da filosofia do direito de Hegel, publicada nos *Anais Franco-Alemães*. A primeira exigência era que não se deveria expor a crítica de uma determinada matéria – o direito, a política, a economia – sob a forma de uma crítica da filosofia do direito, da política ou da economia, porque esta confusão acabaria por gerar lentidão no desenvolvimento e obscuridade na exposição. A segunda era que se deveria examinar, tendo em vista a vastidão da matéria, a crítica da economia separadamente da crítica da moral e assim por diante, reservando para um ensaio final a visão de conjunto e a tomada de posição contra a filosofia especulativa, ou seja, a justificação metodológica. Isto não significava que Marx iria renunciar a ver o nexo entre a crítica de uma determinada matéria e a crítica metodológica, mas simplesmente que ele considerava impróprio apresentar a crítica de uma matéria singular a propósito da crítica metodológica. Tanto é verdade que já nessa primeira parte de seu trabalho, bem longe de dispensar a crítica da filosofia especulativa, a considera "absolutamente necessária", apesar de colocá-la no final do ensaio, à maneira de uma conclusão justificativa do procedimento adotado.

Teoricamente, esses *Manuscritos* representam sobretudo o conhecimento crítico alcançado por Marx a respeito do vício de origem da filosofia hegeliana: o abstrativismo, produzido pelo uso da dialética especulativa ou idealista, a qual, enquanto movimento da consciência consigo mesma, acaba por dar ao processo histórico uma "expressão *abstrata, lógica, especulativa* ... que ainda não é a história *real* do homem" (ibidem, p.162). Tal conhecimento crítico leva Marx a se destacar resolutamente de todos aqueles que não haviam percebido esse vício de origem por defeito de inteligência filosófica, e que continuavam a se mover no âmbito do hegelianismo ainda que acreditando estar fora dele: esses "teólogos críticos" são Bruno Bauer e companheiros, aos quais Marx se dirigirá longa e expressamente logo depois, n'*A sagrada família*. Neste sentido, as presentes páginas assinalam, mais que a justificação teórica do novo anti-hegelianismo, o distanciamento definitivo diante do jovem hegelianismo de Bauer, ao qual Marx, no período imediatamente posterior à graduação, se aproximara e com o qual, porém, havia cortado qualquer relação pessoal desde o final de 1842. Em segundo lugar, esses *Manuscritos* contêm a primeira tentativa de dar uma definição teoricamente fundada do comunismo. O comunismo é definido como "a *verdadeira* resolução do antagonismo entre a existência e a essência, entre a objetivização e a autoafirmação, entre a liberdade e a necessidade, entre o indivíduo e a espécie" (ibidem, p.111). Em outras palavras, como a identificação alcançada entre humanismo e naturalismo. Por sob essa definição de comunismo revelam-se as linhas de uma verdadeira *Weltanschauung*, à qual seria possível dar o nome de "humanismo social", no qual a sociedade é o termo de mediação entre homem e natureza (e entre homem e homem):

> A *sociedade* é a unidade essencial, levada à plena realização, do homem e da natureza, a verdadeira ressurreição da natureza, o naturalismo realizado do homem e o humanismo realizado da natureza. (ibidem, p.113)

A influência de Feuerbach é evidente tanto na parte crítica quanto na parte positiva, o que se pode entrever muitas vezes. Feuerbach havia publicado, em março de 1843, as *Teses provisórias para a reforma da filosofia* e pouco depois os *Princípios da filosofia do futuro* (a *Essência do Cristianismo*, obra que exerceu, segundo Engels, uma verdadeira "ação libertadora", saiu em 1841). Mais que a uma crítica da filosofia de Feuerbach, Marx pretende, nesta sua primeira obra de maior fôlego, alcançar um desenvolvimento, um aprofundamento e um alargamento das descobertas feuerbachianas; ainda não está totalmente consciente dos elementos de crítica contidos naquele desenvolvimento, naquele aprofundamento e naquele alargamento, e somente os explicitará mais tarde (as onze *Teses sobre Feuerbach* são de 1845). Considera que Feuerbach foi "quem verdadeiramente superou a velha filosofia" (ibidem, p.161), "o único que se encontra em uma relação *séria*, em uma relação *crítica* com a dialética hegeliana" (ibidem, p.160), e que somente com ele "se inicia a crítica positiva, humanista e naturalista", somente em seus escritos, depois dos de Hegel, é que existe "uma efetiva revolução teórica" (ibidem, p.5). A grande contribuição de Feuerbach é resumida por Marx em três pontos: *a)* crítica da filosofia como religião reduzida a conceitos; *b)* fundação do verdadeiro materialismo e da ciência real mediante a elevação da relação social do homem com o homem à condição de princípio fundamental da teoria; *c)* substituição da positividade sensível, imediata, fundada apenas em si mesma, pela positividade hegeliana, mediata, que resulta do processo dialético e se identifica com a negação da negação. Pode-se compreender a enorme importância que estes três pontos têm aos olhos de Marx, sobretudo caso se pense que o terceiro deles lhe oferece o fio condutor para a crítica da dialética hegeliana, ou seja, para se libertar definitivamente de Hegel, o segundo constitui, por assim dizer, a tese inicial de seu humanismo social e o primeiro o projeta na estrada que o leva à filosofia da práxis, e que também o levará, mais do que qualquer outra, para longe de Feuerbach.[1] Além disso, assimila da primeira grande obra de Feuerbach, a *Essência do Cristianismo,* a interpretação e o desenvolvimento dados ao princípio hegeliano da alienação humana e o estende da religião à vida social, do mundo de lá ao mundo de cá, da consciência religiosa ao trabalho humano. Por outro lado, precisamente ao aprofundar esta descoberta, Marx dá um grande passo adiante: a alienação econômica ou social não é uma forma de alienação ao lado da alienação religiosa, mas é aquela que fundamenta todas as demais formas, aquela sem a qual a própria alienação religiosa não pode ser teoricamente explicada. Por isso, somente a supressão da alienação econômica, isto é, a apropriação do homem prático, social, conduzirá à supressão da alienação religiosa, ou seja, à apropriação do homem teórico. Este é o argumento da quarta *Tese.* Mas já nestes escritos o princípio é expresso com clareza:

---

1 Ver as *Teses sobre Feuerbach*, especialmente 1, 2, 5, 8, 9 e 11, publicadas como apêndice a Engels, 1947.

O estranhamento religioso como tal somente tem lugar na esfera *da consciência*, da interioridade humana; o estranhamento econômico, ao contrário, é o estranhamento da *vida real*, donde *sua supressão abraça ambos os lados*.

Que este aprofundamento do pensamento feuerbachiano – aprofundamento que se transformaria passo a passo em uma tomada de posição crítica e em uma superação – fosse devido aos interesses e às experiências políticas, sociais e econômicas de Marx, àqueles interesses e àquelas experiências que precisamente no período parisiense seriam particularmente vivos e intensos, é algo tão conhecido e também tão visível nestes escritos que não temos mais necessidade de dar a ele uma nova atenção. Importa apenas destacar que nestes *Manuscritos* – precisamente na direção do aprofundamento, da crítica e da superação de Feuerbach – encontram-se já afirmadas e formuladas com a máxima clareza duas das mais conhecidas teses ou descobertas de Marx. A tese do materialismo histórico: "A religião, a família, o Estado, o direito, a moral, a ciência, a arte etc., nada mais são do que modos *particulares* da produção e caem sob sua lei universal" (ibidem, p.112).[2] E a tese da filosofia da práxis:

> Vê-se assim como a solução das oposições *teóricas* somente é possível de maneira *prática*, somente através da energia prática do homem, e como esta solução não é de modo algum apenas uma tarefa da consciência mas também uma tarefa *real* da vida, que a *filosofia* não poderia cumprir precisamente porque entendia esta tarefa somente como tarefa teórica. (ibidem, p.120)

É importante sublinhar a clareza destas formulações porque elas nos permitem fixar o lugar que estes *Manuscritos* ocupam na biografia espiritual de Marx: eles testemunham que então já havia terminado o período de amadurecimento e começara o da

---

2 O último grifo da primeira citação é meu.

maturidade. O jovem Marx havia adquirido clara consciência de sua distância em relação a Hegel; havia abandonado o jovem hegelianismo e sido lançado à estrada da crítica filosófica pelo pensamento feuerbachiano; havia deixado definitivamente de lado o radicalismo democrático e assimilado, como Hess e como Engels, o comunismo; estava imerso em um "infinito mar de livros" de economia, de história e de política, e se entregava ao trabalho "até o ponto de sentir-se mal". Considerava que havia chegado o momento de pôr ordem no acúmulo de ideias novas que lhe congestionavam a mente, de delinear sua *Weltanschauung* e iniciar um trabalho construtivo no campo da crítica filosófica, histórica, econômica e política. Volta-se sobre si mesmo e escreve esta sequência de ensaios bastante fragmentária, inorgânica e formalmente não refinada, a partir de um programa geral apenas esboçado mas dotado de uma extraordinária felicidade de ideias e fecundidade de desenvolvimentos – ou programa, inventivo e polêmico, incisivo e sarcástico. Neles porém, a partir da crítica econômica e filosófica, começa a ganhar corpo e figura uma completa teoria da sociedade e da história.

2
Apêndice. Advertência a Ludwig Feuerbach, *Princípios da filosofia do futuro* *

Depois da crise do positivismo, nosso século percorreu, com a fidelidade de um colegial diligente e medíocre, o caminho da grande filosofia europeia do século passado. Despojado do otimismo idealista ao final da Primeira Guerra Mundial, incorporou e reviveu com uma participação imediata e profunda a crise filosófica e religiosa das correntes pós-hegelianas. De Kierkegaard nasceu o moderno existencialismo. Não é de surpreender que hoje, sobre esta mesma estrada e nesta mesma atmosfera de percurso histórico, o pensamento contemporâneo depare-se com aquele pensador que talvez represente de modo mais agudo a dissolução da filosofia hegeliana e o termo de passagem do idealismo já concluído ao positivismo vitorioso: Ludwig Feuerbach. De fato, se fosse preciso dizer qual é a necessidade mais viva, não apenas da filosofia, mas da cultura, de toda a cultura – política,

---

* Publicado inicialmente em Bobbio, 1946, p.VII-XI. Com o título *Ludovico Feuerbach*, foi também publicada em *Università*, Padova, II, n.3-4, p.3, 1º mar. 1946. (N.E. It.)

literatura, arte e ciência – de nossos dias, necessidade que aflora nas manifestações correntes de nossa vida espiritual, das páginas mais nobres dos clérigos às frases convencionais dos retóricos e dos pregadores, talvez aos artigos de jornalistas e aos depoimentos do homem cotidiano, seria possível falar de retorno ao homem considerado não como o ser abstrato dos iluministas, nem como o ser da espécie dos positivistas, mas na complexidade e na concretitude da sua natureza, em suas carências e ideologias, na sua perversidade e paixão pela justiça, de onde aquela expectativa e aquele esforço para alcançar a redenção social e religiosa que caracterizam o fazer e o pensar do nosso tempo.

O problema do homem está no centro do pensamento de Feuerbach. "A verdadeira filosofia consiste – ele escreve – não em fazer livros, mas homens." Em todo o seu curso histórico, a filosofia lhe aparece como uma consciente ou inconsciente teologia, isto é, como uma transferência ou uma alienação da essência do homem na essência de Deus, e portanto como uma privação ou uma mistificação do homem. Mesmo a filosofia de Hegel – a mais grandiosa e a mais consequente de todas as filosofias tradicionais, e da qual Feuerbach se aproximou com o entusiasmo do discípulo ardoroso nos últimos anos da sua formação, e com energia quase facciosa fez a defesa contra as acusações dos adversários e as interpretações equivocadas das almas apavoradas – é, ela mesma, uma imensa teologia: aliás, é precisamente, pelo vigor lógico que a anima, a teologia mais verdadeira e mais coerente, é a teologia racionalizada, a confirmação e o coroamento do pensamento teológico. Depois de Hegel, reconhece Feuerbach, fechou-se a estrada do pensamento teológico. Ao pensamento humano – que só então, com a última e mais gigantesca teorização do erro de transportar o homem para fora do homem, durante tantos séculos perpetrado, abriu os olhos para a impossibilidade de percorrer a estrada do pensamento teologizante – cabe o dever de mudar de rota de maneira radical e sem preconceitos. O ser do homem, que a filosofia dos teólogos e a teologia dos filósofos afastaram do homem e transferiram para Deus, deveria ser, pela primeira vez na história do pensamento, devolvido ao homem. "A nova filosofia é a resolução completa, absoluta e coerente da teologia na antropologia" (Feuerbach, 1948, p.136). Esta nova filosofia, que Feuerbach lança com arrogância como um grito de guerra no ambiente crítico e desagregado dos jovens hegelianos, agitado por paixões políticas contrastantes, teria a tarefa de fazer do homem o objeto universal e supremo da filosofia. A antropologia seria a nova ciência universal.

É o tempo em que também Kierkegaard, rompendo a crosta do sistema hegeliano, procurava reencontrar o ser concreto do homem. Mas ele o reencontrava em uma experiência de pecado e redenção, de culpa e expiação, na qual o homem surgia nu e coberto de chagas, como um titã derrotado, em seu isolamento do mundo dos outros homens, na sua solidão desolada e ameaçadora, preenchida unicamente pela voz de Deus. O homem de Feuerbach é outro: sua existência não é a que se revela mediante a comunicação com Deus, mas a que é configurada pela vida social, pela comunicação com os outros homens. O ventre em que se fecunda é o da *necessidade,* o ato essencial da sua humanidade é o do *amor* de seus semelhantes. Somente o ser que tem necessidades, diz Feuerbach, é um ser necessário: uma existência sem necessidades é uma existência supérflua. Por outro lado, o ser que não é amado, nem pode ser amado, não é. O amor é o critério do ser e, com isso, da verdade e da realidade. Onde não há amor não há verdade. Somente aquele que ama alguma coisa é alguma coisa. Não ser nada e não amar nada são o mesmo. Entre estes dois polos, da necessidade que a faz surgir e do amor que a realiza, corre para Feuerbach a existência humana. Do "indivíduo singular" de Kierkegaard, rompidos os laços que o uniam a Deus, nascerá o ser para a morte de Heidegger, o protagonista mais genuíno do existencialismo; do homem concreto de Feuerbach, quando o ser da necessidade for libertado da mentira, também ela teológica, do amor universal, nascerá o "herdeiro da filosofia clássica alemã", o proletariado de Marx.

Enlevada pelo conceito de necessidade, diluída no princípio do amor, a filosofia de Feuerbach é o típico produto de um compromisso espiritual. Posta historicamente entre a crise do romantismo e o nascimento do positivismo, ela recolhe, do segundo, uma reverente admiração pela ciência natural, uma ausência de preconceito inclusive em termos de tom diante ao comum modo idealista de conceber a realidade, uma vontade crua e aguda de atacar os valores tradicionais, acompanhada de um prazer acerbo de suscitar escândalo, uma clara aspiração antiespeculativa, uma aceitação excessiva e ingênua da realidade dos sentidos; mas também recolhe, do primeiro, uma invencível repugnância para ir verdadeiramente ao fundo do problema concreto, a tendência a um sentimentalismo fácil que, para resolver o dado, o converte em algo obscuro e confuso, o prazer de cobrir a nudez do fato positivo com a aproximação do sentimento. O princípio da nova filosofia é um decidido e fortemente afirmado sensualismo: os sentidos são a realidade e portanto o fundamento de qualquer filosofia. "O real na sua realidade, ou o real enquanto real, é o real enquanto objeto dos sentidos, é aquilo que é sensível ... Somente um ser sensível é um ser verdadeiro, um ser real" (ibidem, p.118). Mas essa sensibilidade, que é afirmada algumas vezes na aspereza paradoxal de certas frases, de forma ofensiva e hiperbólica, converte-se inesperadamente, tão logo adormece o espírito do paradoxo, em um brando misticismo. O sentido é ao mesmo tempo sentimento; e o sentimento é amor: "o ser é um mistério da intuição, da sensação, do amor". E eis que se completa o intercâmbio entre sentido e amor com respeito ao problema do ser do homem. Quando Feuerbach diz que "somente na sensação, somente no amor, o ser singular, isto é, esta pessoa, esta coisa, tem um valor absoluto, o finito torna-se infinito", a sensação, entende-se, é a tela, o amor o objeto real (ibidem, p.120). Esta filosofia do sentido absoluto torna-se, por um passe de mágica, uma filosofia do amor. Assim o amor do homem pelo homem, o amor humanizado, é o último termo do pensamento de Feuerbach. Mesmo a sua crítica religiosa, a inversão do cristianismo na antropologia, termina com uma afirmação, ou melhor, com um hino ao amor. Esta filosofia substitui o amor de Deus pelo amor pelo homem. Mas deste modo, precisamente, o que de absoluto havia na filosofia especulativa é transportado para o ser humano.

Será portanto lícito concluir que Feuerbach, movido pelo assalto à religião tradicional considerada como uma *antropologia de Deus,* chega a dar a seu pensamento a configuração de uma *teologia do homem*. Inflamado pelo objetivo de realizar a superação do pensamento tradicional, dele realiza, ao contrário, uma inversão: se a filosofia especulativa de Hegel não é uma genuína filosofia mas teologia toda explicada, a antropologia de Feuerbach é, a pleno direito, uma teologia invertida. Impelido a filosofar pelo desejo de reformar a filosofia tradicional, permanece ainda fechado no espírito da filosofia que deseja reformar, como ocorreu na outra Reforma, que foi uma reforma do cristianismo efetivada em nome e no espírito do cristianismo. De resto, ele não esconde, em diversos momentos, sua simpatia espiritual por aquela Reforma e em um dos mais calorosos escritos do período da maturidade (*A essência da fé segundo Lutero,* de 1844) chegou quase a pedir a Lutero uma justificação de suas próprias ideias. Windelband tem certamente razão quando, em um dos mais agudos juízos que foram feitos sobre Feuerbach, escreveu:

> De certo modo, sua natureza inteira, rigorosamente alemã, pode recordar muitíssimo a Lutero. Há nela a mesma potente originalidade, a mesma ingênua e grosseira sensibilidade, o mesmo humorismo combativo, não excessivamente delicado, o mesmo espírito de verdade, levado até ao limite da teimosia e carente de cautelas.

A filosofia de Feuerbach não foi, em suma, como ele havia preconizado, a filosofia do futuro: foi simplesmente uma filosofia de transição. Friedrich Engels, em seu conhecido ensaio sobre Ludwig Feuerbach e o fim da filosofia clássica alemã, disse daquele que foi o maior guia espiritual da sua geração: "ele ficou a meio caminho também como filósofo, da metade para baixo materialista, da metade para cima idealista" (Engels, 1947, p.39). Ainda hoje, muitos dos que acreditam ter saltado fora do idealismo ainda não reconheceram o beco em que caíram e estão incertos sobre a direção a tomar. Pretendem ser marxistas e são no máximo jovens hegelianos. Declaram-se materialistas mas são, ao contrário, românticos. Para eles, e digamos também para nós, que saímos do silêncio e da aridez do deserto, Feuerbach é um espelho em que podemos encontrar reproduzidos – embora com uma fidelidade às vezes um pouco caricatural – os nossos semblantes espirituais.

3
A filosofia antes de Marx*

No segundo dos artigos que dedicou à *Filosofia depois de Marx*, Felice Balbo (1949b, p.245-72) reconhece que as conclusões alcançadas no primeiro artigo (1949a, p.27-37)

> são tão novas e, diria, tão inesperadas para quem quer que se tenha formado conforme a tradicional mentalidade da filosofia moderna e contemporânea que sob certos ângulos podem parecer até mesmo arbitrárias. (ibidem, p.245)

Estou certamente entre aqueles que, formados "conforme a tradicional mentalidade da filosofia moderna e contemporânea", consideram que algumas daquelas teses são "inesperadas" e, se não propriamente arbitrárias, ao menos questionáveis. Portanto, gostaria de fazer ao amigo Balbo ao menos uma das objeções que ele mesmo, com aquelas palavras, demonstra não desconhecer mas que, até o momento, não se deteve a formular com maior precisão. Isso também me dará condições de fixar,

---

* Publicado inicialmente em Bobbio, 1950, p.85-8. Republicado como apêndice a Balbo, 1966, p.970-1074. (N.E. It.)

com uma linguagem mais rigorosa, um ponto de discórdia que sempre se manifesta, e não de hoje, em nossas frequentes (mas nem por isso menos longas) conversas, que constituem um ininterrupto e até agora aberto colóquio sobre o valor da filosofia na cultura e na sociedade contemporânea.

Balbo afirma que "Marx é um fato *decisivo* da história da filosofia" (ibidem, p.27). A demonstração que ele faz desta afirmação pode ser reduzida, se não me equivoco, a um raciocínio composto pelas quatro seguintes proposições fundamentais: (1) Marx realiza de modo radical a dissolução do racionalismo absoluto de Hegel; (2) o racionalismo absoluto de Hegel representa a conclusão de toda a filosofia racionalista; (3) a filosofia racionalista compreende em si toda a evolução do pensamento anterior a Hegel; (4) *ergo,* Marx, ao empreender a inversão do racionalismo hegeliano, realiza a dissolução de todo o racionalismo, isto é, de toda a filosofia moderna. Esta conclusão tem uma clara importância para Balbo: ela significa que *depois* de Marx já não se pode mais filosofar na direção da filosofia do racionalismo, isto é, na direção daquela que normalmente se chama de a essência do "pensamento moderno", de onde se justifica o *retorno* à filosofia do ser. Mas também é claro que a conclusão, ou seja, a quarta proposição, somente é verdadeira se forem verdadeiras as três proposições anteriores. Mas são elas verdadeiras? Eis o ponto.

Proponho-me a examinar brevemente a validade das proposições *sub 1, sub 2* e *sub 3.* E para isso me pergunto, começando da última delas: é verdade que o racionalismo compreende em si toda a filosofia antes de Hegel (I)? É verdade que Hegel conclui a filosofia do racionalismo (II)? É verdade que Marx realiza a inversão da filosofia hegeliana (III)?

I. Para afirmar que o racionalismo resume toda a filosofia antes de Marx, é preciso eliminar o empirismo da história da filosofia moderna. Pode-se fazer esta eliminação de dois modos:

ou resolvendo o empirismo no racionalismo, como uma das formas em que o racionalismo moderno se manifestou, ou negando que o empirismo seja uma filosofia (e é este substancialmente o juízo de Hegel).

Não creio que fique claro qual das duas alternativas é a de Balbo: às vezes me parece que ele pende para uma, outras vezes para a outra. Mais que apresentar uma objeção a este ponto, que implica uma discussão bastante ampla, talvez seja o caso de fazer um esclarecimento. Limito-me a observar que, caso se inclua a história do empirismo na história do racionalismo, entendidos um e outro como expressões do pensamento moderno, torna-se forçoso chegar a um denominador comum, que não pode ser outro se não a instância *metodológica,* que com o racionalismo propriamente dito se recolhe em uma metafísica (racionalismo metafísico ou absoluto) e que permanece continuamente aberta, ao contrário, no empirismo, em direção a uma *crítica* que vai de Locke a Kant. Posto o problema nestes termos, porém, resulta que se pode dizer (e veremos no segundo ponto em que medida) que Hegel fecha o racionalismo absoluto, mas não se pode dizer sem uma especificação adicional que Hegel fecha *também* o racionalismo crítico.

Caso se aceite, por outro lado, a segunda alternativa, qual seja, a de que o empirismo está fora da história do pensamento filosófico porque permanece completamente no âmbito do discurso científico, corre-se o risco de ter de chegar à conclusão de que a descoberta da razão científica, que Balbo atribui a Marx, tenha de ser antecipada em alguns séculos e, portanto, que precisamente por isso Marx não representa mais uma reviravolta decisiva na história da filosofia e nada mais fez do que retomar e prosseguir a direção indicada pelo empirismo.

Em outras palavras: ou se aceita a primeira alternativa, e então cai a figura de um Hegel-fechamento do pensamento moderno, ou se aceita a segunda, e então se esvazia a representação de um Marx-fato decisivo da história da filosofia.

II. Para afirmar que a filosofia de Hegel é a conclusão do racionalismo, é preciso fechar os olhos para dois fatos: sobretudo, como já se disse, que ao lado do racionalismo metafísico há um racionalismo crítico (*a*); em segundo lugar, que nem todo o pensamento de Hegel é uma derivação do racionalismo (*b*).

a) Do racionalismo crítico, de que já se falou, nasce o Iluminismo. Somente se pode dizer que Hegel conclui o pensamento moderno sob a condição de que se demonstre que ele conclui a filosofia do Iluminismo. Ora, a filosofia do Iluminismo representa um racionalismo indefinidamente aberto, porque crítico; a filosofia de Hegel é um racionalismo fechado, porque absoluto (e portanto sem possibilidade de desenvolvimento a não ser mediante uma inversão). Poder-se-ia objetar que Hegel *conclui* o Iluminismo porque *fecha* o racionalismo aberto típico do Iluminismo. Mas a abertura indefinida não era a reserva necessária para que o racionalismo crítico, e por isso ateológico, não se transformasse em racionalismo absoluto e teologizado? Hegel, portanto, ao fechá-lo, não o *conclui*, mas o *nega*.

Com isso não se quer dizer que o Iluminismo também não tenha conhecido sistemas fechados. Diz-se que esses sistemas fechados são a expressão das imposições feitas pela metafísica à crítica. Isso poderia demonstrar duas coisas: primeiro, que o racionalismo não esperou Hegel para se fechar, mas fechou-se por si mesmo, passo a passo, com maior ou menor consciência; segundo, que o sistema fechado de Hegel não é uma conclusão, e portanto, como tal, não é uma novidade na história do pensamento, mas é simplesmente um episódio – ainda que seja o episódio mais radical (mais escandaloso para um racionalista crítico) – da prepotência da ilusão metafísica, para usar um termo caro a Balbo.

b) Quanto aos elementos de derivação não racionalista presentes no pensamento de Hegel, e depois da crítica mais moderna, que avançou sobre as pegadas de Dilthey a partir da descoberta do jovem Hegel (e isso não obstante a refutação de Lukács), pode-se dizer que a eliminação do componente teológico-místico do pensamento de Hegel é uma empresa difícil, se não mesmo desesperada. Toda a sua filosofia está dominada por uma *concepção escatológica* da história, ao passo que o pensamento moderno está caracterizado ou pela indiferença diante do problema escatológico ou então por uma concepção antiescatológica (o progresso indefinido). O que há de moderno (contraposto a medieval) em Hegel é que ele transpôs o *fim último* do outro mundo para este mundo. Por isso a filosofia de Hegel foi corretamente definida como uma *teologia invertida,* ao passo que o pensamento moderno antes de Hegel ou *não é teologia* ou é *teologia racional,* isto é, um saber em torno de Deus no qual o ponto de vista de Deus não é confundido com o ponto de vista do homem; em Hegel o discurso sobre Deus coincide perfeitamente com o discurso sobre o homem e sobre a história.

Deste ângulo de observação vislumbra-se então que o pensamento de Hegel, em vez de concluir o pensamento moderno no que se refere às concepções escatológicas cristãs e pré-cristãs, passa por cima de um aspecto característico desse pensamento que é precisamente o aspecto não escatológico; deste ponto de vista, ele é a antítese do pensamento moderno. Com isso não quero dizer que a filosofia de Hegel seja, na sua totalidade, a negação do pensamento moderno, mas simplesmente que ela é isso precisamente enquanto é uma visão escatológica da história, ou seja, enquanto teologização da história humana, que Balbo considera como a conclusão consequente e coerente do pensamento moderno.

III. Para afirmar que Marx dissolveu a filosofia de Hegel e descobriu assim a razão científica, seria preciso demonstrar que em Marx desapareceu todo resíduo de visão escatológica da história. É possível semelhante demonstração?

A esse propósito, devemos nos entender sobre a *inversão* operada por Marx com respeito a Hegel. Em meu juízo, Marx inverte o *ponto de vista* a partir do qual o filósofo, ao refletir sobre a história, deve observar o homem: ao passo que para Hegel a história é a história do *homem teórico* que se conclui no *saber absoluto*, isto é, na fundação do homem teórico total, para Marx a história é a história do homem prático que se conclui na *sociedade absoluta* (o comunismo), isto é, com a fundação do homem prático total (de onde se explica a passagem da filosofia à revolução, ainda que eu não creia que se possa falar, como faz Del Noce, de uma dissolução da filosofia na revolução). De Hegel, porém, Marx aceita a visão de origem teológica de que a história – seja a história do homem teórico, seja a do homem prático – move-se segundo um ritmo preestabelecido, resolvendo-se nos dois movimentos do estranhamento (queda) e da apropriação (redenção). Ou seja, Marx prescreve à história, como Hegel, um fim absoluto e uma finalidade absoluta a serem realizados neste mundo. O comunismo – disse Marx nos *Manuscritos* – é a "solução do enigma da história e é consciente de ser esta solução" (Marx, 1949, p.122). Isto, em linguagem teológica, significa que os caminhos da providência são misteriosos (a história é um enigma), mas, apesar disso, e precisamente porque a história é providencial, haverá uma solução (o comunismo, ou na verdade o Reino de Deus neste mundo).

Que Marx tenha chegado à sua concepção da história não mais através da reflexão sobre o movimento dialético das ideias, mas através da história da produção (que lhe foi tornada acessível por seus estudos econômicos), não me parece ser um argumento decisivo em favor da inversão total, já que a economia de Marx – cujos resultados científicos (*ou* seja, válidos no âmbito da razão científica) foram convertidos em explicação e em justificação da história universal – é em definitivo, precisamente por isso, uma *economia mistificada*. Eventualmente, isso poderia ser uma prova a mais do fato de que Marx avançou tão pouco na desmistificação de Hegel que a economia, que deveria operar a desteologização da sua filosofia, acabou por ser ela mesma teologizada, precisamente pela ausência da inversão total.

Em conclusão, existem boas razões para afirmar: 1) que o racionalismo absoluto não inclui todo o pensamento moderno; 2) que Hegel não é a conclusão do racionalismo; 3) que Marx não desmistificou Hegel. Se essas razões são válidas, ou mesmo se somente uma delas é válida, seria então possível sustentar que Marx constitui um fato decisivo na história da filosofia por ter invertido a filosofia de Hegel, entendida como conclusão daquele racionalismo em que se resumiria todo o pensamento moderno?

Com isso não pretendo excluir que Marx seja um fato decisivo na história da filosofia. Digo apenas que quem desejar demonstrá-lo terá de seguir outra via, distinta da seguida por Balbo.

4
Ainda sobre o stalinismo: algumas questões de teoria*

1. "Quando a revolução francesa realizou de fato esta sociedade conforme a razão e este Estado conforme a razão", escreveu Engels em uma célebre página do *Antidühring*, "as novas instituições, por mais racionais que fossem quando comparadas com o precedente estado de coisas, não se revelaram de modo algum racionais. O Estado conforme a razão *estava completamente dissolvido* ... Para dizer em poucas palavras, quando comparadas com as *pomposas promessas* dos iluministas, as instituições políticas e sociais instauradas com o triunfo da razão se revelaram como *caricaturas* e *amargas desilusões*" (Engels, 1950a, p.279-90, grifos meus). Imagino que muitos comunistas, depois de ter lido o informe Kruschev, voltaram a pensar naquela

---

* Publicado inicialmente em Bobbio, 1956, p. 1-30. Resposta a uma pesquisa intitulada *Nove questões sobre o stalinismo* e realizada pela revista *Nuovi Argomenti* entre intelectuais e políticos de esquerda após o discurso de Nikita Kruschev ao XX Congresso do Partido Comunista da União Soviética, em 1956. O ensaio está comentado e parcialmente reproduzido no artigo *Stalin e a crise do marxismo*, no presente volume, p.103. (N.E. It.)

página. Em última análise, o informe era o mais cabal desmentido das ilusões revolucionárias: o Estado conforme a justiça "estava completamente dissolvido" e as instituições políticas e sociais instauradas com o triunfo do materialismo dialético, quando comparadas com "as pomposas promessas" dos teóricos do marxismo, revelaram-se como "caricaturas e amargas desilusões". Desmentindo as previsões dos teóricos, os eventos que se seguiram à revolução francesa haviam posto em crise, segundo Engels, a teoria iluminista do Estado e do poder. E os eventos que se seguiram à morte de Stalin, desmentindo as previsões dos teóricos marxistas, põem em crise a doutrina marxista do Estado e do poder?

Da minha parte, considero que a crítica ao "culto da personalidade" promovida pelos atuais dirigentes da União Soviética trouxe à luz do dia, além dos graves problemas políticos que têm ocupado há meses as páginas dos jornais, graves problemas de teoria do marxismo. As atenções voltaram-se quase sempre, ao menos na Itália, como era de esperar, para os reflexos políticos do "cataclisma". Mas talvez tenha chegado o momento de direcionar o discurso também para as consequências que a crise terá, ou deveria ter, sobre o marxismo doutrinário. No presente artigo, ocupo-me particularmente de alguns problemas relacionados à teoria do Estado.

Começo a análise com aquela que, entre as constatações extraordinárias e reveladoras feitas a propósito daqueles eventos, é precisamente uma das mais extraordinárias e reveladoras: todos sabiam há tempos que o regime de Stalin era uma ditadura pessoal ou, para falar com a terminologia clássica da teoria política, uma tirania. *Todos menos os comunistas.* Entre aqueles que sabiam, podia existir algum dissenso sobre o modo de avaliar historicamente a obra de Stalin. Mas existia pleno acordo em considerar aquele regime como uma forma característica de tirania, isto é, como um dos tipos de regime que a teoria política havia, desde o final da Antiguidade e com a maior clareza, reconhecido, descrito e discutido (sinal claro de que na evolução dos modos de convivência civil não havia, entre as possíveis formas de governo, nem a mais rara nem a mais difícil de se reconhecer). Somente os comunistas não sabiam disso *ou,* o que é o mesmo, obstinavam-se em não querer sabê-lo.

Esta constatação me leva a propor uma questão preliminar, da qual derivarão todas as demais: por que os comunistas não tinham conhecimento daquilo que era de domínio público, como se costuma dizer? Creio que a resposta a esta questão pode ser articulada em torno das duas seguintes proposições: 1) no âmbito do sistema comunista soviético *o princípio de autoridade* era válido até agora, prevalentemente, como critério de verdade; 2) a autoridade em que os depositários e os intérpretes da doutrina se inspiravam *jamais havia previsto,* no período da ditadura do proletariado, o surgimento de uma ditadura pessoal ou de uma tirania.

2. Vejamos o primeiro ponto. O método da autoridade contrapõe-se ao método empírico. O critério de verdade que lhe é próprio pode ser assim caracterizado: com base no princípio de autoridade é verdadeiro: (1) aquilo que foi afirmado como verdadeiro pelos fundadores da doutrina; ou (2) aquilo que se pode obter por obra dos intérpretes das proposições contidas na doutrina; ou ainda (3) aquilo que se agrega, sob a forma de interpretação extensiva ou evolutiva, por obra dos continuadores autorizados da doutrina. Um sistema doutrinário sustentado pelo princípio de autoridade consiste fundamentalmente em três tipos de afirmação: (1) as que estão contidas nos textos originais; (2) as que são obtidas destas primeiras por intermédio da interpretação; (3) as que são propostas pela pessoa ou pelas pessoas autorizadas legitimamente (com base portanto nos mesmos princípios da doutrina) a desenvolver a doutrina por integrações sucessivas. A rigor, uma doutrina pode ser constituída somente pelos dois primeiros tipos de afirmação. Mas somente sobrevive e dura no tempo se gerar um órgão que, com a exclusão de qualquer outro, esteja autorizado a desenvolvê-la e a adaptá-la à modificação das circunstâncias. Quem tem alguma familiaridade com o mundo jurídico conhece bem esse estado de coisas: um ordenamento jurídico é um sistema de proposições cuja verdade está fundada exclusivamente no princípio de autoridade. Com efeito, afirma-se que uma norma é juridicamente verdadeira (isto é, válida) se: (1) é criada pelo legislador (*um código, por exemplo, equivale ao texto originário dos fundadores da doutrina*); ou (2) é extraída das normas estabelecidas mediante os diversos expedientes da interpretação jurídica (são as que se enunciam nos livros dos juristas); ou ainda (3) é produzida pelos órgãos que dispõem de um poder legítimo para produzir normas jurídicas novas (como acontece, por exemplo, com os regulamentos ou as ordens emanadas dos órgãos executivos e com as sentenças proferidas pelos órgãos judiciários).

Na medida em que o sistema doutrinário comunista foi assumindo valor de instrumento de luta, os textos originais de Marx e de Engels foram ganhando maior importância como fontes de verdade e foi-se constituindo, reforçando-se e definindo-se em suas tarefas e em sua força diretiva o órgão autorizado a desenvolver a doutrina originária – o partido, ou, na falta dele, as pessoas que, ao dirigi-lo, foram postas e reconhecidas como seus representantes exclusivos e autênticos. Quero dizer que foram se desenvolvendo assim os aspectos mais característicos de um sistema doutrinário fundado no princípio de autoridade. Quanto ao valor das fontes originárias, é conveniente pôr novamente ao alcance do leitor um conhecido texto de Lenin:

> A doutrina de Marx é *onipotente porque é justa*. Ela é *completa e harmoniosa* e dá aos homens uma concepção integral do mundo, que não pode se conciliar com nenhuma superstição, com nenhuma reação, com nenhuma defesa da opressão burguesa. O marxismo é o *sucessor legítimo de tudo aquilo que a humanidade criou de melhor durante* o *século XIX*: a filosofia clássica alemã, a economia política inglesa e o socialismo francês. (1949a, p.53, grifos meus)

Tentem imaginar um contexto similar, especialmente as frases que destaquei, na boca de um físico que deseje indicar os méritos das descobertas de Newton ou de Einstein. A dissonância seria imediata. Mas se transportarmos o mesmo contexto para a boca de um fiel que recita sua adesão à doutrina da salvação de que é seguidor, não acharemos nada de estranho. Quanto à importância do partido, remeto a uma outra conhecida passagem de Lenin:

> Ao educar o partido operário, o marxismo educa uma vanguarda do proletariado capaz de tomar o poder e de conduzir todo o povo ao socialismo, capaz de dirigir e de organizar o novo regime, *de ser o maestro, o dirigente, a cabeça de todos os trabalhadores.* (1949b, p.174, grifos meus)

Os livros doutrinários soviéticos estiveram até há pouco repletos de citações dos textos canônicos. Somente se surpreenderia quem não se dava conta de que o uso das citações pertence à lógica de um sistema fundado no princípio de autoridade. Ninguém se espanta quando os juristas citam o código ou as leis da segurança pública: para o jurista, com efeito, a melhor solução não é a mais justa, mas a que está confortada por um maior número de textos legislativos. Onde se considera verdadeiro não aquilo que é verificado empiricamente, mas aquilo que está apoiado pelos textos oficiais, a passagem que confirma é a prova decisiva. Para que uma proposição pudesse ser considerada verdadeira em um livro de doutrina soviética, e pudesse portanto ser acolhida no sistema, era preciso que: (1) pudesse ser encontrada uma proposição idêntica ou análoga em um texto de Marx ou de Engels; ou (2) pudesse ser deduzida mediante os costumeiros expedientes da hermenêutica textual a partir de proposições contidas naqueles textos; ou ainda (3) estivesse conforme a proposições afirmadas nos textos oficiais do partido (geralmente por seus dois líderes autorizados da revolução em diante, Lenin e Stalin). Vimos, por exemplo, lógicos e filósofos soviéticos debaterem a relação entre lógica formal e lógica dialética a golpes de citações e somente depois que Stalin havia aberto fogo com suas teses sobre a linguística; deste mesmo modo os juristas alimentam suas proverbiais controvérsias a golpes de artigos e de acusações de lesa interpretação textual. Um dos procedimentos mais praticados e mais úteis em um sistema deste tipo é a interpretação extensiva, como é bem conhecido pelas pessoas que frequentam autores de livros jurídicos: pois bem, quando A. V. Venediktov quer nos dar uma definição geral de propriedade, que seja válida para os sistemas jurídicos, e se pergunta se semelhante definição seria possível, ele não recorre nem a argumentos lógicos nem a critérios de oportunidade. Convoca Marx, que deu uma definição geral de produção válida para todos os sistemas de produção, e se pergunta se

> as considerações feitas por Marx na introdução a *Para a crítica da economia política* sobre a definição geral da produção *podem ser estendidas* também para a definição geral do direito de propriedade. (Venediktov, 1953, p.47, grifos meus)

No mundo jurídico, o conjunto dos procedimentos empregados pelos juristas tradicionais foi chamado, por aqueles que desejariam a eles contrapor procedimentos mais abertos, de "método da exegese" (na França) ou de "método dogmático" (na Alemanha), e a ele foi contraposto o método da *libre recherche scientifique* ou da *freie Rechtsfindung,* quer dizer, o método próprio dos cientistas que não se deixam guiar por outro critério de verdade que não o da verificação empírica. Sem forçar a analogia, pode-se dizer que nos escritores soviéticos do período staliniano o método da exegese ou dogmático prevaleceu sobre o método da livre pesquisa científica.

3. Em um sistema que está fundado no princípio de autoridade não se pode admitir como verdadeiro aquilo que não é aprovado pela autoridade primária (constituinte) ou secundária (delegada). Segue-se que deve ser recusado aquilo que não está conforme ao estabelecido. Em nenhum dos textos da doutrina estava escrito que durante o período da ditadura do proletariado haveria uma fase mais ou menos longa de tirania, nem que tal evento fosse possível. Em decorrência, quem afirmava que Stalin era um tirano pronunciava, com base no critério da autoridade, uma proposição falsa. De nada valia opor a experiência a isso. Para aqueles que adotam como critério de verdade o princípio de autoridade, a experiência não é uma prova da verdade, do mesmo modo que não o é a autoridade do maior filósofo para aqueles que escolheram a experiência como único critério de verdade. Ambos os critérios são tão cabalmente distintos que às vezes uma mesma pessoa segue um critério, por exemplo, em assuntos religiosos e outro em assuntos científicos, e avalie como verdadeiro enquanto crente algo que o enrubesceria de defender como verdadeiro enquanto cientista. Um comunista, a quem tivesse sido dito que Stalin era um tirano, responderia – teria de responder – que a afirmação era falsa porque não era marxista (olhando-o bem, não teria outro argumento).

Não que os textos marxistas ignorassem a ditadura pessoal entre as possíveis formas de governo. Basta lembrar das conhecidas análises históricas de Marx sobre Napoleão III e de Engels sobre Bismarck. Mas essa forma de governo foi sempre considerada como uma desgraça da sociedade capitalista em um certo período de seu desenvolvimento e como uma variante da opressão de classe durante o predomínio da burguesia. Durante o período da ditadura do proletariado haveria sim uma ditadura, mas não no sentido de que tirania é ditadura, mas no sentido de que todo Estado é ditadura, isto é, aparato de coerção para o domínio de classe, no sentido de que, segundo frequentes declarações de Lenin, ditadura e democracia não são termos incompatíveis. A confusão entre ditadura em geral e ditadura pessoal, e em consequência a contraposição entre ditadura e democracia, era para Lenin um conceito tipicamente burguês:

Do ponto de vista vulgar burguês, a noção de ditadura e a noção de democracia se excluem uma à outra. Por não compreender a teoria da luta de classes ... o burguês entende por ditadura a abolição de todas as liberdades e de todas as garantias da democracia, o arbítrio generalizado, o abuso generalizado do poder em nome dos interesses pessoais do ditador. (1949c, p.416)

Ao passo que a ditadura pessoal era a forma mais clamorosa e aberta do Estado como aparato de coerção, a ditadura do proletariado, segundo Lenin, era desde o início, "embora de forma ainda débil e embrionária, um novo Estado", quer dizer, um Estado cuja novidade consistia em não ser mais "um Estado no verdadeiro sentido da palavra".

Nosso novo Estado *nascente* também é um Estado, porque necessitamos de divisões de homens armados ... Mas nosso novo Estado *nascente não é mais* um Estado no sentido próprio da palavra, porque em diversas regiões da Rússia estas divisões de homens armados são a própria massa. (Lenin, 1949d, p.42-3)

A novidade, sobre a qual Lenin e Stalin insistem, da ditadura do proletariado com respeito a qualquer outra forma de Estado precedente consistia, entre outras coisas, no fato de que, como decorrência do alargamento da base social (não mais a minoria que oprime a maioria, mas a maioria que se liberta da opressão da minoria) e da coerção atenuada (segundo as esperanças e ilusões dos primeiros anos), ela se assemelharia cada vez menos a uma ditadura pessoal, ditadura esta a que os regimes burgueses sempre se haviam degradado de maneira ignóbil, não obstante sua profissão de fé nos princípios democráticos. O próprio Stalin, precisamente às vésperas da época em que, segundo a nova interpretação oficial do curso histórico da União Soviética, teria dado início às suas gloriosas ações de déspota, ainda que esboçando um conceito da ditadura do proletariado mais complexo e mais articulado que o de Lenin, sustentava que das duas espadas tradicionalmente atribuídas ao poder estatal – uma dirigida para os inimigos externos e outra dirigida para os inimigos internos – somente a segunda havia sobrevivido, e a primeira poderia ser devolvida à bainha por completa ausência de necessidade. "A função da repressão – ele afirmava – foi substituída pela função de proteção da propriedade socialista perante os ladrões e os dissipadores do patrimônio do povo." E resumia seu pensamento da seguinte maneira:

> Como se pode ver, temos agora um Estado absolutamente novo, um Estado socialista que não tem precedentes na história e que se diferencia de modo considerável, por sua forma e por suas funções, do Estado socialista da primeira fase. (Stalin, 1948, p. 727-8)

Recapitulemos. A doutrina marxista é justa e portanto onipotente; se com base nesta doutrina justa e onipotente não se pode prever a tirania como possível forma de governo durante a fase histórica da ditadura do proletariado, aquele que não tem outro critério de verdade que não a autoridade da doutrina é obrigado a concluir que a tirania não é possível e que, portanto, Stalin não foi um tirano. Agora ocorre, ao contrário, que, da única maneira que um sistema fundado no princípio de autoridade reconhece como válida para a formulação de novas verdades – quer dizer, pela boca das pessoas autorizadas a integrar a doutrina –, afirmou-se abertamente que Stalin era um tirano. Qual a consequência disso? É que, de agora em diante, também o comunista pode – e a rigor deve – dizer que a tirania existiu. Porém, no exato momento em que ele acompanha os intérpretes autorizados e afirma que a tirania existiu, ele acaba por desmentir a doutrina que havia excluído a possibilidade da tirania. *Ergo* a doutrina não é nem onipotente nem justa. Para defender a validade de uma lei, um cientista procurará negar os fatos que a contradizem. Quando tiver de se render à força dos fatos terá de abandonar ou modificar a lei. Em outras palavras, quando há contraste entre uma afirmação de princípio e uma constatação de fato, a alternativa só pode ser esta: ou se desmente o fato ou se modifica o princípio. Diante da lei histórica ensinada por Marx e por Engels, retomada por Lenin e Stalin, segundo a qual durante o período da ditadura do proletariado o Estado iria se atenuando e, portanto, se afastando sempre mais das formas mais violentas de regime, entre as quais estava a ditadura pessoal, os comunistas desmentiram o fato, ao menos até o informe Kruschev. Agora, depois do informe, *já que não podem mais desmentir o fato, deveriam rever ou eliminar o princípio.*

Como todos podem ver, o problema é grave: Kruschev não se limitou a revelar os fatos (e, portanto, sua função não pode ser considerada meramente informativa), mas *revelou os fatos que segundo os princípios não podiam existir.* Penso que quem quer que se depare com este problema não poderá deixar de se fazer algumas questões sobre a teoria do marxismo. Reunirei minhas observações em torno de dois pontos: (1) o significado que tem o próprio fato da previsão equivocada; (2) as razões da previsão equivocada.

4. A previsão equivocada da tirania no período da ditadura do proletariado já é por si só indício de uma deficiência da doutrina. Não se deve esquecer que o marxismo se propôs – ou melhor, foi posto nesta condição pela doutrina oficial soviética – como "a ciência da sociedade", vale dizer, como a doutrina que, tendo descoberto as leis de desenvolvimento da sociedade, fornece a quem a segue os instrumentos necessários para que se façam previsões corretas sobre a conduta dos homens. Nos órgãos autorizados do poder soviético e dos partidos comunistas, fez-se valer constantemente a pretensão de que, diferentemente da política burguesa – que procederia de modo vacilante e incerto, de aventura em aventura, diletantemente –, a política comunista sempre estaria sobre a "linha" justa e não poderia não estar nessa posição pelo próprio fato de estar guiada pela teoria marxista da sociedade. Uma das grandes forças de sugestão do marxismo, no século que havia alcançado o estágio científico, para falar com Comte, foi a de se apresentar investida daquela infalibilidade que havia cabido por longos séculos à religião e que agora era atribuída à ciência.

Sempre se poderá objetar que todos aqueles que fazem pesquisas científicas podem falhar em suas previsões, sobretudo no campo das ciências sociais. Podem ser muitas as razões disso (hipóteses aventadas, erros materiais, insuficiência e má interpretação de dados etc.), mas não nos interessa aqui enumerá-las. É evidente que uma previsão errada não põe em crise um campo inteiro de saber científico (por exemplo, a sociologia), mas pode desorganizar aquilo que se chama de sistema doutrinário, quer dizer, um conjunto ordenado de teorias elaboradas a partir de algumas leis científicas (ou presumidas como tais) fundamentais. As descobertas de Galileu não puseram em crise a ciência física (em vez disso, fizeram que ela progredisse), mas o sistema ptolomaico. Pois bem, tal como se o entendia na União Soviética, o marxismo não era uma ciência (no sentido em que se diz que a sociologia ou a psicologia são ciências), mas um sistema doutrinário, tanto que do comunista não se diz, como de um físico, que faz ciência, mas sim que tem ou possui a ciência. Não pode constituir uma objeção o fato de que o marxismo tenha sido interpretado por alguns dos mais respeitáveis teóricos, de diferentes tendências, como um método e não como um sistema. Não discuto aqui as possíveis interpretações do marxismo, mas aquilo que o marxismo se tornou na doutrina oficial soviética. Se o marxismo é então um sistema doutrinário e não uma ciência, não um método, então ele pode ser posto em crise por uma previsão errada. Poder-se-ia de outra maneira objetar que a tirania, por depender das virtudes e dos vícios de uma personalidade excepcional, é um fato difícil de ser previsto. Mas se pode responder a isto dizendo que não se recrimina a doutrina marxista por ter cometido o erro de fato de não ter previsto a tirania, mas sim o erro de princípio, bem mais grave e comprometedor, de ter afirmado que durante o período da ditadura do proletariado *a tirania era impossível.*

Uma objeção aparentemente mais forte pode vir da observação de que outras previsões do marxismo também não se confirmaram, mas nem por isso o marxismo, como sistema, morreu ou viu diminuir seu prestígio como ciência da sociedade. A memória corre imediatamente para a famosa previsão de Marx segundo a qual a revolução socialista ocorreria nos países industrialmente mais avançados, previsão que seria desmentida pela revolução russa. Tal objeção cai, porém, quando se considera a diferença fundamental entre os dois fatos em questão: a revolução russa perante a previsão da revolução nos países mais avançados, a ditadura pessoal (ou tirania) perante a previsão da ditadura do proletariado (ou democracia mil vezes mais democrática do que as democracias burguesas) durante a formação da sociedade socialista. O primeiro é um fato que podemos chamar de positivo, isto é, uma operação historicamente efetivada, um fato que teria de se verificar pelo próprio desenvolvimento do comunismo, e portanto *é bom* que tenha se verificado; o segundo é um fato negativo, isto é, uma operação fracassada no sentido muito preciso de que a ditadura pessoal é agora considerada um erro histórico e uma causa de erros, um fato que não deveria ter-se verificado, e portanto *é mau* que tenha se verificado. Ambos os fatos desmentiram o sistema marxista precedente: mas, posto que o sistema teórico marxista está em função do desenvolvimento do comunismo no mundo, o primeiro o desmentiu fazendo que ele progredisse, o segundo o desmentiu fazendo que regredisse. Elaboro uma teoria sobre minha saúde: somente me curarei se levar a cabo um rigoroso tratamento. Esta teoria pode ser desmentida de dois modos: se eu me curar apesar de ter seguido um tratamento menos rigoroso ou se eu adoecer ainda mais gravemente depois de ter seguido o tratamento previsto. Nos dois casos a teoria é desmentida, mas com respeito à minha saúde, que era o fim para o qual eu havia elaborado a teoria, os resultados são antitéticos. Em um caso o fim foi alcançado *não obstante* a teoria, no outro o fim não foi alcançado *por culpa* da teoria. É fácil ver em qual dos dois casos o prestígio da teoria ficou mais gravemente comprometido.

Deve-se acrescentar, por fim, que o marxismo não é somente um sistema científico mas também uma práxis política, a qual faz que sua superioridade coexista com o fato de corresponder a uma doutrina. Para um marxista, a previsão não é, como costuma ser para um pesquisador desinteressado, uma operação puramente intelectual, mas é, ao mesmo tempo, uma operação política. Do fato de que a ditadura pessoal não foi prevista, ou melhor, foi prevista como impossível, decorreu a grave consequência política de que não pôde ser evitada. Pareto também tinha a paixão de fazer previsões, mas ele era um cientista, não era ao mesmo tempo o chefe de um partido. Se os homens fazem bobagens, pior para aqueles que não acreditaram em suas previsões, ou pior para o mau profeta. Ante o erro político (pior, uma série de erros que duraram muitos anos), o marxista não pode se mostrar tão tranquilo. Ele afeta não somente a ciência da sociedade, o marxismo, mas também o órgão de atuação prática desta ciência, o partido. Ante o erro, a série de erros, ou errou a ciência que não os previu e fez que não pudessem ser evitados, ou errou o partido que os praticou e permitiu que fossem praticados. Provavelmente erraram ambos. Retornando à diferença entre o desmentido feito por Lenin da previsão da teoria marxista e o desmentido feito por Stalin, pode-se observar que a primeira reprova a teoria mas dá razão à práxis, e precisamente pela concepção marxista da relação entre teoria e práxis põe as bases de um desenvolvimento da teoria; a segunda reprova a teoria e é ao mesmo tempo, enquanto erro ou série de erros, uma práxis equivocada.

5. Vejamos agora quais podem ter sido, por parte do marxismo doutrinário, as razões da previsão equivocada a respeito

da tirania no período da ditadura do proletariado. Na discussão deste ponto emergem alguns vícios característicos, gostaria de dizer atávicos, do pensamento marxista que a crise atual, ao revelá-los, poderia ajudar a eliminar, facilitando deste modo o contato dos comunistas com o movimento científico contemporâneo – contato até hoje bastante dificultado tanto pelos preconceitos políticos de ambas as partes, quanto por alguns preconceitos teóricos dos primeiros (viam idealismo em toda parte, e onde havia idealismo era severamente proibido pisar).

Começo com a observação de que uma veia de *utopismo* permaneceu no corpo do pensamento marxista, pelo fato de ser ele uma doutrina revolucionária. Como já se observou diversas vezes, pensamento utópico e pensamento revolucionário estão estreitamente ligados. Têm em comum uma atitude otimista diante do futuro. O pessimismo histórico – os homens sempre se mataram uns aos outros e sempre se matarão – é um luxo que somente os conservadores se podem permitir. Hobbes e De Maistre eram pessimistas sobre a natureza humana. Croce, é verdade, era otimista e de modo algum revolucionário. Diferentemente dos revolucionários, que são pessimistas quanto ao passado e otimistas quanto ao futuro, era um otimista crônico e também para ele, portanto, do mesmo modo que para um pessimista crônico, a história não dava saltos, que é o que conta para um pensamento antirrevolucionário. Tão vinculados estão o utopismo e o pensamento revolucionário que se pode falar legitimamente de uma veia utópica no pensamento de Marx e de Lenin sem com isso diminuir os méritos do realismo histórico e político de ambos, do qual até mesmo conservadores como Pareto e como Croce, que se vangloriavam de ser realistas, tiveram algo a aprender. Eram utópicos somente pelo fato de serem revolucionários. De fato, seu otimismo ia em uma só direção. Mas nessa direção, isto é, rumo à sociedade futura depois da revolução, eram de um otimismo desconcertante. Para eles, a história humana mudaria de natureza depois da revolução. Era como se as tormentas da história passada – que certamente existiram e das quais eles eram os únicos, como diziam, capazes de conhecer e domar os ventos que as haviam desencadeado –, uma vez alcançado o porto da sociedade socialista, estivessem destinadas a se acalmar para sempre, por mais que continuassem seu império, que estaria porém destinado a ir se reduzindo pouco a pouco, no oceano tempestuoso da sociedade burguesa ainda existente. A sociedade socialista havia sido imaginada como uma sociedade nova, cuja novidade consistiria em estar finalmente ao abrigo da tormenta da história. Por sua fúria destruidora, entre todas as intempéries registradas pela história desde a Antiguidade, a mais violenta e temível era a tirania, que podemos comparar a um ciclone, para continuar com nossa metáfora. Como se poderia imaginar que um ciclone pudesse explodir no mais seguro e protegido porto que os homens jamais haviam construído? Deixando de lado a metáfora, o utopismo revolucionário levou o pensamento comunista a conceber a sociedade socialista como um tipo de sociedade qualitativamente superior, e em uma sociedade qualitativamente superior as sujeiras da sociedade inferior – e a tirania é por certo uma delas – não poderiam mais existir.

Agora que a tirania explodiu com tanta virulência que não é mais conveniente escondê-la, deve-se acreditar que o resíduo de utopismo, que era uma das barreiras que separavam o marxismo do restante pensamento científico, esteja destinado a ir se reduzindo até desaparecer. Não há mais nenhuma razão para que sobreviva: os fatos encarregaram-se mais uma vez de manchar os ideais. De resto, houve ganhos para o realismo historiográfico e político, que é a parte viva e forte do marxismo. A sociedade socialista também recai na mesma história da qual se acreditara que poderia escapar mediante uma revolução vitoriosa, e ao recair já não tem mais motivos para se maquiar sinistramente. Seu rosto também se mostra agora cortado por lágrimas e sangue. Que isso ao menos sirva para torná-la mais humilde ante os próprios erros e menos arrogante ante os erros alheios. Com isso não quero de modo algum pôr em discussão a superioridade da sociedade socialista sobre a liberal. Pessoalmente, creio (e ao assim falar estou perfeitamente consciente de que nada mais faço do que manifestar minhas preferências morais) que uma sociedade socialista – quer dizer, uma sociedade na qual aquele potente estímulo da *libido dominandi* que é a propriedade privada esteja atenuado ou tornado menos ofensivo – é um ideal honesto que vale a pena perseguir. Basta-me chamar a atenção para estes dois pontos: 1) se a sociedade socialista deve ser superior à capitalista, então é razoável e condizente a uma atitude científica crítica e não dogmática considerar que esta superioridade não se apresente de maneira utópica, vale dizer, como superioridade qualitativa, mediante a contraposição entre uma sociedade histórica com oprimidos e opressores e uma sociedade meta-histórica sem oprimidos e opressores, mas sim como o resultado de uma escolha entre alternativas historicamente delimitadas e racionalmente concebíveis; 2) o único critério para julgar esta superioridade deve ser a verificação histórica, e não a dedução a partir de ideais abstratos, agora desmentidos clamorosamente, de acordo com os quais o proletariado, ao se libertar a si mesmo, liberta a humanidade inteira etc. etc.

6. Em segundo lugar, e apesar das contribuições que deu à análise científica dos fenômenos sociais, o marxismo jamais conseguiu se libertar plenamente daquela forma de hegelismo deteriorado que é a *filosofia da história* ou história sob medida. Dos escritos de juventude de Marx (ver em particular os *Manuscritos econômico-filosóficos de 1844*) até a obra madura e autorizada de Engels (*A origem da família, da propriedade privada e do Estado*), seguida de modo bastante passivo por Lenin,[1] o curso

---

1 Ver o ensaio "Sullo Stato" [Sobre o Estado], de 1919, em Lenin, 1952, p.393-411.

histórico da humanidade foi aprisionado em um esquema rígido que não tolera desvios e que infelizmente permite as mais impressionantes fantasias. Dualista, à maneira teológica – a história humana como passagem da era da alienação à era da eliminação da alienação mediante a apropriação de si mesmo –, nas obras de juventude de Marx; triádico, à maneira de Hegel – a sociedade primitiva como tese, a sociedade de classes como antítese, a socialista como síntese –, na obra madura de Engels, o desenho prefigurado da história humana é parte integrante da doutrina marxista, não obstante as mais benévolas interpretações, as tentativas de atenuação e as opiniões discordantes.

A reprimenda mais leve que se pode fazer a este esquema é a de que ele peca por simplismo. Não se contesta por certo a eficácia prática desta simplificação da história que abre despropositadas esperanças sobre o futuro da humanidade. Mas aqui, onde se trata de marxismo teórico, devem-se destacar algumas sérias dúvidas sobre seu valor heurístico e reconhecer que a descoberta da tirania inesperada e imprevista colocou aquela simplificação definitivamente em crise. A filosofia da história é filosofia no sentido romântico da palavra, como sistema total e onicompreensivo da realidade. Para cultivá-la é preciso muita ignorância (que pode ser involuntária) ou muita presunção (que é mais voluntária), a menos que venha a ser manejada mais por seu valor persuasivo que por seu valor cognitivo, como muito provavelmente foi o caso de Marx e de Engels. Ambos, do mesmo modo e pelas mesmas razões que os levaram a conservar uma veia utópica apesar do rigoroso realismo com que avaliavam os fatos históricos, elaboraram e mantiveram obstinadamente em vida um idealizado e frágil esquema de filosofia da história, não obstante seu prevalecente interesse pela análise histórico-científica da sociedade.

A história humana é certamente muito mais complexa do que as várias filosofias da história tentaram nos fazer crer. Aquilo que o historiador obtém mediante a coleta paciente de uma miríade de dados, mediante a interpretação exaustiva de documentos, estabelecendo ou tentando estabelecer nexos causais e finais entre eventos, o filósofo da história obtém mediante o expediente da dedução a partir de proposições gerais. Com respeito ao problema do Estado, que aqui nos interessa em particular, a filosofia da história marxista baseou-se exclusivamente em duas proposições gerais: 1) a história (a história "escrita", acrescenta Engels depois das pesquisas de Morgan) é a história das lutas de classe; 2) o Estado é o aparelho de coerção com que a classe dominante oprime a classe dominada. Destas duas proposições gerais deduzia-se que onde quer que se realizasse uma sociedade sem classes não haveria mais necessidade do Estado. Esta conclusão, que sempre foi parte integrante da doutrina, jamais foi até hoje, e jamais poderia ter sido, uma verdade de fato ou histórica. Apesar disso, sempre foi afirmada categoricamente como se fosse uma verdade da razão. Pode-se encontrar uma prova adicional da sobrevivência da mentalidade especulativa no marxismo teórico no fato de que os marxistas jamais aceitaram que esta presumida verdade pudesse ser desmentida pelos fatos; ao contrário, distorceram frequentemente os fatos para fazer que servissem à glória da verdade racional. Recorde-se que Marx e Engels viram na Comuna de Paris o início da extinção do Estado pelo único fato de que era uma revolução conduzida pela classe operária e que portanto, segundo a dedução lógica, acabaria por levar à superação da luta de classes. Trata-se de um erro de perspectiva histórica tão grande que, para explicá-lo, seria preciso acreditar que os fundadores do marxismo também fossem prisioneiros da doutrina a ponto de antepor uma fórmula deduzida dos princípios à verdade histórica.

Mesmo quando, depois do triunfo da revolução, o Estado sobreviveu e se reforçou, o princípio não foi abandonado: explicou-se o prolongamento do Estado no período da construção do socialismo em um só país por intermédio da tese de que a luta de classes havia sim desaparecido no país do socialismo mas não havia desaparecido no mundo, e portanto o Estado continuaria a ter uma função, no mínimo para garantir a defesa externa. Por outro lado, uma vez aceita a continuidade do Estado, já não havia razão para excluir que o Estado soviético também estivesse sujeito às mesmas vicissitudes do poder político que desde a Antiguidade haviam sido observadas e discutidas, e que portanto passasse através de formas políticas diversas, ora mais, ora menos democráticas, ora mais, ora menos liberais, ou até não liberais e tirânicas. Apesar disso, mesmo esta conclusão, que parecia elementar para quem estava fora do sistema, jamais foi alcançada. Nos anos em que a tirania se manifestava com violência, os comunistas continuaram não só a elogiá-la – o que, sendo uma questão de valor e não de fato, era um problema deles –, mas também, o que era bem pior, a não reconhecê-la, a proclamá-la aos quatro ventos como a encarnação da república perfeita e a acusar seus críticos de não entender de marxismo (opondo deste modo aos fatos, como prova de dogmatismo residual, uma doutrina que precisava ser verificada pelos fatos).

Por que jamais se alcançou esta conclusão e por que jamais se suspeitou sequer que ela poderia ser alcançada? Mais uma vez por causa da história por atacado, própria de uma concepção especulativa da história, e que na doutrina marxista sempre esteve submetida à história de varejo própria da historiografia científica. Marx e Engels concentraram sua atenção na antítese entre as classes, em particular naquela em curso entre a classe burguesa e a classe proletária, e subestimaram a outra antítese, desenvolvida pelos historiadores burgueses, entre período de ditaduras e período de liberdade. A impostação rígida, sob medida e pré-fabricada do curso histórico, bloqueia a assimilação de outros esquemas de compreensão histórica. Seria assim levado a concluir, sobre este ponto, que uma das mais graves insuficiências do marxismo teórico foi a de ter sacrificado (para usar uma terminologia marxista) à *dialética das classes* – com a qual se contrapõe, por exemplo, a idade feudal à era da burguesia – a *dialética do poder* – com a qual se contrapõe uma ditadura, não importa se burguesa ou proletária, à democracia. Em outras palavras, de ter eliminado de sua compreensão da história a antítese ditadura-liberdade (que era uma das grandes linhas sobre as quais se desenvolvera a historiografia burguesa), e isso em nome da antítese burguesia-proletariado. Pode ser que os historiadores burgueses tivessem supervalorizado a dialética do poder. Mas é certo que os marxistas, ao desconsiderá-la e ao rejeitá-la por si mesma como idealista, privaram-se de um recurso de compreensão histórica que os impediu de aceitar francamente o regime staliniano como período de ditadura e que talvez os deixe em dificuldade para dar uma explicação desta ditadura, agora que ela foi descoberta e denunciada.

Mesmo neste caso não me surpreenderia se o reconhecimento finalmente dado à ditadura pessoal terminasse por ter alguma repercussão sobre o resíduo de filosofia da história que compunha a mentalidade marxista e que muito provavelmente foi favorecido pelo escolaticismo doutrinário do período staliniano. Com respeito à capa de chumbo que a concepção de história segundo Marx e Engels impusera ao desenvolvimento da sociedade humana, a descoberta da ditadura pessoal agiu como um solvente. É como vestir uma criança com uma roupa sob medida: a criança cresceu e a roupa ficou pequena. Se o homem continua sendo homem, parece difícil que se possa ajustá-la. Deixando de lado a metáfora, o aparecimento da ditadura pessoal no Estado socialista é uma prova adicional de que a história humana é mais complexa e mais monótona do que aquilo que resulta da concepção marxista. Mas se dissermos a um historiador ou a um sociólogo que não deve fazer prefigurações filosóficas, ele nos responderá que sabia disso há tempo. Quando os historiadores soviéticos também vierem a saber disso, então terá caído uma das mil barreiras que tornam árida e tensa a relação entre marxistas e não marxistas.

7. Terceira consideração. O mesmo Marx que havia realizado uma crítica tão penetrante e destrutiva da filosofia especulativa de Hegel caiu no erro especulativo de absolutizar uma hipótese de trabalho científico e de dela extrair uma concepção global da realidade que também recebeu, como toda concepção do mundo, um nome e um sobrenome: materialismo histórico. Não é difícil entender por qual motivo Marx e Engels fizeram tal hipostasiação. Mais difícil é entender e justificar aqueles que, como os comunistas, adotaram e deram continuidade a ela, mesmo quando as orientações dos estudos científicos mais avançados depois da crise do cientificismo fizeram que se desconfiasse de toda técnica de pesquisa transformada em dogma. Mas não estamos aqui para sacudir o pó de velhas polêmicas. A questão nos interessa somente para a finalidade de reunir novas provas sobre a responsabilidade do marxismo teórico no que diz respeito à incompreensão da ditadura pessoal no período da ditadura do proletariado.

A característica fundamental do materialismo histórico como metodologia da historiografia é a de distinguir os eventos históricos em duas categorias – eventos que pertencem à estrutura (os fatos econômicos) e eventos que pertencem à superestrutura (os fatos políticos, morais e ideológicos) – e a de atribuir a estas duas categorias de eventos dois *status* diversos: aos primeiros o *status* de eventos principais e aos segundos o de eventos secundários. Isso significa que os segundos são explicados mediante os primeiros, mas os primeiros não podem ser explicados mediante os segundos. Como se sabe, o Estado pertence aos segundos:

> Não é o Estado que condiciona e regula a sociedade civil, mas a sociedade civil que condiciona e regula o Estado, e portanto a política e a sua história devem ser explicadas a partir das relações econômicas e de seu desenvolvimento, e não vice-versa. (Engels, 1948a, p.17)

Guiado por esta tese ou por este pré-conceito, o marxismo teórico exibiu grave indiferença para com a teoria das formas de governo, um dos pontos basilares das doutrinas políticas tradicionais: as formas de governo não mudam a essência do Estado e portanto não existem formas boas e formas más, formas melhores ou formas piores.

> As formas de Estado foram extraordinariamente variadas ... Não obstante estas diferenças, o Estado da época da escravidão era um Estado escravista, fosse ele uma monarquia ou uma república aristocrática ou democrática. (Lenin, 1952, p.401-2)

Com efeito, o propósito constante da política comunista sempre foi não o de substituir uma forma de governo por outra (as formas de governo são todas iguais), mas o de despedaçar o Estado.

Encontram-se aqui dois motivos que podem nos ajudar a explicar o equivocado reconhecimento da ditadura. Antes de tudo: as formas de governo pertencem à superestrutura; a ditadura pessoal, enquanto forma de governo, pertence à superestrutura; pertencendo à superestrutura, é um fato histórico de segundo grau que, como tal, não merece particular atenção. Com base nos cânones do materialismo histórico, portanto, dever-se-ia excluir que a ditadura pessoal pudesse ser considerada como má em si mesma: como forma superestrutural, somente poderia ser considerada boa ou má em função da maior ou menor bondade da estrutura econômico-social. Talvez se possa dizer, com outras palavras, que para o marxismo a forma de governo é somente um meio que pode servir ao alcance de determinados fins, e que portanto a avaliação do meio depende da avaliação do fim. Ao adversário que o recriminasse por aceitar uma ditadura pessoal, o comunista teria podido responder que o que contava não era o sistema político mas o sistema econômico, e que uma ditadura destinada a estabelecer um regime de propriedade socialista era superior a um regime democrático tendente a conservar um regime de propriedade capitalista. Na realidade, o comunista respondia normalmente que o regime staliniano não era uma ditadura pessoal. E aqui entra em jogo o segundo motivo de explicação que se pode extrair da doutrina do materialismo histórico acerca do equivocado reconhecimento da tirania. Se a superestrutura, enquanto complexo de fatos de segundo grau, é condicionada pela estrutura, para que o regime de Stalin pudesse ser considerado como uma ditadura pessoal era preciso que a estrutura o exigisse. Mas isso significa admitir a dificuldade (desde que se considere a ditadura pessoal como um regime que expressa a exasperação das dificuldades em que se encontra uma classe dirigente em declínio) da transformação econômica na passagem do regime de propriedade privada ao regime de propriedade coletiva. Independentemente de qualquer consideração doutrinária, esta era uma admissão difícil de ser feita, no mínimo por razões políticas.

Agora que o regime de ditadura pessoal foi não apenas oficialmente reconhecido mas também solenemente condenado, não é de grande ajuda recorrer ao materialismo histórico para se obter uma explicação. Até hoje, de resto, não me parece que esta análise tenha sido tentada de modo amplo, como se o desejo de saborear a bondade do método estivesse pressionado pelo temor de não conseguir comprová-lo. Quem desejasse tirar conclusões sobre o informe Kruschev seria obrigado a afirmar: 1) que estrutura e superestrutura, em vez de estarem em estreita relação de dependência da segunda diante da primeira (conforme a interpretação mais rígida ou a mais ampla do materialismo histórico), tiveram processos independentes de desenvolvimento e nestes processos paralelos acabaram por não se encontrar; 2) que o regime político, isto é, a superestrutura, determinou, ele próprio, todos os problemas deplorados, transformando-se assim de fato secundário em fato principal. Da parte dos intelectuais comunistas, insatisfeitos com o linguajar cotidiano e não científico de Kruschev, exige-se uma análise marxista do que aconteceu. Se por análise marxista deve-se entender uma investigação dos fatos seguindo os cânones do materialismo, é de crer que os primeiros executores enfrentarão sérias dificuldades, ainda que se considere que nos textos de Marx e Engels o problema da relação entre Estado e sociedade seja bem mais complexo e menos esquemático do que a doutrina canônica gostaria que fosse. Efetivamente, no campo da estrutura e da superestrutura houve grande desordem. Uma das principais leis históricas segundo a concepção materialista da história foi desnaturada: sob a forma de um déspota caprichoso, a contingência histórica veio embaralhar as relações previstas entre sociedade civil e Estado. O Estado (oh!, sombra de Hegel) retomou a dianteira sobre a sociedade civil, e isso precisamente no momento em que deveria ter tido juízo e aberto o caminho para aqueles que iriam sepultá-lo. Mais ainda, parece que estrutura e superestrutura trocaram de papéis, como em uma *commedia dell'arte*.

Para dizer a verdade, não é a primeira vez que o materialismo histórico foi obrigado a afrouxar os fios excessivamente rígidos da doutrina. Foram seguidas até agora duas vias: 1) substituir a tese da ação da estrutura sobre a superestrutura pela tese da interação ou da ação recíproca (nas assim chamadas e tão discutidas correções tardias de Engels); 2) subtrair algumas categorias de fatos da lei do condicionamento (como ocorreu nas famosas teses de Stalin sobre a linguística). No caso da presente subversão, diria que o primeiro remédio ainda é muito brando. Adotar o segundo seria dizer que se teria de subtrair do reino da superestrutura, além das formas linguísticas, também as formas políticas e jurídicas. E isso significaria dar um golpe mortal no materialismo histórico como cânone de interpretação dos fatos humanos. Àqueles que exigiam uma análise marxista do informe secreto, Claude Roy respondeu dramaticamente:

> Pode-se recriminá-lo por não ser uma análise marxista. Mas também *Macbeth*, em seu gênero, análogo, não é um texto marxista. Um grito de horror não é marxista nem antimarxista. É um grito.[2]

---

2 *L'Express*, 22 jun. 1956.

Pensava estar pronunciando uma frase de efeito. Em vez disso, estava dizendo uma verdade: para compreender a tirania talvez seja mais útil ler uma tragédia de Shakespeare do que um texto marxista.

8. Detive-me sobre alguns pontos críticos, mas bem conhecidos, da doutrina marxista porque eles me permitiram explicar aquilo que é inegavelmente um dos problemas mais interessantes do marxismo teórico: *as razões da insuficiente elaboração por parte do pensamento marxista de uma teoria política;* insuficiência que, não obstante a importância dada por Lenin à teoria do Estado, já havia sido salientada por Stalin. Falamos de uma veia de utopismo, de uma permanente concepção especulativa da história e da absolutização de uma técnica de pesquisa, convertida em dogma filosófico: o utopismo teve como consequência a redução do problema político a problema inferior (uma das características do utopismo político é a superação do momento político); a concepção de uma história que termina na extinção do Estado, e que portanto considera o Estado como mero episódio histórico, levou a que se atribuísse a ele uma importância secundária; por fim, a supremacia da esfera econômica, própria do materialismo histórico, traz inevitavelmente consigo, se não o desprezo, por certo a subestimação das formas de governo.

Creio que se pode resumir em que consiste a insuficiência da teoria política marxista na seguinte observação. Consideramos a teoria política como a teoria do poder, do máximo poder que o homem pode exercer sobre outros homens. Os temas clássicos da teoria política ou da teoria do sumo poder são dois: como se conquista e como se exerce o poder. Destes dois temas, o marxismo teórico aprofundou o primeiro e não o segundo. De modo breve: *falta na teoria política marxista uma doutrina do exercício do poder,* ao passo que nela está enormemente desenvolvida a teoria da conquista do poder. Ao velho príncipe, Maquiavel ensinou como se conquista e como se mantém o poder; ao novo príncipe, o partido de vanguarda do proletariado, Lenin ensinou exclusivamente como se conquista. Não sem uma profunda razão teórica e histórica: desde *A Ideologia alemã* Marx explicava que, sendo as lutas internas de um Estado nada mais do que as formas ilusórias em que são travadas as lutas reais das classes, "toda classe tendente ao domínio ... deve *antes de tudo apoderar-se do poder político*, obrigada como está a fazer com que, em um primeiro tempo, seu interesse apareça como tendo um valor universal" (*Gesamtausgabe* [Edição completa], V, p.23). Caso se confronte a teoria comunista do poder com a teoria liberal, surge um novo contraste que, ao lado dos muitos outros já assinalados, abre novas perspectivas de reflexão e de pesquisa: ao passo que a teoria política comunista é prevalentemente uma teoria da conquista, a teoria liberal é prevalentemente uma teoria do exercício do poder. Para dar algumas referências, pense-se no *Segundo tratado sobre o governo* de Locke, no *Cours* de Benjamin Constant, no ensaio *Sobre a liberdade* de John Stuart Mill, e faça-se uma aproximação entre eles e os principais escritos de Lenin, *Que fazer?*, *Estado e revolução* ou *O extremismo, doença infantil do comunismo*. Para o liberal, o Estado é um monstro, cujos baixos serviços, porém, não podem ser dispensados: é preciso domesticá-lo. Para o comunista, não vale a pena domesticá-lo porque se pode, sem maior prejuízo, acabar com ele. A doutrina marxista, quando muito, ocupou-se de como se exerce o poder depois da conquista somente diante dos adversários, o que é uma continuação das operações de conquista, e não procurou compreender o modo como ele é exercido diante dos membros da classe que o detêm.

> A ditadura do proletariado é a guerra mais heroica e mais implacável da classe nova contra um inimigo *mais potente*, contra a burguesia, cuja resistência foi *decuplicada* pelo fato de ter sido ela arruinada. (Lenin, 1949e, p.665)

"Ditadura do proletariado", de resto, que denota o primeiro aspecto, é uma expressão bem mais conhecida e característica do que "democracia dos conselhos", que denota o segundo aspecto.

Na teoria do exercício do poder, o capítulo mais importante é o do abuso de poder. Enquanto a doutrina liberal converte o problema do abuso de poder no centro da sua reflexão, a doutrina comunista geralmente o ignora. Quem está familiarizado com os textos da doutrina política marxista e não marxista não pode deixar de ter notado que uma das diferenças mais relevantes entre doutrina liberal e doutrina comunista é a importância que a primeira dá ao fenômeno, historicamente verificado por uma longa e desinteressada observação histórica, do abuso de poder, em comparação com a indiferença que é própria da segunda. Pode-se negar que o poder abuse com dois argumentos diferentes e que geralmente se excluem um ao outro: (1) o poder não pode abusar porque é por si mesmo, como poder, justo (teoria carismática do poder); (2) se por poder que abusa se entende um poder que supera certos limites, o poder estatal não pode abusar porque é um poder ilimitado, que não reconhece nenhum outro limite a não ser o da força (teoria cética do poder). Pode-se dizer que na doutrina política comunista foram adotados, em diferentes situações, ambos os argumentos: mais frequente o segundo, com o qual se afirma que o Estado é um aparato coercitivo para a opressão de classe e portanto não tem outro limite que aquele imposto pelo alcance do fim, de onde a extensão a todos os tipos de Estado da qualificação de "ditadura" (qualificação que na doutrina tradicional, que distingue entre o exercício com limites e o exercício sem limites do poder, era atribuída somente ao segundo). Mas o primeiro tampouco está ausente: desde que Marx afirmou que o proletariado é o herdeiro da filosofia clássica alemã, ele, o proletariado, e quem o representa, o partido, foram investidos de uma arcana energia carismática, com base na qual a sua ação é, em todos os casos, o cumprimento da história: uma forma de consagração laica, isto é, historicista, que vem substituir a antiga consagração religiosa. Como prova disso me vêm à mente os dois tipos de resposta que um comunista costumava dar a quem o recriminasse por aprovar um governo tirânico: (1) "Todos os Estados são ditaduras. E por que o Estado soviético não deveria sê-lo?" (teoria cética do poder); (2) "Um Estado burguês precisa de limites porque a classe governante é uma minoria de opressores, mas o Estado soviético não precisa deles porque é governado pelo partido comunista, que interpreta as necessidades da maioria e as interpreta, enquanto possuidor da ciência marxista da sociedade, de um modo justo" (teoria carismática do poder). À guisa de comentário, observemos que somente quando o regime democrático encontrou sua justificação exclusivamente na concepção do povo soberano e da vontade geral (que não pode errar, como o pontífice, o partido, o proletariado, o *Führer)* é que a doutrina democrática passou a considerar a possibilidade de dar menos importância à doutrina dos limites do poder, e como esta doutrina foi elaborada sobretudo pela doutrina liberal, democracia e liberalismo passaram a ser considerados como dois regimes contrapostos.

Contra esta negação (ou subestimação) do problema do abuso de poder, o informe Kruschev reafirma as velhas preocupações da doutrina política tradicional, em particular da liberal. O abuso de poder é por ele várias vezes designado e até mesmo exatamente definido como "violação da legalidade (revolucionária)"; mais importante que isto, é condenado como um mal, desde que se reconhece que dele nasceram perversões e erros perniciosos. "O lado negativo de Stalin – afirma – ... transformou-se nos últimos anos em um grave abuso de poder, que causou um dano indescritível ao nosso partido".[3] Todo o informe é uma aberta rejeição dos dois argumentos com que se costuma negar o abuso de poder: ao condenar o culto da personalidade, afasta uma das possíveis encarnações da teoria carismática do poder; ao insistir sobre a distinção entre o poder que está dentro dos limites da legalidade e o poder que ultrapassa estes

---

3 Citação do texto publicado em *Relazioni internazionali,* 1956, p.24.

limites, afasta o conceito de que o poder seja por si mesmo ilimitado e contrapõe a isso o velho conceito de que o poder ilimitado é gerador de abusos ("graças a seu poder ilimitado, Stalin cometeu numerosos abusos"). Do reconhecimento e da condenação nasce para a doutrina e a práxis política soviética, como consequência lógica, a necessidade de que se reabra com a máxima clareza o problema dos limites do poder. Quais limites? A doutrina tradicional os agrupa em duas categorias: morais e jurídicos. Mas com os primeiros se consegue quando muito formular a doutrina do bom tirano e delinear o regime do despotismo iluminado; com os segundos se chega à construção do Estado de direito, sobre o qual os juristas do século XIX e do século XX escreveram famosos volumes que os juristas soviéticos fariam bem em conhecer.

A partir de tudo o que ocorre e até agora ocorreu na União Soviética, sou propenso a dizer que já surgiu a figura do bom tirano (se bem que colegial), mas não ainda a do Estado de direito. No entanto, o informe secreto revela não somente o desdenho moral, uma espécie de perturbação e de repugnância diante da enormidade de imposições prepotentes ("a violência administrativa", "as repressões em massa", "o terror", "a força brutal", "a destruição física dos inimigos", "a arrogância e o desprezo pelos companheiros", "torturas cruéis e terríveis", "monstruosas falsificações" etc.), mas também uma consciência jurídica ofendida ("brutal violação da legalidade revolucionária"). Completou-se a grande passagem da cegueira ante o poder absoluto para o reconhecimento do poder limitado. A estrada está agora aberta para aqueles que quiserem tirar todas as consequências disto. Há um trecho de Engels a que os novos justificadores poderão apelar:

> A primeira condição de toda liberdade é que todos os funcionários sejam responsáveis pelas ações realizadas no exercício de suas funções com respeito a qualquer cidadão diante dos tribunais comuns e segundo o direito comum. (Engels, 1948b, p.250)

É verdade que Engels se referia ao Estado burguês, onde os funcionários podem pecar. Agora porém, quando se chegou à percepção de que também no Estado proletário os funcionários pecam, e pecam fortemente, é de esperar que a lição, que era a lição dos liberais, seja revisitada e aplicada ao caso.

9. Após a denúncia do dispositivo staliniano, ninguém pode em sã consciência negar que a teoria marxista do Estado, na sua forma ortodoxa ou rígida, tornou-se inadequada com respeito à práxis. Desejei neste artigo colocar em destaque algumas características da doutrina que podem explicar tal insuficiência. Acrescentemos agora que estas características estão estreitamente ligadas. A veia de utopismo, ao elevar o Estado socialista a um plano qualitativamente superior ao do Estado burguês, era, como dissemos, uma espessa venda que impedia que se vissem as perversidades que aproximam o Estado socialista de todos os Estados históricos até hoje existentes. Mas a veia utópica não é estranha à permanência, no marxismo, de uma visão filosófica esquematizante que, aprisionada pela antítese das classes, deixou escapar a importância das antíteses das formas políticas em que estas classes se exprimem. Esta visão esquematizante, por sua vez, contribui para o enrijecimento de uma técnica de pesquisa, como a proposta pela concepção materialista da história, e este enrijecimento leva à depreciação da ordem política com respeito à ordem econômica. Por fim, deste rebaixamento do Estado a superestrutura nasce a insuficiência da teoria política, que se revela no silêncio perante o problema do exercício do poder e de seus limites.

Esta insuficiência está agora parcialmente sanada. E está sanada pelo único modo possível em um sistema fundado sobre o princípio de autoridade: pela boca daqueles que estão legitimamente autorizados a promover a integração do sistema. Não por aproximação a partir de baixo, mas por revelação a partir de cima. É certo que agora, para voltar ao ponto de partida, os comunistas também sabem o que todos sabiam: Stalin foi um tirano. Diante deste fato, ao menos, não existem mais divergências: somos todos iguais. Resta a divergência a respeito das vias de acesso ao conhecimento daquele fato. Mas cada um tem suas próprias estradas.

Porém, ainda há uma questão a ser formulada: os continuadores autorizados de uma doutrina não têm nenhum limite em sua obra de integração e de correção? E se há limites, Kruschev não os superou? E se estes limites foram superados, o que acontecerá de agora em diante no que diz respeito à própria validade do princípio de autoridade? Retorno ao exemplo de um ordenamento jurídico: os órgãos da produção jurídica estão autorizados a produzir todas as normas que considerem oportunas, *exceto aquelas que são incompatíveis com as normas fundamentais daquele ordenamento*. Todo ordenamento tem suas normas fundamentais, do mesmo modo que todo sistema científico tem seus postulados. Se interferirmos nestes, interferimos também naquele. Mais exatamente: existem dois tipos de normas fundamentais, aquelas que podemos chamar de *substanciais*, das quais deriva *aquilo que* o sistema pretende ou afirma, e as normas *formais*, que determinam *como* o sistema se constitui e se desenvolve. Os juristas distinguem os princípios gerais do direito em sentido estrito (princípios substanciais) dos princípios gerais da produção jurídica (princípios formais). Não se pode excluir que os órgãos superiores encarregados de desenvolver o ordenamento exorbitem os limites de seu mandato e modifiquem tanto os primeiros quanto os segundos. O que ocorre neste caso? Quando são modificados os princípios fundamentais – por exemplo, quando são suprimidos os direitos de liberdade –, ocorre aquilo que habitualmente se chama de mudança de *regime político*. Quando são modificados os princípios formais – por exemplo, quando as normas jurídicas não são mais produzidas de modo autônomo mas de modo heterônomo –, ocorre aquilo que habitualmente se chama de mudança de *forma de governo*.

Creio que a crise aberta por Kruschev no campo da doutrina marxista (não falo aqui do ordenamento jurídico soviético) seja uma daquelas crises que não somente desenvolvem um sistema mas, modificando alguns de seus postulados, também o alteram como um todo. Quer dizer, considero que Kruschev, como órgão autorizado a desenvolver o sistema, acabou por modificá-lo, talvez inconscientemente, ao pôr em crise, como se procurou mostrar, alguns de seus princípios fundamentais. Trata-se de saber se os postulados postos em crise são somente os fundamentais ou também os formais. Em outras palavras, para continuar com a analogia entre um ordenamento jurídico e um sistema doutrinário fundado sobre o princípio de autoridade, se se iniciou somente uma mudança de orientação ideológica ou também uma mudança da forma de produção do próprio sistema. Procuramos até aqui destacar alguns argumentos que nos parecem capazes de mostrar como ocorreu ou como foram postas as bases para que ocorra uma modificação no primeiro sentido. Em síntese: àqueles que os punham em guarda sobre a ditadura pessoal que se enraizara no país do socialismo, os comunistas respondiam, como já dissemos, que se tratava de se ter ou não ter compreendido o marxismo. Agora Kruschev declarou que Stalin era um tirano: não terá compreendido o marxismo? A questão, reconheçamos, é constrangedora, suave ou duramente constrangedora conforme o caso. Mas eu não excluiria que está por se verificar uma modificação também no segundo sentido, e esta seria a modificação incomparavelmente mais importante. Isto equivaleria a dizer, de fato, que o próprio órgão encarregado de desenvolver um sistema fundado no princípio de autoridade afirmou a invalidade do próprio princípio de autoridade como critério de verdade e a validade do princípio oposto, ou seja, do critério da verificação empírica. É como se o órgão legislativo supremo de um Estado decidisse que de hoje em diante a justiça não será mais administrada em conformidade com as leis, mas sim com base nos juízos dados caso a caso pelos juízes. Em outras palavras, não me animaria a excluir que Kruschev ultrapassou os limites do sistema não somente em *termos substanciais,* mas também em *termos formais,* isto é, pôs em crise não apenas algumas verdades do sistema, mas também – o que seria bem mais importante – o *próprio critério de verdade em que o sistema estava fundado.*

Alguns poderão se alegrar porque os prepotentes foram humilhados e porque aqueles que procuravam ciscos nos olhos alheios acabaram por se deparar com uma imensa trave nos próprios olhos. Para nós, ao contrário, o que vale é que o espírito de verdade encontrou novos defensores contra a doutrina enrijecida e o espírito de liberdade conseguiu produzir novos prosélitos contra o despotismo.

5
Apêndice.
Stalin e a crise do marxismo*

Dois meses depois do discurso pronunciado por Kruschev no XX Congresso do Partido Comunista da União Soviética, Alberto Carocci e Alberto Moravia, diretores da revista *Nuovi Argomenti*, decidiram promover uma pesquisa sobre aquele evento extraordinário e sobre suas previsíveis consequências, enviando a intelectuais e políticos de esquerda, em grande parte colaboradores da revista, um questionário com *Nove perguntas sobre o stalinismo*. A revista havia surgido três anos antes (o primeiro número traz a data de março-abril de 1953) com o objetivo, como se lê em sua apresentação, "de tratar os temas novos ou que amadureceram a partir do final da guerra, na Itália", e entre estes temas novos era logo dado como exemplo "o comunismo ou, para falar de um modo melhor, aquilo que ele repre-

---

* Publicado inicialmente em VV.AA., 1987, p.251-64. Bobbio retoma o conteúdo do ensaio anterior e responde às duras críticas que a ele foram dirigidas por parte de marxistas de observância mais ou menos estrita. As partes do ensaio sobre o stalinismo que Bobbio reproduziu no texto original foram omitidas na presente republicação. Ver o ensaio precedente. (N.E. It.)

senta para o Ocidente e em particular para um país ocidental como a Itália". Com efeito, já o primeiro número era dedicado a uma "Investigação sobre a arte e o comunismo", que se iniciava com um ensaio de Moravia, "O comunismo no poder e os problemas da arte", seguido por artigos de Lukács, Sergio Solmi e Nicola Chiaromonte. Eu mesmo iniciei minha colaboração com a revista enviando uma resposta àquela investigação, que foi publicada no número seguinte (maio-junho de 1953) com o título "Liberdade da arte e política cultural", posteriormente incluída entre os ensaios de *Politica e Cultura* (Bobbio, 1955, p.84-9).

Tornei-me desde então um assíduo colaborador da revista. Nela publiquei boa parte dos ensaios que integram o mencionado livro. Assim se explica que o convite para responder às *Nove perguntas* tenha sido enviado também a mim. Na carta-convite, datada de 14 de abril de 1956, Carocci escrevia: "Apesar do risco de pecar por superficialidade, decidimos compilar nove perguntas sobre o stalinismo, cujas respostas deverão sair no próximo número". Deixava naturalmente a máxima liberdade aos colaboradores com respeito tanto à forma quanto à substância da resposta. Manifestava o desejo de que as respostas não se limitassem a exprimir uma opinião, mas que procurassem ter um caráter articulado e crítico. Como não respondi de imediato, Carocci voltou a me escrever em 3 de maio para enfatizar, em tom amigavelmente imperioso – característico de quem já acumulava uma longa experiência como diretor de revistas –, que eu não podia faltar. Respondi-lhe imediatamente, observando que apenas uma daquelas perguntas já era suficientemente trabalhosa para que se pudesse responder adequadamente a ela sem uma longa reflexão, já que pelos meus interesses prevalentemente teóricos "o primeiro problema diante da reviravolta é o da própria validade do marxismo como explicação da história e como guia da ação". Chegamos então a um compromisso. A revista começaria a publicar as primeiras respostas no número de maio-junho e a minha intervenção, "que não podia faltar", sairia no número seguinte.

Saído o fascículo de maio-junho com as primeiras respostas, entre as quais estava aquela famosa de Palmiro Togliatti, escrevi a Carocci em 24 de junho dizendo que não me desagradava não ter participado da primeira rodada, porque os artigos publicados haviam me oferecido importantes estímulos para o trabalho, ainda que o tema sobre o qual eu pretendia discorrer não coubesse em nenhuma das nove perguntas. "Trata-se de ver – assim me exprimia – se aquilo que aconteceu na Rússia não põe em crise o próprio marxismo teórico (para nos entendermos, a filosofia marxista da história) ou pelo menos não o obriga a ajustar as contas, com maior cautela, com dois mil anos de pensamento político", e de mostrar que "a sociedade soviética viu-se diante, como se fosse uma descoberta, de uma antiquíssima antítese, aquela entre tirania e liberdade, que tem sido o tema central do pensamento político de Platão aos nossos dias, uma antítese sobre a qual o marxismo teórico pouco refletiu". Carocci me respondeu no dia seguinte (parece incrível, mas sua carta é datada de 25 de junho), dizendo que o tema que eu estava propondo era "fascinante": um juízo que, não obstante a natural desconfiança perante aquela inocente *captatio benevolentiae** empreendida por quem tinha a tarefa bastante ingrata de convencer colaboradores preguiçosos ou recalcitrantes, não podia deixar de me envaidecer. Ele então acrescentou, de modo que dissipasse qualquer dúvida e eliminasse qualquer hesitação da minha parte: "Que importa se o tema por você proposto não está incluído exatamente em nenhuma das nossas questões? Depois de tudo, eu diria que o seu tema está por trás de todas as nossas perguntas, como se fosse uma premissa delas".

Devo dizer que, de minha parte, havia ficado fascinado por uma frase de Claude Roy, que conhecera como membro ativo da Sociedade Europeia de Cultura e era colaborador da revista

---

* *Captatio benevolentiae*: "tentativa de conquistar a benevolência ou a simpatia" do público. Em latim, no original. (N.T.)

Comprendre, além de autor do livro *Clefs pour la Chine* (1953), que foi um dos meus *vade mecum* na viagem que realizei à China nos últimos meses de 1955, pouco antes dos fatos que estou narrando. Àqueles que, insatisfeitos ou surpresos com o informe secreto de Kruschev, nele pretendiam encontrar uma análise marxista, Claude Roy havia respondido:

> Pode-se recriminá-lo por não ser uma análise marxista. Mas também *Macbeth*, em seu gênero, análogo, não é um texto marxista. Um grito de horror não é marxista nem antimarxista. É um grito.[1]

Para dizer a verdade, eu não havia esperado a frase de Claude Roy para me colocar o problema da forma política da União Soviética. Quando muito, aquela frase me viera à mente como uma confirmação emotivamente muito intensa do que eu havia estado sustentando, especialmente em fraternas discussões com Galvano della Volpe, nos anos precedentes. Refiro-me de modo particular ao ensaio "Della libertà dei moderni comparata a quella dei posteri" [Da liberdade dos modernos comparada à dos pósteros] (Bobbio, 1954, p.54-86),[2] no qual insistia em uma de minhas ideias fixas: por excesso de zelo, os marxistas terminaram por fazer *tabula rasa* de todo o pensamento político precedente e por não se dar conta de que, para compreender o que acontecera na União Soviética, talvez fosse mais útil ler a *República* de Platão – na seção em que é descrita a degeneração do governo popular em governo tirânico e é representada a figura do tirano, com suas paixões desenfreadas – do que *Estado e revo-*

---

1 *L'Express*, 22 jun. 1956.

2 Agora em *Politica e cultura*, p.160-194. Ensaio de resposta ao artigo de Galvano della Volpe, Comunismo e democrazia moderna. *Nuovi argomenti*, n.7, p.131-42, mar./abr. 1954, republicado com o título "Il problema della libertà egualitaria nello sviluppo della moderna democrazia" em: Della Volpe, 1964, p.43-60.

lução de Lenin. Dizia: "Todos os que têm familiaridade com os textos da teoria política sabem que eles propõem há séculos alguns temas fundamentais, sempre os mesmos" (Bobbio, 1955, p.160). Um destes temas, melhor ainda, o tema dos temas, sempre foi o dos limites do poder do Estado. Desde então não deixei mais de repetir que a história do pensamento político, da Antiguidade até hoje, é a história dos diversos expedientes concebidos nas diferentes épocas e nos diferentes países para impedir ou para tornar menos destrutivo o desencadeamento da *ubris* dos potentes.

Minha resposta às *nove perguntas*, anunciada nas cartas acima citadas, foi escrita durante o verão de 1956 e apareceu no outono sucessivo com o título *Ancora dello stalinismo: alcune questioni di teoria* [*Ainda sobre o stalinismo:* algumas questões de teoria] (Bobbio, 1956, p.1-30).[3]

Meu ponto de partida consistia em considerar o informe de Kruschev como a revelação da essência do governo tirânico: uma revelação que era simultaneamente de rara potência expressiva e estava ricamente documentada, ainda que não fosse nova de modo algum. Não era nova porque a figura do tirano, com suas paixões, sua crueldade e suas perversidades, com seus horrores e terrores, com o caráter excepcional e imprevisível de suas transgressões, com sua atitude de se colocar acima do homem comum para oprimi-lo e ser por ele adorado, sempre fora um tema clássico da teoria política, bem como porque sobretudo em relação a Stalin todos sabiam há tempos que era um tirano. Todos menos os comunistas. Perguntando a mim mesmo qual seria a razão desta diferença de percepção entre os comunistas e os demais, eu achava que poderia encontrá-la no fato de que a degeneração do marxismo-leninismo, ocorrida durante o período stalinista, havia feito que triunfasse o princípio de auto-

---

3 No presente volume, é o artigo precedente. Segue-se o texto do primeiro parágrafo desse ensaio, que aqui não é reproduzido.

ridade como único critério de verdade, um critério do qual não se podia de modo algum deduzir – antes, do qual se devia categoricamente excluir – o advento de um governo tirânico durante o período, mais ou menos longo, da ditadura do proletariado.

Naturalmente, esta equivocada previsão era bastante grave, seja porque o marxismo havia anunciado a pretensão de ser a única verdadeira ciência da sociedade (segundo uma concepção de ciência característica da filosofia do século XIX, que fazia do saber científico uma forma de saber objetiva e universalmente válida), seja porque, com base no estreito nexo que o marxismo estabelecia entre teoria e prática, a equivocada previsão do possível advento de um governo tirânico lhe havia impedido a prevenção, impossibilitando-lhe também, depois que o mal cresceu como um câncer dentro do corpo social, a sua imediata extirpação.

Considerava que a pretensão científica do marxismo estava tolhida por alguns vícios, dos quais os três mais importantes eram os seguintes: (1) o utopismo, segundo o qual a sociedade socialista havia sido imaginada como uma sociedade nova, cuja novidade consistia em estar finalmente ao abrigo das tempestades da história, como se estas borrascas, "que certamente existiram e das quais os marxistas eram os únicos, como diziam, capazes de conhecer e domar os ventos que as haviam desencadeado, uma vez alcançado o porto da sociedade socialista, estivessem destinadas a se acalmar para sempre, por mais que continuassem seu império, que estaria porém destinado a ir se reduzindo pouco a pouco, no oceano tempestuoso da sociedade burguesa ainda existente"; (2) uma filosofia da história com perfil pré-fabricado (o que era uma exasperação da teoria do progresso indefinido, de origem iluminista), sob o efeito da qual "o curso histórico da humanidade foi aprisionado em um esquema rígido que não tolera desvios e que infelizmente permite as mais impressionantes fantasias", um esquema do qual é parte integrante o ideal da sociedade sem classes que tornaria supérfluo o tradicional aparato estatal e que mesmo tendo sido até agora desmentido como verdade de fato continuou a ser afirmado obstinadamente como verdade de razão; (3) uma relação entre a esfera das relações econômicas e as instituições políticas que acabou por levar a que as segundas fossem consideradas determinadas, embora em última instância, pelas primeiras e, portanto, como menos relevantes para a análise e a avaliação de uma sociedade histórica.

Destes assim chamados vícios da doutrina, seria de escasso interesse insistir sobre os dois primeiros, já que o marxismo teórico os deixou cair como galhos secos, ao menos desde quando os estudos marxistas mais sérios deslocaram sua atenção da obra filosófica para a obra econômica e sociológica de Marx. A consideração do terceiro, porém, já então me havia levado a fazer algumas observações sobre o problema do Estado em Marx, em geral sobre a filosofia política do marxismo, que, retomadas depois de tantos anos, provocaram um amplo debate teórico, não apenas na Itália, e impulsionaram – e isso é o que mais importa – uma tendência que não mais se interrompeu em direção a diferentes formas de "revisionismo" político.[4]

O marxismo, dizia eu, guiado pela tese do primado da economia sobre a política,

> exibiu grave indiferença para com a teoria das formas de governo, um dos pontos basilares das doutrinas políticas tradicionais: as formas de governo não mudam a essência do Estado e portanto não existem formas boas e formas más, formas melhores ou formas piores.[5]

Fazendo também eu uso do princípio de autoridade, citava esta passagem de Lenin:

---

4 Para os principais documentos deste debate, ver Federico Coen, 1976. Ver tb. Fortini, 1956, p.165.

5 Ver, no presente volume. p.89-90.

As formas de Estado foram extraordinariamente variadas ... Não obstante estas diferenças, o Estado da época da escravidão era um Estado escravista, fosse ele uma monarquia ou uma república aristocrática ou democrática. (Lenin, 1952, p.401-2)

Dava destaque assim a dois motivos que, na minha opinião, podiam explicar o equivocado reconhecimento da ditadura: (1) desde que as formas de governo pertencem à superestrutura, a ditadura pessoal, como forma de governo, pertence à superestrutura: *ergo* é um fato histórico de segundo grau que, como tal, não merece particular atenção; (2) se a superestrutura, como complexo de fatos de segundo grau, está condicionada pela base econômica, para que o regime instaurado por Stalin pudesse ser interpretado como uma ditadura pessoal era preciso que a base o exigisse. Uma admissão deste gênero, porém, significa reconhecer a dificuldade da transformação econômica na passagem do regime da propriedade privada para o regime da propriedade coletiva, já que a instauração de uma ditadura pessoal está sempre ligada a um estado de exceção, reconhecimento que era difícil de se fazer, neste caso, não tanto por razões teóricas mas por razões de oportunidade política.[6]

Terminava meu ensaio retomando o tema de que havia partido: o princípio de autoridade como critério de verdade. Como também este é um tema sobre o qual retornei mais tarde (Bobbio, 1978a, p.62-3), creio ser de alguma utilidade reportar textualmente aquilo que então escrevi, partindo da consideração de que, se havia existido um erro na doutrina, este erro foi corrigido do único modo permitido por um sistema fundado sobre o princípio de autoridade: através da própria autoridade, isto é, através das declarações daquele ou daqueles que o sistema autorizou a integrar ou a corrigir a doutrina. E colocava-me esta questão: "Os continuadores autorizados de uma doutrina não

---

6 Segue-se o texto de todo o parágrafo 8 do citado artigo, aqui omitido.

têm nenhum limite em sua obra de integração e de correção? E se há limites, Kruschev não os superou? E se estes limites foram superados, o que acontecerá de agora em diante no que diz respeito à própria validade do princípio de autoridade?". Atraído como sempre estive pelas questões de procedimento (não sei se por deformação profissional ou por má-formação congênita), eu respondia da seguinte maneira.[7]

Não sei se esta minha esperança se realizou. Quanto ao princípio de autoridade, creio que atualmente na União Soviética perdeu muito prestígio o princípio fundado sobre a autoridade dos "clássicos" do marxismo-leninismo, mas não se deu o mesmo com aquele que deriva de uma persistente concepção autocrática do Estado, segundo a qual o poder procede de cima para baixo, contraposta à concepção democrática, segundo a qual, ao contrário, o poder procede de baixo para cima.

Aquele meu ensaio chegou tarde demais para ser publicado na minha coletânea de escritos sobre o tema, *Politica e cultura*, que já havia saído no final de 1955, quando o ensaio apareceu no fascículo de *Nuovi argomenti*, e cedo demais para suscitar um debate, que se desenvolverá muitos anos mais tarde, sobre o mesmo tema da insuficiência ou da inexistência de uma teoria política no pensamento de Marx e no marxismo.[8] Cedo demais porque naqueles anos a doutrina marxista era muito mais forte do que hoje e porque o universo soviético, não obstante o iniciado processo de desestalinização e a crise de muitos intelectuais, ainda não havia perdido boa parte de sua atração, especialmente no interior do partido comunista.

O ensaio não teve, como se diz, muita repercussão de imprensa. Não recordo isso para expressar uma tardia desilusão. Relido à distância de anos, também ele me parece ter sido aqui

---

7 Segue-se o texto do ensaio precedente da presente coletânea. p.98-101.

8 Ver nota 5.

e ali talhado mais com o machado do que com a navalha de Ockham.* O certo é que ou não teve qualquer acolhida por parte dos que ideologicamente poderiam apreciá-lo, ou teve, ao contrário, uma acolhida negativa, péssima, por parte dos marxistas de observância mais ou menos estrita. Refiro-me de modo particular a duas resenhas muito duras, que deixaram marcas, inclusive sobre mim mesmo. A de Valentino Gerratana, intitulada "Bobbio e lo stalinismo" (1956, p.2.), e a de Franco Fortini, intitulada "Il lusso della monotonia" [O luxo da monotonia] (1956, p.165-70).

Gerratana ficou vivamente impressionado com o tom acre do meu artigo, que interpretou como sendo uma requisitória

> na qual há um imputado para ser julgado e portanto a busca da verdade assume um ritmo cerrado, insistente, implacável, de forma a não deixar ao adversário um átimo de respiração, a surpreendê-lo em contradição, confundi-lo, abatê-lo.

Comparada com a aspereza do tom, parecem-lhe ficar ainda mais evidentes a "fragilidade" da argumentação e a "inconsistência" de seus pressupostos. Ele me atribui sobretudo dois erros: um de interpretação e outro de informação. O primeiro consiste em atribuir ao marxismo "doutrina historicista" uma concepção metafísica da teoria política, segundo a qual as formas de governo são boas ou más em si, independentemente das condições históricas que lhes dão substrato e conteúdo. O segundo consiste em ignorar que Lenin jamais havia negado que a ditadura pessoal pudesse aparecer no período da ditadura do

---

* Referência ao filósofo e teólogo inglês Guilherme de Ockham (c.1280-c.1350) que, em sua obra, tendo em mente a necessidade de disciplinar o método de pesquisa filosófica, ateve-se ao princípio *Entia non sunt moltiplicanda praeter necessitatem* (não há por que multiplicar os entes sem necessidade), conhecido como a "navalha de Ockham" pelo fato de se propor a penetrar implacavelmente na escolástica metafísica e a cortar conceitos supérfluos, em nome de um "princípio de economia" bastante moderno. (N.T.)

proletariado, e cita a propósito uma passagem em que Lenin afirmou, entre outras coisas, o seguinte: "A irrefutável experiência histórica atesta com bastante frequência que, na história dos movimentos revolucionários, a ditadura pessoal foi a expressão, o veículo, o agente da ditadura das classes revolucionárias", para então concluir: "Não existe portanto nenhuma contradição de princípio entre a democracia soviética (isto é, socialista) e o uso do poder ditatorial por indivíduos singulares".

Não tenho qualquer dificuldade em admitir que eu não conhecia esta passagem de Lenin ou que, se a havia lido, dela não me recordava. Mas permanece o fato de que ambas as críticas de Gerratana repousavam sobre uma não muito clara distinção, ou até mesmo sobre uma confusão, entre ditadura e tirania, isto é, entre duas formas de governo que no curso do pensamento político foram sempre distinguidas. Teria sido possível a mim objetar que a ditadura pessoal de Stalin não era uma tirania no sentido clássico da palavra, mas não me pareceu então, e menos ainda me parece hoje, que se pudesse refutar a representação de Stalin como tirano com dois argumentos, um teórico e um factual, que dizem respeito ambos à ditadura pessoal. Quanto ao argumento teórico, a ditadura pessoal pode ser boa ou má segundo as épocas e as circunstâncias; mais ainda, como magistratura extraordinária adaptada a épocas e circunstâncias excepcionais, foi geralmente considerada como uma boa magistratura (de Maquiavel a Rousseau). A tirania, ao contrário, enquanto ocupação ilegítima ou uso arbitrário do poder, sempre foi considerada, independentemente das condições históricas, uma má forma de governo, a forma má de governo por excelência. Quanto ao erro de informação, que reconheço, a passagem de Lenin citada por Gerratana também se referia, de modo inconfundível, à figura do ditador que emerge, e que não pode não emergir, em graves situações de crise interna ou internacional, e de modo algum à figura monstruosa do caprichoso e cruel senhor do poder tal qual havia sido descrita com uma veemência sem precedentes no discurso de Kruschev.

Devo reconhecer que Gerratana, depois das reprimendas, reconhecia que "não obstante os evidentes exageros" meu escrito "tinha tido o mérito de assinalar uma questão de teoria que hoje os marxistas têm o dever de aprofundar ainda mais", razão pela qual os marxistas também deveriam admitir que as formas de governo "não aparecem hoje de modo algum como indiferentes e podem, em vez disso, tornar-se elemento determinante no processo de transformação do poder". Quanto e em que medida os marxistas aprofundaram verdadeiramente o problema das formas de governo nos anos seguintes é algo que não pode ser examinado aqui, nesta análise retrospectiva de um debate nascido em uma circunstância de particular excitação de ânimos e de profundos e dramáticos exames de consciência. Limito-me a dizer que muitos anos mais tarde, convidado a discutir as teses sobre o Estado de Althusser, em um momento no qual este era considerado o mais autorizado representante do marxismo teórico, tive de dizer com bastante franqueza que, ao menos no que se referia ao autor de *Lire le Capital* [Ler o *Capital*], não me parecia que a teoria marxista do Estado houvesse caminhado muito (Althusser, 1978a, p.75-104).[9] Ainda que nem sempre seja verdade que quem começa bem um trabalho já está na metade dele, é evidente que as últimas palavras citadas por Gerratana eram um sinal claro do espírito crítico que começava a animar alguns intelectuais comunistas italianos, inclusive diante dos textos sagrados.

Se por um lado a resenha de Gerratana tinha o tom da lição severa mas compreensiva, por outro, a de Fortini foi uma completa explosão de fúria, que me deixou, posso confessá-lo agora depois de tantos anos, quase aturdido. Para Fortini, meu artigo nada mais era, no fundo, que o elogio da monotonia histórica, que é o luxo dos conservadores. Um duelo no escuro. Um grito de triunfo, prolongado por trinta páginas, que se converte em

---

9 Retomado na presente coletânea.

um chiado estridente. Depois disso, não resta pedra sobre pedra do marxismo: "Os tiranos são os tiranos, a liberdade é a liberdade; e ponto final" (Fortini, 1956, p.165). Não era bonito que eu houvesse ridicularizado Lenin com uma citação. Minha refutação do discurso dialético me havia levado a fazer opções alternativas puramente verbais. Meu anti-historicismo era tão arraigado que se disfarçava facilmente em seu contrário. A história seria para mim sinônimo de imutabilidade, não de mudança, ou então de mudança inútil, monótona. Queria uma coexistência competitiva que permitisse uma escolha entre sistemas sociais, como numa feira de exposição, como se aquele que escolhe já não houvesse sido escolhido pela sua situação histórica e eu estivesse na lua, nem oprimido nem opressor, inseguro para descer deste lado ou do outro. Eu rejeitava a filosofia da história "com desenvoltura". Em conclusão, toda a minha análise estaria conduzida

> com características tão manifestas de instrumentalização ideológica e de polêmica, que acabaram por sacrificar a mesma serenidade científica e a mesma desinteressada objetividade da pesquisa cuja ausência denuncia nos comunistas. (ibidem, p.170)

A principal acusação que Fortini me fazia era a de ter identificado marxismo com stalinismo. Era uma acusação infundada. O objetivo com que eu havia escrito o artigo era completamente distinto: era o de mostrar que a explosão inesperada e imprevista da crise do stalinismo revelava uma gravíssima falha no marxismo como ciência tida como infalível da sociedade e da história. Meu texto estava inspirado, quando muito, pelo método do revisionismo histórico que havia criticado e posto em crise o sistema doutrinário do marxismo, denunciando seu erro de previsão (a famosa derrocada do capitalismo, que efetivamente não ocorreu nem naqueles anos nem depois).

São águas passadas. Não teria mergulhado nelas uma segunda vez depois de tanto tempo se alguns pontos polêmicos de Fortini não tivessem revelado traços característicos persistentes do pensamento de esquerda, ao menos na Itália: uma natural alergia à tradição do pensamento liberal e um não disfarçado desprezo pela filosofia empírica. Com respeito à primeira: "é compreensível que ele [Bobbio] sofra por sentir-se separado de Locke, Constant e Mill, os teóricos do *depois*, do poder já conquistado. É penoso sentir-se *antes*" (ibidem, p.166). Com respeito ao segundo: "opõe-se a uma concepção da verificação de tipo científico e positivista (que transfere para as ciências sociais métodos das ciências físicas) uma verificação de tipo marxista" (ibidem, p.169). Tenho a impressão de que posturas como estas são menos frequentes hoje entre os intelectuais marxistas. Mas o contraste permanece e é precisamente sobre este contraste que se desenrola ainda hoje o debate sobre o estado de saúde e sobre o futuro da cultura de esquerda.

Afirmei que estes dois comentários ao meu ensaio sobre o stalinismo, tendo sido provenientes de dois respeitáveis estudiosos, deixaram marcas, inclusive em mim mesmo. Fosse pelo efeito do tom excessivamente peremptório que empreguei ao criticar o marxismo, fosse pela excessiva suscetibilidade dos meus interlocutores, compreensível naquelas circunstâncias, o contraste me pareceu tão forte que achei que não seria o caso de exasperá-lo. Não respondi nem publicamente nem em âmbito privado aos meus críticos, com os quais, aliás, eu mantinha relações amigáveis há tempos. Por anos seguidos não entrei mais em campo para discutir este tipo de tensão, salvo por ocasião de uma carta que escrevi a Giorgio Amendola quando da defenestração de Kruschev.[10] Quando retornei ao assunto quin-

---

10 Para a discussão entre Bobbio e Amendola (histórico dirigente do Partido Comunista Italiano), ver "Il socialismo in Occidente", em *Rinascita*, v.21, n.44, p.3-4, 7 novo 1964, que contém a carta particular enviada por Bobbio a Amendola, seguida da resposta deste último, bem como o texto "Ipotesi sull'unificazione", idem, 21, n.47, p.8-9, 28 nov. 1964, que contém a réplica de Bobbio e a contrarréplica de Amendola.

ze anos depois, retomando pouco a pouco o tema das relações entre marxismo e Estado, em um ensaio que constitui o primeiro capítulo de *Quale socialismo?* (1976, p.3-20),[11] não me veio sequer à mente citar o escrito de 1956, no qual os principais temas dos textos sucessivos haviam sido antecipados. A exumação de hoje não tem outra finalidade que a de pôr em evidência as instáveis vicissitudes de um velho debate, ainda que correndo o risco de ser acusado mais uma vez pelo amigo Fortini de fazer "o elogio da monotonia histórica" (Fortini, 1956, p.165).

---

11 Com o título *Democrazia socialista?*, o ensaio apareceu, primeiramente, em VV.AA., *Omaggio a Nenni*. Roma, Quaderni di Mondoperaio, 1973, p.431-46. Os ensaios reunidos em *Quale socialismo?* integram o volume *Marx-Engels--marxismo* (Lenin, 1952).

Segunda parte
O marxismo teórico

6
A dialética de Marx*

Proposição do problema

O uso do termo "dialética" na filosofia contemporânea tornou-se atualmente uma marca da filosofia marxista. As correntes idealistas neo-hegelianas, que haviam posto insistentemente em discussão o problema da dialética, estão pouco a pouco se extinguindo. O próprio renovado interesse por Hegel, nestes últimos anos – a partir de um Hyppolite, de um Kojève, de um Lukács –, ocorreu por ocasião do renascimento do marxismo na França, na Itália, na Alemanha. Um Marx sucessor de Hegel, como vinha sendo designado pelos escritores idealistas, foi sendo substituído pela figura de um Hegel precursor de Marx. O método dialético, agora, parece ser um apanágio exclusivo dos marxistas.[1] Na União Soviética, a dialética está continuamente

---

* Publicado inicialmente em Bobbio, 1958a, p.334-54 e também in VV.AA., 1958, p.218-38. Republicado em Bobbio, 1965, p.239-66. (N.E. It.)

1 Para uma exposição das mais recentes discussões entre filósofos marxistas sobre o problema da dialética, ver G. Cherubini, 1953; e N. Merker, 1956.

no centro das discussões e é considerada sinal distintivo – e ao mesmo tempo título de supremacia – da filosofia marxista perante as filosofias ocidentais.[2] Se existe hoje um problema de esclarecimento do conceito de dialética, ele existe sobretudo em relação ao renovado interesse pelo marxismo, ao uso e abuso do termo, que se veio ampliando nestes anos e passando dos escritos filosóficos aos escritos de cultura política e de ensaística, bem como ao seu consequente emprego como ultimato para rejeitar os ataques do adversário (para o mesmo uso serviram também, em outro clima filosófico, as expressões "transcendente" ou "síntese *a priori"*). Uma discussão em torno do conceito de dialética não pode, portanto, prescindir do exame do pensamento de Karl Marx, ainda que na verdade o exame do pensamento de Marx não deva permanecer isolado e tenha de ser acompanhado pelo exame do pensamento de Engels, de Lenin, de Lukács e de outros teóricos do marxismo.

Reúno aqui minhas observações em torno de dois pontos: (1) que importância teve a dialética no pensamento de Marx ou, com outras palavras, se Marx foi, em que medida e em quais circunstâncias, um pensador dialético (§ 2-5); (2) se o termo dialética teve no pensamento de Marx um significado unívoco, e quais são os principais significados do termo, cujo esclarecimento nos permita compreender não apenas se, mas também em que sentido, Marx foi um pensador dialético (§ 6-8).[3]

---

2 Ver os diversos artigos publicados sob o título geral Problemi della contraddizione, em *Rassegna sovietica*, v.8, p.1-35, 1957.

3 Não examino aqui, se não de passagem, o problema da inversão da dialética de Hegel, operada por Marx. O problema foi amplamente tratado na Itália por Galvano della Volpe, de modo mais recente no ensaio "Per una metodologia materialistica dell'economia" (1957a, p.36-72), (agora incluído no volume *Rousseau e Marx* [1957b, p.79-129]), e na comunicação "Il marxismo e la dialettica de Hegel" (1957c, p.538-541). Ao problema da inversão também são dedicados quase exclusivamente os capítulos sobre a dialética na obra de J. Y. Calvez (1956, p.335ss.).

O materialismo dialético na formulação de Engels

Por mais que a filosofia de Marx seja hoje habitualmente chamada de "materialismo dialético", esta expressão, como se sabe, não é de Marx mas de Engels. A representação habitual de um Marx que refuta o idealismo de Hegel, isto é, a concepção metafísica, mas aceita seu método, isto é, a dialética, ou, com outro jogo de conceitos, que aceita a concepção materialista do real elaborada pelos iluministas do século XVIII mas refuta seu método mecanicista, é obra de Engels, que atribui a Marx e a si mesmo, mas em primeiro lugar a Marx, o mérito de ter criticado Hegel através de Feuerbach e Feuerbach através de Hegel. A primeira tentativa, por parte de Engels, de reconstruir o pensamento de Marx como conjunção ou síntese de materialismo e de dialética se encontra na resenha, publicada no jornal *Das Volk* de Londres (6 e 20 de agosto de 1859), da obra de Marx *Para a crítica da economia política*. Ele assim se manifestou:

> Marx era e é o único que poderia empreender o trabalho de extrair da lógica hegeliana o núcleo que contém as verdadeiras descobertas feitas por Hegel neste campo, e *de estabelecer o método dialético despido de seus véus idealistas,* na forma simples que é a única forma justa do desenvolvimento do pensamento. Nós pensamos que esta elaboração do método, que é base da crítica da economia política de Marx, constitui um resultado quase tão importante quanto *a concepção materialista fundamental.*[4]

Muitos anos mais tarde, Engels sustentou com veemência a defesa da dialética de Marx no *Antidühring* (1878) e aproveitou precisamente a ocasião desta defesa do método marxiano para expor a primeira – mais conhecida e mais discutida – teoria da

---

4 Ver a resenha de Engels publicada como apêndice a *Per la critica dell'economia politica* (trad. it., 1957, p.205). Grifos meus.

dialética. O "senhor Dühring" havia se divertido em ridicularizar o método dialético com expressões do seguinte gênero:

> Este esboço histórico [a história da acumulação do capital] ... ainda é relativamente a melhor coisa do livro de Marx e seria ainda melhor se não tivesse se apoiado, para seguir em frente, nas *muletas da dialética,* mais ainda que nas muletas da doutrina. Isto é, dada a ausência de algum outro meio melhor e mais claro, aqui a hegeliana *negação da negação* precisa atuar como parteira e extrair o futuro do ventre do passado ... A híbrida forma nebulosa das ideias de Marx não surpreenderá, de resto, a quem saiba o que se pode combinar ou melhor ainda que *extravagâncias* vêm para fora quando se toma *como base científica a dialética de Hegel.*

Nesta forma jocosa, de resto, Dühring falava coisas sérias e de modo algum vazias de sentido, como, por exemplo, na afirmação:

> Para quem ignora estes artifícios é preciso notar expressamente que a primeira negação hegeliana é o conceito característico do pecado original, a segunda é a de uma unidade superior que leva à redenção.

De onde extraía a consequência de que não seria possível "fundar a lógica dos fatos" – como pretendera Marx – "sobre esta *brincadeira analógica* emprestada do campo da religião" (Engels, 1950a, p.142, grifos meus). A célebre passagem sobre a negação da negação à qual Dühring se referia estava no final do capítulo XXIV de *O capital.* Era a única passagem, no entanto, em que Marx revelava o próprio método usando a linguagem da dialética hegeliana:

> O modo de apropriação capitalista que nasce do modo de produção capitalista, e portanto *a propriedade privada capitalista,* é a primeira *negação da propriedade privada individual, fundada no trabalho pessoal.* Mas a produção capitalista gera ela mesma, com a ineluta-

bilidade de um processo natural, sua própria negação. *É a negação da negação*. (Marx, 1952, v.3, p.223)[5]

Em defesa do método marxiano, e pela primeira vez, como se disse, Engels procurou fixar os princípios de uma teoria da dialética: ora, precisamente entre os exemplos de desenvolvimento dialético, extraídos da natureza, da matemática e da história, ele indicou o próprio materialismo dialético, como o resultado de um movimento da história do pensamento que, da tese do materialismo primitivo (grego), havia passado à antítese do idealismo cristão-burguês para desembocar ao final no materialismo dialético, negação da negação.

Marx havia morrido há alguns anos quando Engels forneceu o quadro mais completo das origens e do desenvolvimento da filosofia marxiana e apresentou mais uma vez, em uma forma mais ampla e historicamente mais articulada, a concepção materialista e dialética no ensaio "Ludwig Feuerbach e o fim da filosofia clássica alemã" (1888), um dos textos fundamentais do marxismo teórico. Depois de ter destacado os méritos e os defeitos de Feuerbach, do qual foi assimilado o materialismo que havia feito a filosofia dar um passo além de Hegel e rejeitado a ausência de método dialético que a fazia regredir ao materialismo do século XVIII, ele esclarece as relações de Marx e as suas próprias com Hegel do seguinte modo:

> Não nos limitamos simplesmente a deixar Hegel de lado; ao contrário, procuramos nos vincular *ao seu lado revolucionário, ... ao método dialético*. Na forma em que Hegel o havia deixado, porém, este método era imprestável. Para Hegel, a dialética é a autoelevação do conceito ... Era esta inversão ideológica que se precisava eliminar. Concebemos então novamente os conceitos em nosso

---

5 No cap. IX, Marx havia recordado "a lei descoberta por Hegel em sua *Lógica*, segundo a qual modificações puramente quantitativas resolvem-se em certo ponto em distinções qualitativas" (v.1, p.337), lei que será considerada por Engels como uma das leis fundamentais da dialética.

cérebro de modo materialista, como reflexos das coisas reais, em vez de conceber as coisas reais como reflexos deste ou daquele grau do conceito absoluto ... Mas neste momento a própria dialética do conceito nada mais era que o reflexo consciente do movimento dialético do mundo real, e assim *a dialética hegeliana foi endireitada* ou, para falar com maior exatidão, ao passo que antes ela se apoiava sobre a cabeça, agora era posta sobre os pés. (Engels, 1950a, p.50-2, grifos meus)

Marx e a dialética nos anos da maturidade

O fato de que uma completa e ordenada teoria do materialismo dialético tenha sido exposta por Engels, em escritos tardios e elaborados à guisa de exame retrospectivo ou de tentativa póstuma de apresentar o pensamento de Marx como um sistema filosófico ou como uma concepção total da realidade, foi certamente uma das razões que contribuíram para que não se tratasse com o devido cuidado ou para que se depreciassem os motivos dialéticos dos textos de Marx, numa época em que, sendo dominante o positivismo e difundindo-se uma concepção evolucionista e determinista da realidade, ofuscou-se a visão da origem do pensamento marxiano a partir da matriz hegeliana, e, como já foi várias vezes observado, passou-se a considerar como esforço meritório toda tentativa de separar Marx de Hegel. Acrescente-se a isso que Marx sempre desdenhou expor ao público os seus cânones metodológicos e preferiu usar um método em vez de falar a respeito dele: seus dois principais fragmentos metodológicos – *Crítica da dialética e da filosofia de Hegel em geral* e *Introdução à crítica da economia política* – foram publicados postumamente.[6] Sobre esta *Introdução* ele próprio escreveu no prefácio a *Para a crítica da economia política*:

---

6 O primeiro faz parte dos *Manoscritti economico-filosofici del 1844* (1949, p.164-91); o segundo, publicado pela primeira vez na *Neue Zeit* de 1903, está traduzido em *Per la critica dell'economia politica* (1957, p.171-99).

Suprimo uma introdução geral que havia esboçado porque, depois de ter refletido bem, parece-me que toda antecipação de resultados ainda não demonstrados é algo que confunde, e o leitor que se dispuser a me acompanhar terá que se decidir a ascender do particular para o geral. (p.9)

Na passagem mais famosa em que quis demonstrar seu débito de reconhecimento para com Hegel (no Posfácio da segunda edição de *O capital*) e na qual escreveu, entre outras coisas, que havia "até mesmo flertado aqui e ali, no capítulo sobre a teoria do valor, com o modo de se exprimir que era peculiar a Hegel" (1952, v.1, p.28), ele optou por usar, ao menos parcialmente, uma forma que agravou as dúvidas em vez de as eliminar. Desta frase puderam ser extraídos argumentos para que se reiterasse que o hegelianismo, e portanto a dialética, era em Marx um mero invólucro, uma espécie de reminiscência dos tempos de escola, a que não se deveria dar muita importância.

À imagem de um Marx separado de Hegel, tal como um pensador não dialético, já se fez justiça há bastante tempo. Bastará recordar, para ficar no terreno da crítica filosófica, a velha polêmica de Lukács contra os revisionistas, os quais, tendo posto de lado o método dialético de Marx, acabaram por uniformizar e diminuir o vigor de seu pensamento. Na introdução a *Storia e coscienza di classe* [*História e consciência de classe*], Lukács explicou que o elemento comum aos ensaios ali reunidos era a reafirmação da importância da dialética em Marx e de suas relações com Hegel, bem como a crítica de todos aqueles que acreditaram ter se desembaraçado da dialética como se ela fosse uma superfetação (Lukács, 1923, Introdução, passim).

Hoje estamos convencidos de que os argumentos adotados pelos antidialéticos eram mal fundamentados. Ainda que prescindindo por ora do conhecimento mais completo que temos do pensamento de Marx graças à publicação dos escritos póstumos, a passagem em que Marx se refere ao "flerte" com Hegel, lida por inteiro e sem preconceitos anti-hegelianos, demonstrava não tanto um contato superficial de Marx com Hegel, mas uma ligação profunda, ao menos naquela declaração. Na verdade, Marx deseja nos fazer saber sobretudo que ele pretendeu reagir contra os incômodos, presunçosos e medíocres epígonos que se dedicavam a tratar Hegel do mesmo modo que Mendelssohn tratava Spinoza, isto é, como um cão morto. Hegel não era um cão morto, mas "um grande pensador", e Marx se professava abertamente seu discípulo. A passagem é de 1873, mas hoje sabemos que já em 1868 (ou seja, logo depois do aparecimento de *O capital)*, em uma carta a Engels, ele havia expressado o mesmo conceito, que, portanto, não era um conceito ocasional:

> No Museu ... também pude ver que Dühring é um grande filósofo, já que escreveu uma *Dialética natural* contra a filosofia "não natural" de Hegel. *Hinc illae lacrimae.* Aqueles senhores na Alemanha creem (à exceção dos reacionários teológicos) que *a dialética* de *Hegel é um cão morto.* A este respeito Feuerbach tem bastante culpa na consciência. (Marx & Engels, 1951, v.5, p.137, grifos meus)

Na passagem do Posfácio, além disto, Marx continuava com uma declaração de princípio que é, em síntese, o programa do materialismo dialético, teorizado, comentado e vulgarizado por Engels:

> A mistificação por que passa a dialética nas mãos de Hegel não o impediu de modo algum de ser o primeiro a expor ampla e conscientemente *as formas gerais* do *movimento da própria dialética. Nele, a dialética está de cabeça para baixo. É preciso colocá-la de cabeça para cima, a fim de que se possa descobrir o núcleo racional que se oculta dentro do invólucro místico.* (ibidem, v.5, p.28, grifos meus)

Sobre a convicção que Marx foi adquirindo da bondade do método dialético durante o trabalho para *O capital,* existem testemunhos no *Epistolário* que não podem ser desconsiderados. Citemos alguns deles. A Engels, que ao ler as provas tipográficas lhe escreve dizendo que não havia compreendido certos "nexos dialéticos", Marx responde em 22 de junho de 1867: "Quanto ao desenvolvimento da forma do valor, segui e não segui teu conselho, para manter também a este respeito uma *linha dialética*" (ibidem, v.5, p.35-6, grifos meus), e se ufana de ter aplicado, a propósito da transformação do mestre-artesão em capitalista, a lei descoberta por Hegel da transformação da quantidade em qualidade. Um mês depois (27 de julho de 1867), escreve:

> Aqui (no terceiro livro) se mostrará de onde se origina o modo de ver as coisas dos burguezotes e dos economistas vulgares, ou seja, do fato que em seus cérebros sempre se reflete somente a imediata forma de manifestação das relações, não *a sua íntima correlação*. De resto, se assim fosse, que razão haveria para a existência de uma ciência? Ora, se eu tivesse desejado afastar todas as dúvidas semelhantes a estas eu teria arruinado *todo o método dialético de desenvolvimento*. (ibidem, v.5, p.45-6, grifos meus)

A passagem mais importante, porém, encontra-se em uma carta a Engels, de 7 de novembro de 1867, na qual Marx diz ter enviado uma cópia de *O capital* à revista católica inglesa *Chronicle*, apresentando-o – para atrair atenção sobre o livro – como "a primeira tentativa de aplicar o método dialético à economia política" (ibidem, v.5, p.95). Certo ou errado, Marx estava portanto convencido de ter realizado uma obra de ruptura e de renovação no campo da economia política ao substituir, na investigação dos conceitos econômicos, o método naturalista tradicional pelo método dialético assimilado de Hegel; em consequência, se a sua era uma ciência nova, isto se devia ao fato de que ele não havia esquecido que fora discípulo de Hegel. A passagem acima citada fica iluminada por um trecho de alguns anos antes (1º de fevereiro de 1858), no qual, ao anunciar a Engels a intenção de Lassalle de expor a economia política à maneira de Hegel, comenta:

Aprenderá por sua conta que uma coisa é conseguir por meio da crítica levar uma ciência ao ponto de poder expô-la *dialeticamente*, e outra coisa é aplicar um sistema de lógica abstrato e completo para a crítica precisamente deste sistema. (ibidem, v.3, p.166, grifos meus)

O que não podia ocorrer com Lassale, isto é, expor uma ciência dialeticamente, ele próprio havia tentado, e os estudos de economia política que já naqueles anos ele realizava deveriam ser o primeiro esboço da obra maior.

Crítica de uma objeção

O fato de que os escritos econômicos da idade madura estavam impregnados de espírito dialético e alimentados por uma contínua sugestão hegeliana não elimina a objeção, feita recentemente, de que Marx chegou tarde à compreensão da dialética e portanto é um pensador dialético, sim, mas apenas em parte, ainda que esta seja a parte historicamente mais importante de sua obra, cujo curso poderia ser representado como um desenvolvimento do materialismo histórico ao materialismo dialético. Esta tese foi sustentada por Henri Lefèbvre (1947, p.62ss.). Os argumentos que apresenta são dois: (1) em geral nas obras juvenis e em particular na *Miséria da filosofia,* Marx condena de modo particularmente severo o método hegeliano; (2) somente em 1858 seria possível encontrar uma menção não negativa à dialética hegeliana em uma carta, na qual Marx conta a Engels que obteve grande benefício para seu trabalho da releitura da *Lógica* de Hegel, que lhe fora enviada de presente por Freiligrath com outros volumes hegelianos (Marx & Engels, 1951, v.3, p.155), e comenta:

Se voltar a ter tempo para trabalhos deste gênero, teria muita vontade de tornar acessível ao intelecto do homem comum, em poucas páginas, quanto há de racional no método que Hegel descobriu mas ao mesmo tempo mistificou.

Nenhum dos dois argumentos é muito convincente. Na *Miséria da filosofia*, é verdade, existem algumas páginas dedicadas à crítica da doutrina hegeliana, e Proudhon foi posto na berlinda por ter se deixado atrair pelas espirais de Hegel, isto é, por uma pura dialética das ideias que jamais conseguirá compreender o movimento das coisas. Mas tais páginas somente podem surpreender quem não apreendeu das obras de juventude o quanto é complexa, complicada e ambígua a postura de Marx diante de Hegel, de revolta e ao mesmo tempo de reverência, de crítica áspera, sarcástica, e ao mesmo tempo de admiração por sua grandeza. O que Marx critica em Hegel, se se lê atentamente, mesmo nas páginas tão discutidas da *Miséria da filosofia*, não é a dialética como tal, mas o uso especulativo da dialética, ao qual ele contrapõe, desde então, a dialética científica. Mais ainda, talvez não haja outra página em toda a obra de Marx na qual exista uma explicação mais clara e mais genuína da dialética (ao menos em um de seus significados principais). Diante de Proudhon, que não entendeu nada da dialética porque dos dois lados de toda categoria econômica, o bom e o mau, quis conservar o primeiro e eliminar o segundo, Marx explica:

> O que constitui o movimento dialético é a coexistência dos dois lados contraditórios, sua luta e sua fusão em uma nova categoria. Na realidade, basta pôr-se o problema de eliminar o lado mau para que se liquide de um só golpe o *movimento dialético*. No lugar da categoria, que se põe e se opõe a si mesma por sua natureza contraditória, está o senhor Proudhon que se entusiasma, se debate e se agita entre os dois lados da categoria. (1950a, p.91-2, grifos meus)

Um pouco mais adiante, a propósito da crítica de Proudhon ao feudalismo, sai com uma afirmação verdadeiramente decisiva que capta e fixa o núcleo central do método dialético: "É o *lado mau que produz o movimento que faz a história, determinando a luta"*. Eliminem o lado mau do feudalismo e o que terão? "Seriam anulados todos os elementos que constituíam a luta e seria sufocado em germe o desenvolvimento da burguesia. Em suma, *seria posto o absurdo problema de eliminar a história"* (ibidem, p.99, grifos meus). De resto, voltando muitos anos depois a Proudhon, em uma carta a Schweitzer (1865), Marx nos dá, por assim dizer, a interpretação autêntica da sua posição diante de Hegel, precisamente no momento em que havia entrado em polêmica com Proudhon:

> Durante minha permanência em Paris, em 1844, conheci Proudhon pessoalmente. Recordo esta circunstância porque até certo ponto sou responsável por sua *sophistication,* palavra usada pelos ingleses para designar a contrafação de uma mercadoria. Em longas discussões, que se estendiam frequentemente por toda a noite, eu *o infestava de hegelianismo* para seu grave prejuízo, já que ele, por não conhecer o alemão, não podia estudar a coisa a fundo. (ibidem, p.179, grifos meus)

E explica que Proudhon conseguiu, sim, compreender que a antinomia kantiana, que é insolúvel, deveria ser substituída pela contradição hegeliana, mas não chegou ao ponto de penetrar no mistério da dialética científica e continuou, portanto, a elevar a ideias eternas as categorias econômicas, que são expressões teóricas de relações históricas de produção. Disto tudo resulta que Marx, desde então, condenava não a dialética mas o mau uso ou o uso especulativo dela, assim como o equívoco em que cai Proudhon com sua história do lado bom a ser conservado e do lado mau a ser rechaçado. Além disso, Marx tinha uma ideia bem clara daquilo que constitui o nervo da dialética, ou seja, *a força da negatividade.*

Quanto ao segundo argumento adotado por Lefèbvre, a tardia leitura feita por Marx da *Lógica* de Hegel e o benefício que disto obteve para suas pesquisas, não prova que Marx somente descobriu Hegel em 1858, mas quando muito confirma o vivo interesse que ele sempre teve pela filosofia hegeliana, a ponto de voltar a ela em vários momentos de sua vida. Se não bastassem os testemunhos já citados, gostaria de recordar a inspiração hegeliana do fragmento metodológico já mencionado, a *Introdução à crítica da economia política*, de 1857, no qual, mais uma vez, ainda que expondo cânones de investigação extraídos da diuturna meditação de Hegel, não deixava de advertir seu leitor contra a ilusão em que caiu Hegel de "conceber o real como resultado do pensamento que se sintetiza em si", em última análise contra o idealismo segundo o qual a consciência cria a realidade, e o mundo somente aparece como real depois que foi pensado (apêndice a Marx, 1957, p.188), relevando mais uma vez a complexidade de sua atitude diante de Hegel, que era de atração pelo método e de repúdio pela metafísica, de aceitação da descoberta metodológica e de refutação do modo como a descoberta havia sido aplicada por seu próprio autor.

A dialética de Marx nas obras de juventude

O argumento decisivo contra a tese limitativa de Lefèbvre, contudo, está constituído definitivamente pelas obras filosóficas de juventude, das quais já não se pode prescindir para uma apreciação abrangente da personalidade de Marx. Nestas obras, como se sabe, o problema central é precisamente a relação com Hegel, a libertação declarada de Hegel e os limites, a serem criticamente descobertos, desta libertação.

Certamente, a primeira destas obras, a *Crítica da filosofia do direito público de Hegel* (1843), tem o aspecto de um libelo anti-hegeliano. Os comentários feitos às passagens da filosofia do direito são entre tecidos de críticas duras, ásperas, sem muita consideração para com o mestre: a teoria do Estado de Hegel é uma "mistificação"; Hegel é chamado de "sofista"; quase a cada página fala-se de "confusão", de "acrisia", de "estupidez", de "trivialidade". Vê-se com esta primeira prova que Marx não está acostumado a fazer muitos cumprimentos a seus adversários: "Aqui a inconsequência irrefletida de Hegel e o seu sentido de autoridade tornam-se realmente repugnantes". Mais à frente: "Aqui, Hegel beira a servilidade. Vê-se que ele está completamente contagiado pela miserável soberba do mundo burocrático prussiano" (Marx, 1950b, p.166).* Esta postura crítica nasce, mais que de divergências de natureza política, do despeito de ter de assistir continuamente ao intercâmbio das abstrações com a realidade. Marx ataca firmemente, desde este primeiro escrito, o método especulativo de Hegel, que consiste em plasmar a realidade à imagem e semelhança daquilo que ele, Hegel, foi construindo no próprio cérebro: "A lógica não serve para demonstrar o Estado, mas o Estado serve para demonstrar a lógica" (ibidem, p.29).** Desse modo Marx descreve o processo de mistificação da realidade, que consiste em converter uma proposição empírica em uma proposição metafísica. O vulgo diz: "O monarca tem o poder soberano". Hegel converte: "A soberania do Estado é o monarca". E Marx comenta: "A primeira frase é empírica, a segunda distorce o fato empírico em um axioma metafísico" (ibidem, p.39).***

Observando-se bem, porém, esta crítica – que é um aspecto permanente e constante da crítica científica a toda metafísica que pretenda substituir o controle da experiência pela dedução a partir de princípios – golpeia a metafísica de Hegel e seu método especulativo, mas não diz respeito à dialética. Mais ainda, em uma das poucas passagens da obra em questão em que ele se dirige a Hegel com elogio, é precisamente a dialética que,

---

* Ed. bras.: p.138-9. (N. T.)
** Ed. bras.: p.39. (N. T.)
*** Ed. bras.: p.45. (N. T.)

aparentemente ignorada, surge no primeiro plano. A propósito da relação entre poder legislativo e poder constitucional, Marx escreve: "é nisso, no entanto, que reconhecemos sua profundidade, no fato de que ele comece, em toda parte, pela *oposição das determinações* ... e as acentue em seguida" (ibidem, p. 77).* O começar pela oposição é a essência da dialética. Marx portanto reconhece, ainda que em meio ao desafogo polêmico, que há algo de profundo em Hegel, e este algo é precisamente o método dialético.

Ao problema da dialética de Hegel está dedicado expressamente um fragmento dos *Manuscritos de 1844*. É um fragmento obscuro, quase esotérico, destinado a ser torturado pelos intérpretes. A dificuldade deriva do fato de que a acusação feita a Hegel é somente uma – e é sempre a mesma acusação de espírito especulativo –, mas é conduzida em diversos planos que se encavalam e se confundem. Distinguiria três principais: (1) Hegel transferiu o movimento da história real para a consciência, donde a *Fenomenologia* descreve um movimento histórico que não é o do homem real, mas o da consciência consigo mesma; (2) este erro de perspectiva deriva da falsa concepção do homem como autoconsciência (e não como atividade sensível), como ser espiritual (e não natural), enfim como homem teórico (e não prático), donde é eliminada qualquer possibilidade de que se alcance a objetividade: a filosofia de Hegel é uma filosofia do sujeito (e não do objeto), ou seja, é idealismo; (3) a forma mais elevada da consciência para Hegel é o saber, donde nasce a deformação mais grave, que consiste na resolução dos problemas reais que exigem soluções reais em problemas teoréticos, cuja solução é puramente teorética: o que Hegel consegue suprimir e superar não é a existência real, mas o objeto do saber, isto é, a dogmática e não a religião, a teoria do Estado e não o Estado, e assim por diante.

---

* Ed. bras.: p.73. (N. T.)

Mas ainda uma vez o alvo de Marx é a especulação de Hegel, não a dialética. Ou mais exatamente, quando escreve este ensaio, Marx está sob influência de Feuerbach: e onde afirma que Feuerbach é o único dos hegelianos que se colocou de modo crítico o problema da crítica de Hegel, e entre outros méritos lhe reconhece o de ter oposto à negação da negação a positividade que repousa somente sobre si mesma, Marx parece repudiar também a dialética de Hegel. Na realidade, ele refuta o resultado, não o movimento.

Além do fato de que Marx ainda não devia ter alcançado plena clareza de si mesmo (e a obscuridade do texto é um indício disto), há também neste ensaio uma passagem em que ele capta exatamente o significado e o alcance da dialética:

> A grandeza da *Fenomenologia* hegeliana e de seu resultado final – *a dialética, a negatividade enquanto princípio motor* e *gerador* – é que Hegel toma a autoprodução do homem como um processo, a objetivação como desobjetivação, como alienação e supressão dessa alienação. (1949, p.172, grifos meus)*

Note-se que também aqui, como no escrito precedente, onde se trata dos méritos de Hegel (exaurida a crítica dos erros), reaparece, como núcleo irrecusável daquele pensamento, o movimento dialético. Esta passagem mostra, em meu entender, três coisas: (1) que Marx aceita a ideia de Hegel de que a negatividade é a mola da história; (2) que a história, ou seja, a autoprodução do homem a partir do fundo de um mundo natural sem história, é um processo; (3) que este processo tem um ritmo e este ritmo, descoberto por Hegel, é a passagem da alienação à supressão da alienação, ou seja, é o ritmo dialético. De resto, a parte mais viva e mais forte destes escritos econômico-filosóficos é uma tentativa de descrever este processo não mais a partir

---

* Ed. bras.: p.123. (N. T.)

de um ponto de vista especulativo ou mistificado, mas de um ponto de vista real, de apresentar dramaticamente a história da humanidade como a história da alienação humana por meio da alienação do trabalho operada pela sociedade burguesa e da supressão desta alienação por obra do comunismo. Seja qual for a ideia que Marx alcançou da dialética, é certo que a concepção que ele tem da história é uma concepção dialética, e seus primeiros escritos filosóficos são uma tentativa de dialética *in atto*.[7]

Duas acepções distintas de "dialética"

Das rápidas anotações feitas até aqui se depreende que o problema da dialética foi sempre vivo para Marx, e se hoje está completamente abandonada a consideração de um Marx como pensador não dialético há pouca probabilidade de que se aceite também a tese de que ele atingiu a plena compreensão da dialética somente nos anos de maturidade. O problema crítico, novo, ou pelo menos não discutido como mereceria, é um outro: é o de saber se há um significado unívoco de dialética, e de saber se quando se fala de dialética em Marx tem-se a intenção de falar, nos diversos períodos da sua atividade e em diversas obras, sempre da mesma coisa. Nasce a suspeita, entre outras, de que algumas das discussões a respeito da maior ou menor dialeticidade do pensamento marxiano nos diversos períodos sejam unicamente o fruto de distintos modos de entender a dialética, e portanto de acentuar este ou aquele significado considerado como exclusivo. Engels certamente não contribuiu para que se dissipassem as dúvidas quando acreditou poder re-

---

7 Recentemente M. Rossi pensou ser possível individuar na categoria da alienação a contribuição que Marx recebe de Hegel. Veja-se o ensaio "Lo storicismo mistificato della fenomenologia hegeliana" (1957, p.639-85; 841-94). Do mesmo autor, "Rovesciamento" e "nucleo razionale" della dialettica hegeliana secondo Marx (out. 1956-mar. 1957, p.17-42).

sumir o significado do método dialético em três leis, que constituíam uma extrapolação de três momentos ou características da lógica hegeliana e que parecem não ter outra razão comum que não a de constituírem em conjunto as leis do desenvolvimento da natureza e da sociedade: a lei da conversão da quantidade em qualidade e vice-versa; a lei da compenetração dos opostos (ação recíproca); e a lei da negação da negação (Engels, 1950b, p.32).

O ponto comum de referência do termo "dialética", nas suas diversas acepções, está sempre dado por uma situação de oposição, de contradição, de antítese, de antinomia, de contraste, que deve ser resolvida. Quanto à primeira das três leis, ela não se refere a uma oposição a ser mediada ou resolvida, não indica o método para a resolução de uma oposição, e portanto é enganoso fazê-la entrar em uma teoria geral da dialética. Quanto às outras duas, elas se referem, sim, a uma situação de oposição, mas concebem a oposição e o modo de resolvê-la de maneira diversa, tanto que a aplicação de uma ou de outra ao mesmo problema leva a soluções distintas. (Hoje diríamos que elas formulam duas técnicas de pesquisa diversas, e que em uma lógica da pesquisa, que é o que pretende elaborar Engels na *Dialética da natureza,* deveriam ser mais bem distinguidas para não gerar confusões.)

Ante dois entes em contraste, o método da compenetração dos opostos, ou melhor, da ação recíproca, leva a que se mantenham ambos os termos do contraste e a que eles sejam considerados como condicionados reciprocamente; o método da negação da negação, ao contrário, leva a que se considere o primeiro termo eliminado em um primeiro tempo pelo segundo e o segundo eliminado em um segundo momento por um terceiro termo. O primeiro método é aplicado a eventos simultâneos, o segundo, a eventos que se manifestam no tempo: por isso, este último é um método para a compreensão da história (seja da história da natureza, seja da história do homem). A diversidade dos dois métodos fica ainda mais clara se considerarmos a sua intencionalidade polêmica: o método da compenetração dos opostos se contrapõe a uma concepção mecanicista da natureza, na qual todo o universo é explicado por meio de uma série em cadeia de causas e efeitos em uma só direção (começando da causa primeira); o método da negação da negação, ao contrário, se contrapõe a uma concepção racionalista e abstrata da história, segundo a qual ou o mal não existe ou existe somente como mal a ser eliminado de uma vez para sempre.

Para fixar o contraste, não há nada melhor do que um exemplo, tirado do próprio campo de experiência característico da filosofia hegeliano-marxista: sociedade civil e Estado representam na história das ideias (pense-se no jusnaturalismo) uma típica situação de contraste. Aplicando à solução deste contraste o método da ação recíproca, afirma-se não que a sociedade civil condiciona o Estado, nem que o Estado condiciona a sociedade civil, mas sim que sociedade civil e Estado condicionam-se reciprocamente; aplicando-se em vez disso o método da negação da negação, constrói-se uma bela linha do processo histórico na qual em certo ponto o Estado nega a sociedade civil, para ser ao final novamente superado e resolvido pela sociedade civil (a extinção do Estado).

Já tive a oportunidade de afirmar em outra ocasião que o primeiro significado de dialética é posto em questão quando o adjetivo "dialético" é unido a "relacionamento", "relação", "nexo"; o segundo, por sua vez, é posto em questão quando está unido a "desenvolvimento", "movimento", "processo" (Bobbio, 1958b, p.24-5). Portanto, uma coisa é falar de nexo dialético entre sociedade e Estado, outra coisa é falar de movimento dialético entre sociedade e Estado. Um exemplo característico de problema posto na doutrina marxista em termos de nexo dialético é o da relação entre estrutura e superestrutura; um problema típico em termos de movimento dialético é o da passagem da propriedade coletiva originária à propriedade individual e ao comunismo final. A superestrutura não é a negação da estrutura, ao passo que a propriedade individual é a negação da propriedade comum originária. Vice-versa, a superestrutura é um termo que retorna sobre seu oposto, mas é por este, por sua vez, negada (a negação da negação). Enfim, a dialética da reciprocidade é uma relação entre dois termos que não geram um terceiro termo, a dialética do movimento é uma relação triádica, ou seja, é uma relação entre dois termos que geram um terceiro termo diferente dos dois primeiros. Caso se queira expressar a diferença com uma imagem, o primeiro movimento pode ser representado por um pêndulo, o segundo por uma espiral.

A dialética como síntese dos opostos

Detive-me nesta ambiguidade do conceito de dialética, tal qual foi transmitido por Engels para o interior do marxismo teórico, porque o problema da dialética em Marx não é tanto se Marx foi um pensador dialético, mas sim em que sentido ele o foi, se em um ou em mais sentidos. Creio que nas obras de Marx estão presentes – mais ainda, ocupam um lugar importante – ambos os modos de entender a dialética acima ilustrados, e isso talvez não seja a única explicação possível para as dificuldades de interpretação.

A dialética pela qual Marx se apaixonou e em torno da qual trabalhou nos anos da maturidade, à medida que se envolvia com as pesquisas de economia política até chegar ao ponto de falar de uma nova ciência econômica elaborada com método dialético, não é a mesma que ele descobriu nos anos de juventude, quando traçou as grandes linhas de uma filosofia da história não mais do ponto de vista do homem teorético mas do homem prático (uma espécie de fenomenologia com a cabeça para cima ou, caso se prefira, não uma fenomenologia do Espírito, mas do indivíduo empírico). A primeira é um método de pesquisa científico (ou que ele considera como tal), um cânone ou uma série de cânones para uma mais adequada compreensão das categorias da economia, que são categorias históricas e não naturalistas ou metafísicas; a segunda é um método de interpretação da história na totalidade de seu processo. Marx foi, entre outras coisas, um filósofo da história e um estudioso de economia política. Ainda que não se possam separar os vários aspectos da sua personalidade e ele, em cada uma das concepções, teorias ou investigações que elaborou, tenha sempre partido de uma visão dramática da vida, isto é, da oposição, do antagonismo, da luta, da contradição (daí a importância que ele deu à dialética hegeliana), não há dúvida de que as oposições diante das quais se encontrou como filósofo da história, ou seja, as oposições entre os grandes movimentos históricos, não eram do mesmo tipo que as oposições entre conceitos da ciência econômica tradicional, diante das quais se encontrou como economista.

Como filósofo da história, aquilo que o impressionou no pensamento de Hegel foi "a dialética da negatividade como princípio motor e gerador", aquilo que na *Miséria da filosofia* ele expressou dizendo que "é o lado mau que produz o movimento que faz a história, determinando a luta". Este princípio da *força do negativo* é o núcleo originário de uma concepção dialética da história: o negativo não é considerado nem como uma aberração nem como um mal, mas como um momento necessário do desenvolvimento histórico.

Todo movimento histórico deve chegar a sua degeneração para que se desenvolvam as forças destinadas a eliminá-lo e a criar a partir dele um novo. Ao princípio da força da negatividade estão ligadas duas diferentes formulações da necessidade das oposições: (1) todo momento histórico gera em seu interior contradições, que são a mola do desenvolvimento histórico: em um certo ponto, quase fatalmente, uma situação histórica entra em contradição com uma outra situação histórica, e o devir é o resultado do abrir-se da contradição; (2) as contradições históricas dão origem a antagonismos, isto é, à luta entre os representantes da classe de cujo seio estas contradições se soltam e aqueles que são as vítimas e ao mesmo tempo os predestinados superadores destas contradições, e a esta luta é atribuída a criação da nova sociedade.

Até aqui a concepção marxista da história se contrapõe a toda forma de utopismo ou de intelectualismo abstrato que pretendesse eliminar o mal da história (e com isso as contradições e a luta) e substituí-lo de uma vez por todas por aquilo que reputa como sendo o bem, mas que ao fazer isso põe-se "o absurdo problema de eliminar a história".

A dialética como concepção global da história não se limitava ao princípio da força do negativo, isto é, ao momento da negação, mas, precisamente enquanto concepção da história como perpétuo devir, avançava para o momento ulterior da negação da negação.

Ora, a dialética de Marx, filósofo da história, está orientada, como a de Hegel, para uma teoria da história como contínuo devir, cujo caráter é o de desenvolver-se por sucessivas negações. Se a negação, como dissemos, é a mola do progresso, a negação da negação, enquanto resolução da contradição, constitui o próprio progresso. Aqui fica clara a contraposição à tradicional concepção histórica do jusnaturalismo, para a qual o curso histórico se movia entre uma negação inicial (o estado de natureza) e uma afirmação sucessiva e definitiva (a sociedade civil), isto é, por meio do desenvolvimento diádico que como tal afirma e fixa o curso histórico; e igualmente às várias concepções evolucionistas que, diferentemente do jusnaturalismo, não fixam o curso histórico mas que, ainda que o concebendo como um desenvolvimento, o concebem como um desenvolvimento gradual e não por saltos, mediante sucessivas afirmações e não sucessivas negações. Que o movimento dialético tivesse por mola as forças espirituais ou as condições materiais, a religião ou as necessidades econômicas, as ideologias ou as formas de produção, isto é algo que não diz respeito propriamente à dialética mas sim, quando muito, a um outro aspecto da filosofia de Marx, o materialismo histórico, que aqui não é examinado. Outro problema estranho à interpretação da dialética é aquele, que também já fez correr rios de tinta, relativo à maior ou menor fatalidade do curso histórico e à eficácia da intervenção ativa dos homens, ou das massas e de suas vanguardas. Também este problema não diz respeito à formulação da lei, mas ao modo de sua realização.

A dialética como compenetração dos opostos

Em vez disso, o que cabe à própria teoria da dialética como estrutura formal da realidade é o método da pesquisa científica que Marx discutiu e aplicou quando se colocou perante a tarefa de elaborar uma teoria econômica diferente da teoria dos economistas burgueses, e em geral quando passou da consideração histórica do curso da humanidade à tentativa de construir uma ciência do homem em sociedade. Como filósofo da história, ele havia se encontrado diante de categorias históricas que denotavam tipos de civilização ou de sociedade, como feudalismo, burguesia, classes, luta de classes; como cientista da sociedade, as categorias com que se deparou denotavam tipos de ação ou de comportamento, como produção, distribuição, consumo, capital, lucro, trabalho intelectual e trabalho manual, que podiam ser estudadas – se bem que sob formas diversas e em diversas relações entre si – em qualquer tipo de sociedade. O melhor, que ele havia herdado de Hegel, era a refutação de qualquer consideração intelectualista que abstrai do real os conceitos e depois os separa e não consegue mais construir a unidade, e a tendência, diante da multiplicidade e complexidade do real, à busca de uma unidade concreta. O instrumento desta compreensão unitária era a dialética como apreensão das oposições e sua resolução. Só que a unidade concreta no estudo do desenvolvimento histórico lhe surgira como o resultado da síntese dos opostos (negação da negação), donde a categoria unitária do curso histórico da humanidade é o *devir*; no estudo científico da realidade, por outro lado, a unidade concreta lhe aparece como o resultado de uma inter-relação dos entes que o intelecto abstrato erroneamente isolou uns dos outros (ação recíproca), donde a categoria unitária da *totalidade orgânica*. Como o devir é composto de diversos momentos em oposição, também a totalidade orgânica é composta de diversos entes em oposição. A dialética, como método de resolução das oposições, apresenta-se lá como síntese dos opostos, e aqui como ação recíproca. O devir, em outras palavras, é o resultado de sucessivas negações ou, caso se prefira, de uma contínua superação (o terceiro termo); a totalidade orgânica é o resultado de um entrelaçamento das recíprocas relações entre os entes ou, caso se prefira, de uma integração (que não resolve os dois termos em um terceiro).

Desde *A ideologia alemã* Marx teve que se colocar os termos da dialética com respeito à totalidade orgânica, que se funda no princípio da ação recíproca. Explicando os pontos fundamentais da concepção materialista da história, concluía que ela permitia "representar a coisa (o processo real de produção) *na sua totalidade* e portanto também a *recíproca influência* destes lados diversos (a sociedade civil, o Estado, as formas da consciência) uns sobre os outros" (Marx & Engels, 1958, p.34). Mas a exposição mais completa do princípio da ação recíproca é a que acompanha a reflexão sobre os problemas econômicos, e de fato pode ser encontrada na já recordada *Introdução à crítica da economia política*. Trata-se aqui, para Marx, de tomar posição contra a ciência econômica burguesa, que, de um lado, idealiza categorias históricas para transformá-las em categorias absolutas, e, de outro, procedendo à formulação de conceitos abstratos, que é procedimento legítimo, os imobiliza em sua abstratividade, brinca com eles como se fossem entes sem relações ou com relação unívoca, e não consegue mais voltar ao concreto. Marx explica:

> O resultado a que chegamos não é que a produção, a distribuição, o intercâmbio, o consumo são idênticos, mas sim que *todos eles são elementos de uma totalidade,* diferenças dentro de uma unidade.

O que significa ser "elementos de uma totalidade"? Significa que cada um deles determina todos os demais e é por sua vez determinado por todos os demais. Certamente a produção é o momento inicial; mas seria um erro considerar todos os outros elementos como dependentes dela.

> Uma produção determinada determina pois um consumo, uma distribuição e uma troca determinados, assim como *relações determinadas destes fatores entre* si. É inegável que a produção, em sua forma unilateral, *também é determinada pelos outros momentos.*

A conclusão é expressa com as seguintes palavras: "*Uma ação recíproca ocorre entre os diversos momentos. E este é o caso para qualquer todo orgânico*" (1957, apêndice, p.186-7, grifos meus). Ainda que neste contexto não use a palavra "dialética", Marx fala mais adiante de "dialética dos conceitos de força produtiva (meios de produção) e de relações de produção" (ibidem, p.196) e não há dúvida de que, aqui, "dialética" significa "ação recíproca". Quando ele afirma querer aplicar o método dialético à economia, é para a *Introdução* de 1857 que precisamos olhar como principal chave explicativa: os conceitos da ciência econômica são conceitos da realidade histórica e estão eles mesmos historicamente determinados, formando não um sistema mecânico, mas um todo articulado e orgânico, uma *totalidade concreta*. O próprio Engels, recenseando a obra de Marx, depois de ter afirmado que o uso do método dialético era um aspecto do pensamento de Marx, quase tão importante quanto o materialismo, explica o método marxiano, isto é, o método dialético, do seguinte modo:

> Seguindo este método tomamos como ponto de partida a primeira e mais simples relação que se nos apresenta historicamente, de fato, isto é, neste caso, a primeira relação econômica que encontramos diante de nós. Decompomos esta relação. Pelo fato de que

é uma *relação,* disso já deriva que tem dois lados que *estão em relação um com o outro.* Cada um destes lados é examinado em si e deste exame resulta o modo da recíproca relação entre eles, *a ação e reação recíproca entre eles.* (ibidem, p.206, grifos meus)

Conclusão

Coloquei-me ao início duas questões: (1) se Marx é um pensador dialético; (2) em que sentido o é. Respondi afirmativamente e sem limitações à primeira questão. À segunda, respondi examinando dois significados distintos de "dialética" e mostrando o seu distinto uso em diversos campos de pesquisa. Agora, cabe-me acrescentar que o fato de ter distinguido duas acepções principais não significa que existam apenas duas. Limitei-me a confrontar, por assim dizer, as duas principais acepções já acolhidas e teorizadas por Engels.

Dois ulteriores problemas poderiam ser os seguintes. A resposta à primeira questão remete ao problema de saber se a importância de Marx na história do pensamento resulta de ter sido ele um pensador dialético. Responderei que, em minha opinião, o que conta do marxismo na história do pensamento é mais a teoria materialista da história, na sua particular acepção de teoria realista da história, segundo a qual, para se compreender a história humana é preciso partir das relações reais e não das ideias que os homens fazem destas relações. A resposta à segunda questão remete ao problema de saber qual dos dois significados de "dialética" é historicamente mais relevante, quer dizer, qual dos dois pode caracterizar melhor uma orientação de pensamento. Não hesito em responder que o significado historicamente mais relevante é o que examinamos em primeiro lugar, isto é, o método da negação da negação. O princípio da ação recíproca é comum a vários tipos de pesquisa científica e não tem condições, por si só, de caracterizar uma metodologia e menos ainda uma concepção geral da realidade. Além do mais, a forma historicamente mais genuína da dialética, ou seja, aquela que foi transmitida como "dialética hegeliana", é sempre a primeira e não a segunda: a síntese dos opostos e não a compenetração dos opostos. A negação da negação é para Hegel a categoria geral de compreensão de todo o movimento histórico, ao passo que a teoria da ação recíproca não é mais que um capítulo da lógica. A absolutização, levada a cabo por Engels, de um capítulo da lógica ("lógica" entendida aqui no sentido de teoria da investigação) projeta uma sombra escura sobre o materialismo dialético, que somente pode ser dissipada se distinguirmos o lado forte do lado fraco da dialética.

7
Marx e o Estado*

Marx e o problema do Estado

Entende-se por marxismo o conjunto das ideias, dos conceitos, das teses, das teorias, das propostas de metodologia científica e de estratégia política e, em geral, a concepção do mundo, da vida associada e da política, consideradas como um corpo homogêneo de proposições até constituir uma verdadeira e autêntica "doutrina", derivadas das obras de Karl Marx e de Friedrich Engels. A tendência, muitas vezes manifestada, de distinguir o pensamento de Marx do de Engels surge dentro do próprio marxismo, ou seja, é ela própria uma forma de marxismo. Distinguem-se diversos marxismos quer com base nas diferentes interpretações do pensamento dos dois fundadores, quer com base nos juízos de valor com que se pretende distinguir o

---

* Publicado inicialmente como texto do verbete "Marxismo" em Bobbio, Matteucci & Pasquino, 1983, p.634-40. (Ed. bras.: p.738-44.) Redação resumida do cap. 6, intitulado "Karl Marx", em Bobbio, 1973a, p.210-45. (N.E. It.)

marxismo que se aceita do marxismo que se refuta: para dar alguns exemplos, o marxismo da Segunda e da Terceira Internacional, marxismo revisionista e ortodoxo, marxismo vulgar, grosseiro, dogmático etc. No texto que se segue, limitamo-nos a expor as linhas da teoria marxista do Estado e, em geral, da política, com a advertência de que se levarão em conta principalmente as obras de Marx e apenas subsidiariamente as de Engels, que, como sempre e portanto também neste caso, por representarem frequentemente as teses de Marx em polêmica com seus detratores e deturpadores, acaba algumas vezes por enrijecê-las.

Como se sabe, Marx não escreveu nenhuma obra de teoria do Estado em sentido estrito, ainda que sua primeira obra de fôlego, que ficou aliás incompleta e permaneceu por quase um século inédita (escrita em 1843, foi publicada pela primeira vez em 1927), fosse um comentário e uma crítica, parágrafo por parágrafo, de uma parte expressiva da seção referente ao Estado da *Filosofia do direito* de Hegel (obra hoje conhecida com o título de *Crítica da filosofia* do *direito público de Hegel)*, e ainda que na obra imediatamente sucessiva – que ficou conhecida com o título de *Manuscritos econômico-filosóficos de 1844* e também permaneceu incompleta e inédita – tivesse anunciado nas primeiras linhas do "Prefácio" que pretendia apresentar "uma após outra, em ensaios diferentes e independentes, a crítica do direito, da moral e da política" (Marx, 1968, p.3). Muitos anos mais tarde, no "Prefácio" a *Para a crítica da economia política* (1859), contando a história de sua formação, relatou como passara dos primeiros estudos jurídicos e filosóficos para os estudos de economia política e como, mediante estas pesquisas, chegara à conclusão de que

> tanto as relações jurídicas quanto as formas do Estado não podem ser compreendidas nem por si mesmas nem pela chamada evolução geral do espírito humano, mas antes têm suas raízes nas relações materiais de existência. (Marx, 1957, p.10)

Para reconstruir o pensamento de Marx sobre o Estado é preciso, portanto, recorrer às indicações esparsas com que nos deparamos nas obras econômicas, históricas e políticas: ainda que, depois da obra de juventude de crítica à filosofia do direito de Hegel, não exista nenhuma obra de Marx que trate especificamente do problema do Estado, também não existe obra sua de que não se possam extrair, sobre este mesmo problema, passagens relevantes e esclarecedoras. Não é preciso acrescentar que, por causa desta fragmentaridade e também pelo fato de que estes fragmentos estão disseminados ao longo de um período de mais de trinta anos e as teses que eles concisamente exprimem são frequentemente expostas de maneira ocasional e polêmica, toda reconstrução muito rígida da teoria marxiana do Estado arrisca-se a ser deformante ou ao menos unilateral. Mas é preferível correr este risco do que se acomodar na aceitação de uma ambiguidade insuperável ou na constatação de que existem duas ou quem sabe três ou quatro teorias paralelas.

Partindo da crítica à filosofia do direito e do Estado de Hegel, que o leva a promover uma mudança radical na relação tradicional entre sociedade (natural ou civil) e Estado, Marx propõe uma teoria do Estado estritamente ligada à teoria geral da sociedade e da história, que ele extrai do estudo da economia política. Esta teoria geral lhe permite dar uma interpretação e fazer uma crítica do Estado burguês do seu tempo nas diversas formas em que se apresenta e dar também uma interpretação e formular algumas propostas relativas ao Estado que se deverá seguir ao Estado burguês; permite-lhe, enfim, deduzir o fim ou a extinção do Estado. Disto se segue que para se fazer uma exposição, a mais sistemática possível, das linhas gerais da teoria marxiana do Estado parece oportuno abordar os cinco pontos seguintes: (1) crítica das teorias precedentes, em particular da teoria hegeliana (§ 2); (2) teoria geral do Estado (§ 3); (3) teoria do Estado burguês em particular (§ 4); (4) teoria do Estado de transição (§ 5); (5) teoria da extinção do Estado (§ 6).

A crítica da filosofia política hegeliana

Na filosofia do direito de Hegel, havia chegado à conclusão (e à exasperação) a tendência – característica do pensamento político que acompanha o nascimento e a formação do Estado moderno, de Hobbes em diante – a celebrar o Estado ou como forma racional da existência social do homem, enquanto garante da ordem e da paz social, que é o único interesse que todos os indivíduos que vivem em sociedade têm em comum (Hobbes); ou como árbitro imparcial posto acima das partes e que impede a degeneração da sociedade natural, isto é, dirigida apenas pelas leis da natureza ou da razão, em um estado de conflitos permanentes e insolúveis (Locke); ou como expressão da vontade geral através da qual cada um, renunciando à liberdade natural em favor de todos os outros, adquire a liberdade civil ou moral e é mais livre do que antes (Rousseau); ou como meio pelo qual é possível realizar empiricamente o princípio jurídico ideal da coexistência das liberdades externas, donde o sair do Estado de natureza e entrar no Estado não é tanto o efeito de um cálculo utilitário quanto de uma obrigação moral por parte dos indivíduos (Kant). Iniciando a seção da *Filosofia do direito* dedicada ao Estado, Hegel havia dito que "o Estado, enquanto é a realidade da vontade substancial ... é o racional em si e para si", disso se deduzindo que o "dever supremo" de cada um dos indivíduos singulares era o de "ser componente do Estado" (Hegel, 1974, p.239).

A crítica que Marx, sob a influência de Feuerbach, dirige a Hegel no escrito de juventude pouco acima citado, *Crítica da filosofia do direito público de Hegel* (que contém um comentário aos § 261-313 das *Linhas fundamentais da filosofia do direito)*, tem, na verdade, mais valor filosófico e metodológico que político, no sentido de que o que interessa basicamente a Marx neste escrito é a crítica do método especulativo de Hegel, isto é, do método segundo o qual aquilo que deveria ser o predicado – a ideia abstrata – torna-se o sujeito, e aquilo que deveria ser o sujeito – o ser concreto – torna-se o predicado, como fica evidente no seguinte exemplo, que é mais claro do que qualquer explicação. Partindo da ideia abstrata de soberania mais que da figura histórica do monarca constitucional, Hegel formula a proposição especulativa "a soberania do Estado é o monarca", ao passo que o filósofo não especulativo, partindo da observação da realidade, deve dizer que "o monarca [isto é, aquele personagem histórico que tem aqueles determinados atributos] tem o poder soberano". (Nas duas proposições, como se vê, sujeito e predicado estão invertidos) (Marx, 1950c, p.39). Em um capítulo de *A sagrada família* (1845), que é o melhor comentário a esta crítica, intitulado "O mistério da construção especulativa", Marx, após ter ilustrado com outro exemplo o mesmo tipo de inversão (para o filósofo não especulativo a pera é uma fruta, ao passo que para o filósofo especulativo a fruta se põe como pera), explica que esta operação pela qual se concebe a substância como sujeito (enquanto deveria ser o predicado) e o fenômeno como predicado (enquanto deveria ser o sujeito) "forma o caráter essencial do método hegeliano" (Marx & Engels, 1954, p.66).

É claro que, uma vez aplicada a crítica do método especulativo à filosofia política de Hegel, Marx deduz daí a refutação não somente do método hegeliano mas também dos resultados que Hegel acreditava poder obter por este método em relação aos problemas do Estado. O que Marx critica e refuta é a própria estruturação do sistema da filosofia do direito hegeliana, baseado na prioridade do Estado sobre a família e sobre a sociedade civil (isto é, sobre as esferas que historicamente precedem o Estado), prioridade que Hegel afirma sem observar e respeitar a realidade histórica de seu tempo e sem estudar como efetivamente se foi formando o Estado moderno, mas deduzindo-a da ideia abstrata de Estado como totalidade superior e anterior às suas partes. Ao passo que, na realidade, família e sociedade civil são os pressupostos do Estado, "na especulação ocorre o contrá-

rio", isto é, "os sujeitos reais, a sociedade civil e a família ...,
tornam-se momentos objetivos da ideia, *irreais*, alegóricos", ou,
com outras palavras, ao passo que estas são "os agentes" (isto é,
um sujeito histórico real), na filosofia especulativa são "ativa-
das" pela ideia real e "devem sua existência a um espírito diferente delas", donde "a condição se torna o condicionado, o de-
terminador o determinado, aquele que produz, o produto de seu
produto" (Marx, 1950c, p.17-8). Desde as primeiras frases do
comentário, Marx chama este procedimento de "misticismo lógico". Não é o caso de nos prendermos às críticas particulares
que Marx faz a esta ou àquela tese política de Hegel: basta dizer
que as críticas mais importantes são as que dizem respeito à
concepção do Estado como organismo, à exaltação da monarquia constitucional, à interpretação da burocracia como classe
universal e à teoria da representação por grupos contraposta ao
sistema representativo nascido da Revolução Francesa. Importa
destacar particularmente que a refutação do método especulativo de Hegel leva Marx a inverter a relação entre sociedade civil
e Estado, que é uma consequência deste método, a concentrar
sua atenção bem mais sobre a sociedade civil que sobre o Estado
e, portanto, a divisar a solução do problema político não na su-
bordinação da sociedade civil ao Estado mas, ao contrário, na
absorção do Estado pela sociedade civil, em que consiste a "verdadeira" democracia, na qual, segundo os franceses, "o Estado
político perece" (ibidem, p.42) e cujo instituto fundamental, o
sufrágio universal, tende a eliminar a diferença entre Estado político e sociedade civil, colocando "no interior do Estado político
abstrato a instância da dissolução deste, como também da dissolução da sociedade civil" (ibidem, p.135).

O Estado como superestrutura

A inversão da relação entre sociedade civil e Estado, realizada por Marx com respeito à filosofia política de Hegel, represen-

ta uma verdadeira ruptura com toda a tradição da filosofia política moderna. Ao passo que esta tende a ver na sociedade pré--estatal (quer seja esta o estado de natureza de Hobbes, ou a sociedade natural de Locke, ou o Estado de natureza ou primitivo do Rousseau do *Contrato social,* ou o Estado das relações de direito privado-natural de Kant, ou a família e a sociedade civil do próprio Hegel) uma subestrutura, real mas efêmera, destinada a ser resolvida na estrutura do Estado na qual somente o homem pode levar uma vida racional e destinada, portanto, a desaparecer total ou parcialmente uma vez constituído o Estado, Marx em vez disso considera o Estado – entendido como o conjunto das instituições políticas, no qual se concentra a máxima força imponível e disponível em uma determinada sociedade – pura e simplesmente como uma superestrutura com respeito à sociedade pré-estatal, que é o lugar em que se formam e se desenvolvem as relações materiais de existência, e enquanto superestrutura como algo destinado a desaparecer na futura sociedade sem classes. Ao passo que a filosofia da história dos escritores anteriores a Hegel (e com particular força no próprio Hegel) caminha para um aperfeiçoamento sempre maior do Estado, a filosofia da história de Marx caminha, ao contrário, para a extinção do Estado. O que para os escritores precedentes é a sociedade pré-estatal, ou seja, o reino da força irregular e ilegítima – seja este o *bellum omnium contra omnes* de Hobbes, ou o estado de guerra ou de anarquia que, segundo Locke, uma vez iniciado não pode ser abolido senão mediante um salto para a sociedade civil ou política, ou a *société civile* de Rousseau, na qual vigora o pretenso direito do mais forte, direito que na realidade não é direito, mas mera coação, ou o estado de natureza de Kant, como estado "sem nenhuma garantia jurídica" e, portanto, provisório –, é para Marx, ao contrário, ainda o Estado, que, como reino da força ou, conforme a conhecida definição que ele dá em *O capital,* como "violência concentrada e organizada da sociedade" (Marx, 1967, v.I, p.814), não é nem a abolição nem a superação mas o prolongamento do estado de natureza, isto é, o estado de natureza como estado histórico (ou pré-histórico) e não apenas como estado imaginário ou fictício da humanidade.

Já nos *Manuscritos econômico-filosóficos de 1844* Marx expressa este conceito fundamental, segundo o qual o Estado não é o momento subordinante mas o momento subordinado do sistema social tomado em seu conjunto, afirmando que "a religião, a família, o Estado, o direito, a moral, a ciência, a arte etc. são apenas modos *particulares* da produção e caem sob sua lei universal" (Marx, 1949, p.112). De forma ainda mais clara e extensa voltou ao tema na grande obra imediatamente posterior, *A ideologia alemã* (1845-1846):

> A vida material dos indivíduos, que não depende efetivamente da sua pura "vontade", o seu modo de produção e a forma de relações, que se condicionam reciprocamente, são a base real do Estado e continuam a sê-lo em todos os estágios em que ainda são necessárias a divisão do trabalho e a propriedade privada, independentemente da *vontade* dos indivíduos. Estas relações reais não são absolutamente criadas pelo poder do Estado; elas são o poder que cria o Estado. (Marx & Engels, 1958, p.324)

Na obra do mesmo período, *A Sagrada Família,* que diferentemente da anterior, que ficou inédita, foi publicada em 1845, a inversão da ideia tradicional, personificada naquele contexto por Bruno Bauer, segundo o qual "o ser universal do Estado deve manter unidos cada um dos átomos egoístas", não poderia ser expressa com maior clareza: "Somente a *superstição política* imagina ainda hoje que a vida civil precisa ser mantida unida pelo Estado, quando na verdade é o Estado, ao contrário, que é mantido unido pela vida civil" (Marx & Engels, 1954, p.131). Quanto à relação entre estrutura e superestrutura, é celebérrimo o texto do "Prefácio" a *Para a crítica da economia política:*

> A totalidade destas relações de produção forma a estrutura econômica da sociedade, a base real sobre a qual se eleva uma su-

perestrutura jurídica e política e à qual correspondem formas determinadas da consciência social. O modo de produção da vida material condiciona em geral o processo de vida social, político e espiritual. (Marx, 1957, p.10-1)

Contra a "superstição política", ou seja, contra a supervalorização do Estado, o ataque de Marx é constante, digam o que quiserem alguns intérpretes recentes. É esta rejeição da superstição política que o leva a dizer em um escrito de juventude, *A questão judaica* (1843), que a Revolução Francesa não foi uma revolução completa porque foi somente política, e que a emancipação política não é ainda a emancipação humana. E, em um escrito da maturidade contra Mazzini, afirma que este nunca entendeu nada porque "para ele o Estado, que cria em sua imaginação, é tudo, ao passo que a sociedade, que existe na realidade, não é nada" (o que é um outro modo de dizer que uma revolução apenas política não é uma verdadeira revolução).

O Estado burguês como domínio de classe

O condicionamento da superestrutura política por parte da estrutura econômica, isto é, a dependência do Estado em relação à sociedade civil, manifesta-se no fato de que a sociedade civil é o lugar onde se formam as classes sociais e se revelam seus antagonismos, e o Estado é o aparelho ou o conjunto de aparelhos dos quais o determinante é o repressivo (o uso da força monopolizada), cuja função principal é, pelo menos em geral e exceção feita a alguns casos excepcionais, a de impedir que o antagonismo degenere em luta perpétua (o que seria uma volta pura e simples ao estado de natureza), não mediando os interesses das classes opostas mas reforçando e contribuindo para manter o domínio da classe dominante sobre a classe dominada. No *Manifesto do partido comunista*, o "poder político" é definido com uma fórmula que já se tornou clássica: "o poder organizado de uma classe para a opressão de uma outra" (Marx & Engels, 1948, p.64).

Marx não ignorou as formas de poder político em outros tipos de sociedade, diferentes da sociedade burguesa, mas concentrou sua atenção e a grande maioria de suas reflexões no Estado burguês. Quando ele fala do Estado como "domínio" ou "despotismo" de classe, ou como "ditadura" de uma classe sobre outra, o objeto histórico é quase sempre o Estado burguês. Desde um de seus primeiros artigos, comentando os *Debates sobre a lei contra os furtos de lenha* (1842), havia notado que o interesse do proprietário de florestas era "o princípio determinante de toda a sociedade", tendo como consequência que "todos os órgãos do Estado se tornam ouvidos, olhos, braços e pernas com que o interesse do proprietário escuta, observa, avalia, provê, pega e anda". Havia concluído, portanto, contra as interpretações deformantes e – a meu ver – banalizantes que insistem mais sobre a independência do que sobre a dependência do Estado diante da sociedade, com uma frase que merece ser sublinhada: "Esta lógica, que transforma o dependente do proprietário florestal numa autoridade estatal, *transforma a autoridade estatal num dependente* do *proprietário*" (Marx, 1950d, p.203). Especialmente quanto ao Estado burguês, isto é, àquela fase de desenvolvimento da sociedade civil em que as ordens se transformaram em classes e a propriedade, sendo privada, se emancipou completamente do Estado, Marx afirma, em *A ideologia alemã,* que o Estado

> nada mais é do que a forma de organização que os burgueses se dão por necessidade, tanto interna como externamente, a fim de garantir reciprocamente sua propriedade e seus interesses.

Após ter esclarecido mais uma vez que "a independência do Estado hoje não se encontra mais senão naqueles países onde as ordens ainda não se transformaram em classes", e, portanto, na Alemanha mas não nos Estados Unidos, formula sua tese nos seguintes termos, gerais e inequívocos: "O Estado é a forma em que os indivíduos de uma classe dominante fazem valer seus interesses comuns e em que se resume toda a sociedade civil de uma época" (Marx & Engels, 1958, p.60).

Em certos períodos de crise, quando o conflito de classe torna-se mais agudo, a classe dominante cede ou é forçada a ceder o próprio poder político direto, que exerce através do parlamento (que nada mais é do que um "comitê de negócios" da burguesia), a um personagem que aparece como estando acima das partes, como ocorreu na França após o golpe de Estado de 2 de dezembro de 1851 que deu o supremo poder a Luís Napoleão. Isto, porém, não significa de modo algum que o Estado mude a própria natureza: o que se passa neste caso (o assim chamado "bonapartismo", que Engels estenderá, elaborando-o como uma categoria histórica, ao regime instaurado por Bismarck na Alemanha) (Marx & Engels, 1951, v.4, p.406) é pura e simplesmente a passagem das prerrogativas soberanas, no interior do mesmo Estado burguês, do poder legislativo para o poder executivo, representado por aquele que dirige a administração pública, em outros termos, da passagem destas prerrogativas do parlamento para a burocracia, que, aliás, preexiste ao parlamento, já que se formou durante a monarquia absoluta e constitui um "impressionante corpo de parasitas que envolve como uma teia o corpo da sociedade francesa e obstrui todos os seus poros" (Marx & Engels, 1966a, p.575). Esta substituição de um poder por outro pode dar a impressão de que o Estado se tornou independente da sociedade civil: em vez disto, porém, esta forma extraordinária de "despotismo individual" também não pode se sustentar se não se apoiar em uma determinada classe social, que, no caso específico de Luís Napoleão, foi, segundo Marx, a classe dos camponeses pequenos proprietários; sobretudo a função do poder político não muda, esteja ele nas mãos de uma assembleia como o parlamento ou nas mãos de um homem como o ditador: Bonaparte sente, observa Marx, que "sua missão consiste em garantir a ordem burguesa" (ibidem, p.584), mesmo que depois, envolvido nas contradições de seu papel de mediador acima das partes, ou seja, de um papel cujo exercício e cujo sucesso são impossibilitados pelas condições objetivas da sociedade de classes, não consiga atingir este objetivo (ou pelo menos Marx julga que, em vez de trazer a ordem prometida, o suposto salvador acabe por deixar o país submetido a uma nova anarquia). Na realidade, se a burguesia renuncia ao próprio poder direto, isto é, ao regime parlamentar, para se entregar ao ditador, isto ocorre porque ela julga (ainda que erroneamente, ou seja, a partir de um cálculo equivocado) que em um momento difícil o ditador assegure seu domínio na sociedade civil, que este domínio vale mais do que o parlamento, isto é, como diz Marx, a burguesia "confessa que para manter intacto seu poder social precisa quebrar seu poder político", ou em termos mais vulgares, "que para salvar a própria bolsa tem de perder a coroa" (ibidem, p.530).

O Estado de transição

Marx confirma com precisão a dependência muitas vezes afirmada do Estado diante da sociedade civil e do poder político diante da classe dominante quando põe o problema da passagem do Estado em que a classe dominante é a burguesia para o Estado em que a classe dominante será o proletariado. Sobre este problema ele será levado a meditar sobretudo pelo episódio da Comuna de Paris (março-maio de 1871). Em uma carta a Ludwig Kugelmann de 12 de abril de 1871, referindo-se exatamente ao último capítulo do texto sobre o golpe de Estado na França (*O 18 brumário de Luís Bonaparte),* em que havia afirmado que "todas as revoluções políticas nada mais fizeram do que aperfeiçoar esta máquina (isto é, a máquina do Estado) em vez de despedaçá-la" (ibidem, p.576), reafirma, após cerca de vinte anos, que

Nem com Marx, nem contra Marx

a próxima tentativa da Revolução Francesa não consistirá em transferir de uma mão para outra a máquina militar e burocrática, como aconteceu até agora, mas em despedaçá-la, e tal é a condição preliminar de qualquer revolução popular no continente. (ibidem, p.139)

Esclarece, portanto, que o objetivo visado pelos insurrectos parisienses é precisamente este: eles não tendem a se apoderar do aparelho de Estado burguês, mas procuram "despedaçá-lo". Nas considerações sobre a Comuna, Marx volta frequentemente a este conceito: ora diz que a unidade da nação tinha de se tornar uma realidade "através da destruição daquele poder estatal que pretendia ser a encarnação desta unidade independente e até mesmo superior à própria nação, ao passo que não era mais que uma excrescência parasitária dela"; ora fala da Comuna como de uma nova forma de Estado que "despedaça" o moderno poder estatal e que substitui o velho governo centralizado pelo "autogoverno dos produtores" (ibidem, p.911-2).

Parece, pois, que para Marx a dependência do poder estatal em relação ao poder de classe é tão estrita que a passagem da ditadura da burguesia para a ditadura do proletariado não pode acontecer simplesmente por meio da conquista do poder estatal, isto é, daquele aparelho de que a burguesia se serviu para exercer seu domínio, mas exige a destruição daquelas instituições e sua substituição por instituições completamente diferentes. Se o Estado fosse somente um aparelho neutro acima das partes, a conquista deste aparelho ou mesmo a mera penetração nele seriam por si só suficientes para modificar a situação existente. O Estado é sim uma máquina, mas ninguém pode manobrá-la a seu gosto: cada classe dominante tem de plasmar a máquina estatal de acordo com suas próprias exigências. Sobre as características do novo Estado, Marx dá algumas indicações extraídas precisamente da experiência da Comuna (nas quais Lenin inspirar-se-á no ensaio "Estado e revolução" e nos escritos e discursos dos primeiros meses de revolução): supressão do exército permanente e da polícia assalariada, que seriam substituídos pelo povo armado; funcionários eletivos ou postos sob controle popular e, portanto, responsáveis e revogáveis; juízes eletivos e revogáveis; sobretudo sufrágio universal para a eleição dos delegados com mandato imperativo e, portanto, revogáveis; abolição da tão celebrada mas fictícia separação dos poderes ("A Comuna devia ser não um organismo parlamentar, mas de trabalho, executivo e legislativo ao mesmo tempo"); e, enfim, descentralização suficientemente ampla para permitir a redução a poucas e essenciais funções do governo central ("As poucas mas importantes funções que ainda permaneceriam com o governo central ... seriam executadas por funcionários comunais e, portanto, rigorosamente responsáveis" [ibidem, p.908-9]). Marx chamou esta nova forma de Estado de "governo da classe operária" (ibidem, p.912), ao passo que Engels, na introdução que escreveu para uma reimpressão dos escritos marxianos sobre a guerra civil na França, chamou-a, com força e com intenção provocante, de "ditadura do proletariado":

> o filisteu social-democrata recentemente se sentiu mais uma vez tomado por um salutar pavor ao ouvir a expressão ditadura do proletariado. Pois então, senhores, querem saber como é esta ditadura? Olhem para a Comuna de Paris. Esta foi a ditadura do proletariado. (ibidem, p.1163)

Desde o *Manifesto*, Marx e Engels haviam afirmado muito claramente que, sendo o poder político sempre o poder de uma classe organizado para oprimir outra classe, o proletariado não conseguiria exercer seu domínio se não se tornasse por sua vez classe dominante. Parece que Marx falou pela primeira vez de "ditadura do proletariado" em sentido próprio (e não em sentido polêmico como fala em *Lutas de classes na França de 1848 a 1850)* (ibidem, p.463) em uma conhecida carta a Joseph Weydemeyer de 5 de março de 1852, na qual confessa não ter sido o primeiro a demonstrar a existência das classes e reconhece para si o único mérito de ter demonstrado:

1º) que a existência das classes está ligada somente a determinadas fases do desenvolvimento histórico da produção; 2º) que a luta de classes leva necessariamente à ditadura do proletariado; 3º) que esta ditadura constitui somente a passagem para a supressão de todas as classes e para uma sociedade sem classes.

A expressão foi, por assim dizer, consagrada na *Crítica ao programa de Gotha (1875)*:

> Entre a sociedade capitalista e a sociedade comunista existe o período de transformação revolucionária de uma na outra. A este corresponde também um período político de transição, cujo Estado não pode ser outro senão a *ditadura revolucionária do proletariado*. (ibidem, p.970)

A extinção do Estado

Como aparece na carta a Weydemeyer, o tema da ditadura do proletariado está intimamente ligado ao da extinção do Estado. Todos os Estados que existiram sempre foram ditaduras de uma classe. A esta regra não faz exceção o Estado em que o proletariado se torna classe dominante; mas, diferentemente das ditaduras das outras classes, que sempre foram ditaduras de uma minoria de opressores sobre uma maioria de oprimidos, a ditadura do proletariado, enquanto ditadura da enorme maioria dos oprimidos sobre uma minoria de opressores destinada a desaparecer, ainda é uma forma de Estado mas, por ter como objetivo a eliminação do antagonismo das classes, tende à gradual extinção daquele instrumento de domínio de classe que é precisamente o Estado. O primeiro aceno ao desaparecimento do Estado encontra-se na última página da *Miséria da filosofia*:

> A classe trabalhadora substituirá, no curso de seu desenvolvimento, a antiga sociedade civil por uma associação que excluirá as classes e seu antagonismo, e então não existirá mais poder político propriamente dito. (Marx, 1950a, p.140)

O *Manifesto* inclui o tema do desaparecimento do Estado no próprio programa:

> Se na luta contra a burguesia o proletariado é forçado a se organizar como classe, se mediante uma revolução se transforma em classe dominante e como classe dominante suprime violentamente as antigas relações de produção, então suprime também, juntamente com essas relações de produção, as condições de existência dos antagonismos de classe, as classes em geral e, com isso, seu próprio domínio de classe. (Marx & Engels, 1966b, p.314-5)

A análise que Marx faz em *A guerra civil na França* da nova forma de governo da Comuna mostra que ele antevê sua novidade em relação às demais formas de domínio anteriores precisamente no fato de que ela contém em germe as condições para o gradual desaparecimento do Estado como mero instrumento de repressão: a Comuna foi "uma forma política fundamentalmente aberta, ao passo que todas as precedentes formas de governo haviam sido unilateralmente repressivas" (ibidem, p.911-2). O Estado em que a classe dominante é o proletariado não é portanto um Estado como os demais, porque está destinado a ser o último Estado: é um Estado de "transição" para a sociedade sem Estado. É um Estado diferente de todos os demais, porque não se limita a se apoderar do Estado existente mas cria a partir dele um novo Estado, tão novo que põe as condições para o fim de todos os Estados. O Estado de transição, em suma, caracteriza-se por dois elementos distintos que não podem ser confundidos: apesar de destruir o Estado burguês anterior, não destrói o Estado como tal; todavia, ao construir um Estado novo, já lança as bases da sociedade sem Estado.

Estas duas características servem para distinguir a teoria de Marx, de um lado, da teoria social-democrática e, de outro, da teoria anárquica. A primeira sustenta que a tarefa do movimento operário é a de conquistar o Estado (burguês) a partir de seu interior, não a de "despedaçá-lo"; a segunda sustenta que é possível destruir o Estado como tal sem passar pelo Estado de transição. Contra a teoria social-democrática, Marx sustenta, ao contrário, que o Estado burguês não pode ser conquistado mas tem primeiro de ser destruído; contra a teoria anárquica, sustenta que o que deve ser destruído não é o Estado *tout court,* mas precisamente o Estado burguês, porque o Estado como tal, uma vez destruído o Estado burguês, está destinado à extinção. Mantendo separados os dois momentos dialeticamente unidos da supressão e da superação, pode-se dizer que a supressão do Estado burguês não é a supressão do Estado mas é a condição para a sua superação. E é por isso que o Estado burguês tem de ser em um primeiro momento suprimido, diferentemente do que sustentam os social-democratas, para em um segundo momento, diferentemente do que sustentam os anarquistas, poder ser superado.

8
Marxismo e ciências sociais*

1. Inicio minha conferência recordando as palavras introdutórias de Franco Leonardi. De fato, era previsível que um discurso sobre marxismo e ciências sociais devesse inevitavelmente começar com as perguntas: "Qual marxismo? Quais ciências sociais?". Não há dúvida de que os dois termos da relação são não somente ambíguos (não parece exagerado dizer que uma vez dobrada a férrea ortodoxia do período staliniano passaram a existir diferentes tipos de marxismos e de marxistas) como também heterogêneos (enquanto "ismo", o marxismo é uma concepção do mundo, ao passo que por "ciências sociais" enten-

---

* Publicado inicialmente em Bobbio, 1974a, p.505-39.

Conferência introdutória do seminário *Ciências sociais e marxismo*, realizado em Catania, 18-20 dez. 1972, organizado pela Faculdade de Ciências Políticas da Universidade de Catania e pelo Instituto sobre Problemas Sociais do Desenvolvimento (ISVI). O seminário estava dividido em três sessões dedicadas respectivamente a "Ciências sociológicas e marxismo", "Ciências econômicas e marxismo" e "Ciências históricas e marxismo". Bobbio abriu os trabalhos da primeira sessão. As atas do seminário jamais foram publicadas. (N.E. It.)

de-se um conjunto de operações intelectuais que pretendem ser caracterizadas exclusivamente pelo método e pelo objeto). Além disto, ainda que fosse claro o significado dos dois termos, a relação entre eles, para quem tenha alguma familiaridade com o debate contemporâneo entre marxistas e sociólogos, pode ser entendida ao menos de três modos diversos: (1) o marxismo é uma das ciências sociais ou é a ciência social por excelência?; (2) qual é a influência do marxismo entendido como concepção global da sociedade ou como filosofia da história sobre o desenvolvimento das ciências sociais?; (3) qual é a relação entre o marxismo como conjunto de hipóteses, de dados, de sugestões metodológicas de algum modo conectadas com o conhecimento das sociedades humanas e aquelas disciplinas às quais é habitual e oficialmente dado o nome de "ciências sociais", cuja matriz é a sociologia, que se foi difundindo e se institucionalizando nos Estados Unidos no correr dos últimos cinquenta anos?

Digo logo que entendi o tema que nos foi submetido neste terceiro sentido, e que portanto minha conferência versará sobre a relação – que é como todos sabem uma relação polêmica entre marxismo e ciências sociais, entendida concretamente como relação entre aqueles que se remetem de um modo ou de outro a Marx e portanto dão por resolvido que não se pode fazer ciência social ou que não pode existir sociologia, economia ou ciência política como ciências sem que sejam marxistas, e aqueles que se professam cientistas sociais e nada mais, e que portanto consideram que o marxismo é uma filosofia e, como tal, é irredutível às regras que presidem o agir científico. Considero supérfluo advertir que ao descrever e ilustrar esta relação levo em consideração, mediante uma operação que considero metodologicamente correta de abstração e de esquematização de uma realidade muito complexa e fugidia em todas as suas dimensões, os dois casos extremos do marxista que refuta as ciências sociais tal como vieram se desenvolvendo nestes últimos cinquenta anos nas universidades da Europa ocidental e dos Estados Unidos, e do cientista social que refuta o marxismo em todas as suas encarnações, ou seja, examino a relação entre marxismo e ciências sociais como relação de contraposição teorética e de conflito prático. Já que todos sabemos que a realidade é sempre mais complexa do que qualquer abstração, por mais necessária que seja, especialmente em uma conferência introdutória como a minha, não preciso acrescentar que em muitos casos as frentes inimigas não estão muito bem delimitadas e com frequência se interpenetram, dando lugar a situações em que o mesmo autor combate simultaneamente nas duas frentes ou combate apenas na frente interna como se ela fosse a frente externa. Para dar um exemplo, Wright Mills conduziu uma grande batalha contra a sociologia de seu país mas também critica o marxismo. Popper é um ardoroso antimarxista mas não aceita o empirismo no campo da teoria da sociedade; a polêmica de Althusser volta-se exclusivamente contra outros marxistas; a sociologia reflexiva de Gouldner é principalmente antiparsoniana sem por isso ser marxista. E seria possível continuar.

Indo agora ao núcleo central da minha conferência, ainda estabeleço uma premissa: desde que a relação entre marxismo e ciências sociais, assim como a entendo, é uma relação complexa, acreditei ser oportuno distinguir os diferentes níveis sobre os quais se baseia o contraste, para mostrar que o contraste se apresenta em formas distintas segundo o nível em que se põe, tanto que não deveríamos falar de um único contraste mas de diversas formas de contraste que não se reduzem uma à outra. O primeiro passo para empreender uma discussão frutífera, como a que deverá ser feita no presente seminário, é o de não misturar aquilo que não deve ser misturado, não desarticular o inarticulado. Distingo assim quatro níveis de contraste, advertindo desde já que eles poderiam também ser cinco ou mais e que a minha distinção é exemplificativa e não taxativa. Meus quatro níveis são: o nível epistemológico, o nível ontológico, o nível metodológico e o nível ideológico. Para me explicar em poucas palavras, entendo por nível epistemológico o nível em que o choque entre marxistas e sociólogos ocorre por efeito da distinta *teoria geral da ciência* que eles respectivamente seguem; por nível ontológico, aquele em que o choque ocorre por efeito da distinta *teoria geral da sociedade* defendida respectivamente por uns e outros; por nível metodológico, aquele em que o contraste se revela no distinto modo de entender e de praticar o *método* de pesquisa; por nível axiológico, aquele que revela o contraste do sistema de *valores,* em uma palavra, das ideologias professadas por uns e outros, conscientemente ou não. Em minha opinião, a relevância desta distinção mostra-se com bastante clareza tão logo se atente para o fato de que, do ponto de vista do marxismo enquanto crítica das ciências sociais, a cada nível corresponde um diferente alvo. No nível epistemológico, o alvo a ser atingido é o neopositivismo (ou positivismo lógico); no segundo nível, o funcionalismo especialmente na versão parsoniana; no terceiro, o método das ciências empíricas contraposto ao método dialético; no quarto, o sistema de valores "burgueses" com seus conexos mitos do individualismo, do economicismo, do liberalismo etc. Quero dizer, em resumo, que marxismo e ciências sociais têm mostrado, ao menos até agora, quatro motivos para não estarem de acordo, ou melhor, para se proporem como modelos exaustivos e exclusivos de teoria social: uma distinta epistemologia, uma distinta concepção da sociedade em geral, um distinto método e um distinto sistema de valores. Aos quatro alvos, isto é, às quatro formas assumidas pela ciência social a ser combatida aos olhos dos marxistas, podem ser associadas quatro dimensões distintas do marxismo: enquanto contraposto à teoria da ciência própria do neopositivismo que refuta qualquer compromisso com a prática política, o marxismo se apresenta como filosofia da práxis; enquanto contraposto à teoria estrutural-funcionalista da sociedade, e portanto enquanto proposta de uma teoria global da sociedade e de seu desenvolvimento histórico, apresenta-se na forma de materialismo histórico; enquanto contraposto à metodologia das ciências empíricas que desco-

Nem com Marx, nem contra Marx

nhecem os benefícios da dialética, apresenta-se como teoria dialética da sociedade (ou, caso se prefira, usando uma expressão hoje um pouco desacreditada, como materialismo dialético); enquanto contraposto ao sistema de valores próprios da sociedade capitalista tendente ao tecnocratismo, isto é, como ideologia, é a teoria do comunismo, ou seja, apresenta-se como proposta de uma nova sociedade, não somente na sua dimensão descritivo-analítica e simultaneamente explicativo-predicativa, mas também na sua dimensão desiderativo-prescritiva.

Com base nessas premissas, minha conferência será dividida em duas partes: a primeira, de caráter geral, analisa brevemente os quatro níveis introduzindo algumas ulteriores determinações, ao passo que a segunda, de caráter especial, propõe-se a encontrar os pontos de contraste, examinando e confrontando entre si duas obras particularmente representativas de uma e de outra orientação escolhidas entre aquelas que são mais difundidas em nossas universidades. A razão desta segunda parte apoia-se na convicção de que os discursos gerais devem ser sempre confrontados com os fatos. É utilíssimo expor em abstrato os pontos de contraste entre marxismo e ciências sociais, mas terá problemas aquele que não souber descer do céu das abstrações aos fenômenos concretos. Neste caso, os fenômenos concretos são as próprias obras de autores que se professam eles mesmos marxistas ou não marxistas. Para além de suas respectivas profissões de fé e declarações de princípio, quais são, onde estão e em que consistem as diferenças efetivas na proposição deste ou daquele problema, na derivação deste ou daquele resultado? Abrindo passagem entre as cortinas de fumaça das disputas puramente verbais em torno dos "princípios", procuremos ler os textos e levar em conta mais a realidade que as boas intenções. Não revelo um segredo se digo que cheguei aos quatro níveis porque parti do exame específico de dois livros, que utilizava para preparar minhas aulas de ciência política: destes livros, um é tão paradigmático da ciência política americana quanto o outro é paradigmático da ciência política marxista. Como sempre ocorre, também aqui o procedimento expositivo é o inverso do procedimento inventivo. Ao passo que o segundo seguiu a via que vai do concreto ao abstrato, o primeiro segue a via inversa, que do abstrato volta ao concreto. No procedimento do concreto-abstrato-concreto, tão caro aos marxistas, não há rigorosamente nada de misterioso.

2. No primeiro nível, como disse, marxistas e sociólogos se chocam sobre a teoria geral da ciência. O que está em questão da parte dos marxistas é a teoria da ciência dos positivistas lógicos. Creio que tal choque ocorra essencialmente em torno dos seguintes três pontos:

a) Acima de tudo, deve-se perguntar se é possível e pensável para um marxista uma teoria geral da ciência, assim como é possível e pensável para um neopositivista. Na mente de um marxista, provavelmente uma teoria geral da ciência, tal como a que é proposta pelos neopositivistas, depara-se com a objeção de ser uma abstração genérica, e não uma abstração determinada. Se é verdade, como diz Korsch, que "o primeiro princípio fundamental da nova e revolucionária ciência da sociedade é o princípio da *especificação histórica* de todas as relações sociais" (Korsch, 1969, p.11), isto é, para falar com outras palavras, a crítica da eternização de categorias que são históricas e como tais, por definição, não eternas, então não há motivos para que não se considere que esta crítica também valha para a categoria "ciência". Mas se isso é verdadeiro, não é possível nem pensável para um marxista uma teoria geral da ciência, assim como não é possível nem pensável uma teoria geral da economia. Prova disso é o uso de expressões como "ciência burguesa" ou "proletária", "do proletariado" ou "da classe operária", que soam desagradáveis a ouvidos não marxistas. Para o neopositivista, ao contrário, uma teoria geral da ciência não é somente possível: ele acredita que a única teoria geral da ciência possível é a que ele mesmo elabora. Para o neopositivista, a ciência é um conjunto de procedimentos e de regras técnicas das quais se devem descobrir as características e determinar os objetivos e cujo uso é absolutamente independente das condições históricas e do sujeito que as utiliza. Em poucas palavras, a ciência é uma categoria "eterna".

b) Consequência desta concepção geral da ciência é um dos traços mais característicos da epistemologia neopositivista: a consideração unitária das ciências, que implica a não distinção entre ciências naturais e ciências sociais ou humanas. Se alguma distinção entre os vários tipos de ciências é introduzida pela epistemologia neopositivista, esta não é a distinção entre ciências naturais e ciências sociais, mas, quando muito, a distinção entre ciências formais e ciências empíricas. Para serem consideradas ciências, as ciências sociais devem tornar-se ciências empíricas, seguindo o exemplo das mais avançadas ciências naturais. Daqui derivou a principal tendência das ciências sociais contemporâneas a considerar como objeto exclusivo de estudo o comportamento (behaviorismo), com a consequente extensão da aplicação dos métodos quantitativos à análise dos fatos sociais, extensão que caracterizou e ainda caracteriza os estudos sociológicos que pretendem ser reconhecidos e apreciados como "científicos". Sobre este tema, a orientação da epistemologia marxista é diametralmente oposta: tende a distinguir as ciências sociais das ciências naturais, a rejeitar a aplicação *sic et simpliciter* dos métodos e dos procedimentos próprios das ciências naturais às ciências sociais, as quais têm de lidar com o mundo histórico, que é um produto do homem. Também neste campo, quando visto em confronto com as teses mais extremas do neopositivismo, o marxismo alcança posições tradicionalmente tidas como idealistas. Cito uma passagem do *Positivismusstreit*, de Adorno, recentemente traduzido em italiano (1969), que representa exemplarmente e por assim dizer antecipa sob muitos aspectos o nosso debate:

O positivismo considera a sociologia uma ciência entre outras e acredita, a partir de Comte, que os métodos consagrados nas ciências mais antigas, sobretudo naquelas da natureza, possam ser sem mais aplicados à sociologia. Esta concepção é falsa.

A razão adotada por Adorno, posteriormente repetida em milhares de variações semelhantes por escritores que se professam marxistas, é que, diferentemente das ciências naturais, nas quais a distinção entre o objeto e o sujeito é clara, no estudo da sociedade, esta, a sociedade, é ao mesmo tempo o objeto e o sujeito. Desta diferença, insiste Adorno,

> o positivismo não tem a mínima percepção. Ele trata com desenvoltura a sociedade, que é potencialmente o sujeito que determina a si mesmo, como se fosse simplesmente um objeto que, como tal, deve ser determinado a partir do exterior. Ele objetiviza, ao pé da letra, aquilo que por sua parte é a causa da objetivização e à base da qual a objetivização deve ser explicada. Tal substituição da sociedade como sujeito pela sociedade como objeto constitui a ciência reificada da sociologia. (ibidem, p.45)

Poder-se-ia talvez dizer mais claramente, com outras palavras, que a sociologia está envolvida na sociedade que ela estuda, ao passo que a ciência da natureza não está envolvida na natureza: envolvida, digo, no sentido de que toda pesquisa social inclui ou implica, quase sempre, a menos que seja uma pesquisa parcial sobre um pequeno campo socialmente pouco relevante, um projeto social (seja ele um projeto de reforma, de conservação ou de revolução), ao passo que a ciência da natureza não inclui nem implica, por uma impossibilidade objetiva, um projeto natural (isto é, um projeto de reforma, de conservação ou de revolução da natureza). A renúncia a um projeto deste gênero representa, na história das ciências naturais, a passagem da magia à ciência. Outro problema que costuma ser erroneamente confundido com o precedente é o que se refere à ciência enquanto fato social ou, em termos marxianos, uma "força produtiva". Deste ponto de vista, isto é, do ponto de vista da ciência como fato social ou como força produtiva, não há, ao contrário, qualquer diferença entre ciências naturais e ciências sociais. Tanto as primeiras quanto as segundas oferecem seus serviços ao poder constituído ou constituinte, o qual disso se serve para seus próprios objetivos: para a oferta e para a prestação daqueles serviços que vão do desenvolvimento da tecnologia à manipulação psicológica, e amanhã, quem sabe, também biológica, dos seres vivos, concorrem hoje todas as ciências sem qualquer distinção. Deve-se também dizer que este problema – o problema, repito, da relação entre ciência e poder – não é mais um problema epistemológico, mas sim um problema político ou ético: diz respeito, portanto, não à lógica da ciência, mas, por um lado, à estrutura do poder e, por outro, à ética do cientista.

c) Estreitamente ligado ao problema da maior ou menor redutibilidade das ciências sociais às ciências naturais é o problema da não valoração, sobre o qual me detenho a contragosto, tantas foram as palavras inúteis e obscuras que a esse respeito foram proferidas desordenada e passionalmente nos últimos anos. Pode-se compreender que se as ciências sociais pretendem ser ciências somente quando seguem os passos das ciências naturais, quando imitam em tudo as ciências que estudam em laboratório, com instrumentos de precisão que tendem a eliminar toda intervenção do sujeito que conhece, um objeto moral ou politicamente indiferente como podem ser um protozoário ou um fio de grama, elas devem considerar a absoluta abstinência de juízos de valor como um requisito da sua cientificidade. Para dar um exemplo clamoroso, no *Tratado de sociologia geral* Pareto persegue simultaneamente, como se tratasse da mesma coisa, dois objetivos: o da redução de toda forma de saber científico e portanto também da sociologia, na medida em que aspira a se tornar ciência, à única forma legítima de saber que é para ele aquela das ciências lógico-experimentais, e o da total neutralidade e portanto da total ausência de valor prescritivo das (pretensas) descobertas a que ele chega adotando escrupulosamente o método lógico-experimental. Em suma, para quem, como Pareto, acredita que o único modo de fazer do saber sociológico, uma forma de saber científico, seja o de aplicar também a ele os métodos mais avançados das ciências da natureza, o cientista social deve assumir diante do próprio objeto a mesma postura de neutralidade ou de indiferença que assume o astrônomo diante das estrelas, ou o entomólogo diante do formigueiro. Os marxistas, ao contrário, seja qual for o posicionamento de cada um no vasto e articulado território do marxismo contemporâneo, estão de acordo em criticar e refutar a não valoração, e fizeram desta crítica e desta refutação a sua bandeira. Alguns porque consideram que a não valoração nas ciências sociais não seja possível, no sentido de que, diferentemente do físico, do químico ou do biólogo, o sociólogo, o economista ou o cientista político participam emocionalmente, isto é, com toda a "faculdade de desejar", nos eventuais resultados de suas pesquisas; outros porque consideram que a não valoração, ainda que fosse possível, não seria desejável, porque esteriliza a pesquisa e deforma o papel do pesquisador, que não é somente o de contemplar a sociedade, mas também o de intervir para modificá-la (e para intervir são necessárias tomadas de posição que orientem a pesquisa mais em uma direção que em outra).

3. No segundo nível, o choque entre cientistas sociais e marxistas ocorre no terreno da teoria geral da sociedade. Da parte dos marxistas, o alvo não é mais o modo de conceber a ciência próprio dos sociólogos e dos demais cientistas sociais, mas o modo de conceber a sociedade em seu conjunto. Sob este aspecto, o grande inimigo é Parsons e o parsonianismo, no qual se vê o exemplo típico de uma teoria geral da sociedade oposta à marxiana e marxista. Como cada um de nós já leu não sei quantas páginas de antiparsonianismo marxista, tanto quanto, aliás, de páginas parsonianas, escritas por sociólogos neófitos, passo rapidamente por este ponto, distinguindo-o também, para maior clareza, em três argumentos distintos. O que me interessa sublinhar para os objetivos de meu discurso é que esta nova forma de contraste entre marxismo e ciências sociais não tem mais nada a ver com a crítica antipositivista.

a) Ao passo que a teoria parsoniana da sociedade é dominada pelo tema hobbesiano da ordem, a marxista é dominada pelo tema da ruptura da ordem, e portanto da passagem de uma ordem a outra, de uma forma de produção a outra, mediante a explosão das contradições internas do sistema, de modo particular da contradição entre formas produtivas e relações de produção. Com uma certa simplificação foi dito e repetido que, ao passo que a sociologia de Parsons se preocupa principalmente com o problema da conservação social, a de Marx está interessada sobretudo no problema da mudança social. Ou, para dizer melhor: as mudanças de que se ocupa principalmente Parsons são as que ocorrem no interior do sistema e que o sistema tem a capacidade de absorver, ou seja, de tornar não catastróficas mediante pequenos ajustamentos previstos pelo próprio mecanismo do sistema global. Marx, ao contrário, observa atentamente, analisa, descreve, prevê a grande mudança, a que colocará necessariamente em crise o sistema e fará que a história dos homens passe a uma nova fase de desenvolvimento social. O ponto de vista a partir do qual Parsons observa os problemas da sociedade global é o do equilíbrio, e portanto da conservação; o ponto de vista de Marx é o do desequilíbrio, e portanto da transformação.

b) Completamente diversos são também os modos empregados por Parsons e pelo marxismo (em todas as suas formas) na individuação e na repartição dos subsistemas do sistema social. A concepção marxiana da sociedade distingue em toda sociedade histórica (ou pelo menos em toda sociedade evoluída) dois momentos, que não são postos, com respeito à sua força de determinação e à sua capacidade de influenciar o desenvolvimento do sistema e a passagem de um sistema a outro, sob o mesmo plano: a estrutura e a superestrutura. O momento estrutural, que compreende as relações econômicas, é o momento determinante, ainda que segundo algumas interpretações nem sempre seja o momento dominante. E é tão determinante que todo sistema social historicamente relevante é distinguido a partir da forma de produção que lhe é própria. O sistema de Parsons, ao contrário, é diferenciado em quatro subsistemas (*patter-maintenance, goal-attainment, adaptation, integration*), caracterizados pelas respectivas funções igualmente essenciais que desempenham com a finalidade de conservar o equilíbrio social, donde serem reciprocamente interdependentes. É verdade que na interpretação não mecanicista da teoria marxiana, tal como veio se desenvolvendo no debate sobre os textos canônicos, a começar de alguns célebres esclarecimentos feitos por Engels, também a relação entre estrutura e superestrutura é uma relação de ação recíproca, em outras palavras, de interdependência, mas resta inalterado que a estrutura econômica é determinante "em última instância". Se, no sistema de Parsons, podemos encontrar um subsistema a que é atribuída uma força determinante em última instância, independentemente das declarações explícitas do autor, este não é o sistema econômico mas o sistema cultural, porque a máxima força coesiva do grupo social é dada pela adesão aos valores e às normas estabelecidas, através do processo de socialização de um lado (interiorização dos valores coletivos) e do controle social do outro (observância das normas que regulam a generalidade dos comportamentos). A importância que Parsons atribui ao subsistema cultural depende, de resto, do ponto de vista de que ele se coloca para elaborar uma teoria global do sistema social, que é, como já se disse, um ponto de vista da ordem, donde ser relevante a pesquisa dos elementos do sistema que servem à manutenção da ordem (ou seja, daqueles elementos que há um tempo teriam sido resumidos na categoria do "consenso"). Ao contrário, o problema de Marx havia sido o da crise, que ele considerava mais iminente do que fosse na realidade, da velha ordem, ou da contraposição entre uma ordem destinada a acabar e a nova ordem que a deveria suceder: a importância dada à estrutura econômica derivava do fato de que ele considerava ter apreendido da história antiga e moderna que as crises dos sistemas sociais (e a última delas, pela sequência temporal, a crise do sistema feudal, era uma prova exuberante disso) seriam sempre o efeito de modificações fundamentais nas relações econômicas. (Não será despropositado observar que enquanto Marx e toda a esquerda hegeliana haviam começado a escrever a partir da revolução francesa, interpretada como a grande fratura entre o velho mundo e o novo, os sociólogos americanos escrevem no contexto social e histórico de um sistema que conserva a maior parte das formas estruturais com que nasceu, e que depois da guerra civil se desenvolveu por cerca de um século sem modificações bruscas, a ponto de tornar imprevisível uma ruptura de tipo revolucionário.)

c) Segundo um lugar-comum da história do pensamento sociológico, a grande dicotomia que a caracteriza é a distinção entre sistemas integracionistas e sistemas conflitualistas, isto é, entre sistemas que privilegiam o momento da coesão social e sistemas que privilegiam o momento do antagonismo. Seria difícil encontrar na história do pensamento sociológico dois protótipos mais puros desta grande dicotomia do que, respectivamente, o sistema parsoniano e o sistema marxiano. Em certo sentido, a concepção parsoniana da sociedade é análoga àquela contra a qual se batia Marx, que era a concepção da economia clássica, segundo a qual a sociedade civil, não obstante os conflitos que a atravessavam, obedecia a uma espécie de harmonia preestabelecida (a célebre "mão invisível" de Smith). Ainda que Parsons não aceite o utilitarismo da teoria econômica clássica e a substitua por uma teoria do equilíbrio social, mais complexa, na qual entram em função os valores e as normas (como se disse, o sistema cultural), a ideia geral é a mesma. Trata-se sempre de construir um modelo de equilíbrio ou de substituir um modelo de equilíbrio por outro.

Tais coisas sobejamente conhecidas são aqui mais uma vez repetidas unicamente para mostrar a polivalência da relação entre o marxismo e as ciências sociais. Com respeito à teoria geral da sociedade, o contraste não tem nada mais a ver com aquele a que me referi precedentemente. Lá o alvo era a concepção neopositivista da ciência, aqui é a concepção parsoniana da sociedade. Pode-se ser neopositivista em teoria da ciência sem se ser parsoniano na teoria da sociedade, e vice-versa: razão pela qual os instrumentos críticos que valem em um caso não valem no outro. Trata-se, em suma, de ter presente que o problema das relações entre marxismo e ciências sociais não pode ser sequer proposto se antes não se põe uma questão preliminar: de que tipo de relação queremos falar?

4. No terceiro nível, aquele que associei ao método, a cena muda mais uma vez. Aqui, o alvo dos marxistas não é mais o neopositivismo, não é mais o estrutural-funcionalismo, mas o conjunto dos procedimentos e das regras a partir das quais a sociologia e as disciplinas afins constituíram-se ou pretenderam constituir-se como ciências. Também aqui distinguirei três pontos mais específicos. À metodologia das ciências sociais os marxistas de fato dirigem três críticas fundamentais: (a) de conduzir a generalizações excessivas, que não levam em conta as determinações históricas concretas, isto é, aquela que, segundo a conhecida expressão usada por Marx na crítica à filosofia de Hegel, é a "lógica específica do objeto específico"; (b) de não possuir os instrumentos adequados para compreender os "saltos qualitativos" no movimento histórico, e portanto de simplificar a história em uma concepção do desenvolvimento linear e necessariamente predeterminado, exorcizando com isso o espectro das revoluções; (c) de não ter ideia alguma da dialética. Estas três acusações, ainda que conexas, têm uma distinta direção: a primeira é um aspecto da grande controvérsia que opõe o historicismo ao sociologismo (acusado precisamente de ser a-histórico); a segunda visa à crítica (ao desmascaramento) de toda teoria evolucionista (que sempre foi, de Comte a Spencer, um caráter peculiar da filosofia positivista da história); a terceira, que é, em meu juízo, a mais importante e sobre a qual pretendo deter-me com maior atenção, tende a pôr em evidência o defeito de compreensão histórica que está subjacente a toda pesquisa que não faça uso do conceito de "totalidade". O fato de que neste terceiro nível a cena mude não quer dizer que a comédia não seja sempre a mesma: em um certo sentido, o contraste sobre o método nos seus diversos aspectos acaba por incluir os outros dois, aquele em nível epistemológico e aquele em nível ontológico. A refutação do método lógico-empírico próprio da sociologia americanizante por parte dos vários gêneros de marxismo vincula-se tanto à diversa concepção de ciência, que examinamos a propósito do primeiro nível, quanto à diversa concepção de sociedade examinada a propósito do segundo nível. É um fato que a teoria neopositivista da ciência não conhece outra lógica que não a lógica formal nem outros procedimentos heurísticos que não os das ciências empíricas, que não atribuem qualquer *status* lógico à assim chamada lógica dialética. Também é um fato que a teoria sociológica de tipo parsoniano não é uma teoria nem historicamente específica (pretende valer mais ou menos para todas as sociedades), nem antievolucionista (não leva em conta as modificações extrassistêmicas, mas somente aquelas intrassistêmicas), nem dialética (despreza as contradições como fatores de desenvolvimento).

Considero mais de perto estes três pontos.

a) O método próprio das ciências empíricas é o da abstração genérica que conduziria inevitavelmente, segundo o ponto de vista historicista ao qual todas as escolas marxistas permaneceram fiéis, a generalizações tão vazias de qualquer referência histórica determinada que poderiam ser boas para todos os tempos e para todas as sociedades. Ao passo que o marxista procede do concreto ao abstrato para descer novamente ao concreto segundo a tríade marxiana concreto-abstrato-concreto, o empirista vai do concreto ao abstrato, ao sempre mais abstrato, de onde não volta mais a descer ao concreto. Não considero oportuno deter-me muito neste ponto porque, de um lado, não me parece que os marxistas digam algo diferente do que os historiadores sempre contestaram nos sociólogos, aos quais opõem o método individualizante da história ao método generalizante das ciências sociais, fato pelo qual vejo aqui, mais que o contraste entre marxismo e ciências sociais, o contraste mais geral entre historicismo e sociologismo; e porque, de outro lado, a acusação não me parece muito fundamentada. De fato, não é essencial ao método lógico-empírico o procedimento que leva à abstração genérica. Aquilo que muitas vezes leva a este procedimento (desprezível) é o mau uso do método, isto é, a formulação de generalizações à base de dados insuficientes. Sabe-se que a extensão de um conceito é tão mais ampla (e portanto infecunda) quanto mais pobre é a sua intensidade, isto é, quanto mais a sua denotação está constituída de poucos elementos; e não é menos verdade que a pobreza da denotação depende quase sempre da escassez dos dados à disposição.

b) Uma tese comum a todas as correntes do marxismo é que o evolucionismo das teorias sociológicas de derivação positivista esteja de algum modo conectado ao método formal-empírico de que se servem, ou seja, a um método que lhes tolhe a possibilidade de dar conta das contradições que no limite levam o sistema à ruptura. Acusadas de ter elaborado teorias estáticas da sociedade (o que não é inteiramente verdadeiro, se se pensa na grande filosofia positivista que esboçou algumas linhas fundamentais do desenvolvimento histórico, fato que ninguém até hoje pode se permitir desconsiderar), as ciências sociais contemporâneas teriam descoberto o conceito de desenvolvimento (e correlativamente o de subdesenvolvimento); mas, assim como o entenderam, o desenvolvimento seria sempre um processo gradual, que parece feito de propósito para deixar escapar a modificação radical, a passagem de um sistema a outro não por meio de graduais ajustamentos mas mediante um processo violento de tipo revolucionário. Neste sentido, as ciências sociais revelariam um forte conteúdo ideológico: não compreendem os processos revolucionários porque não os desejam (e onde quer que viessem a existir, elas os combateriam). Uma teoria evolucionista da sociedade oculta uma ideologia conservadora ou moderadamente reformista.

c) Não é por certo este o local para discutir o problema da dialética, que eu, não de hoje, considero um dos nós não resolvidos da filosofia contemporânea. Acredito não estar fazendo uma afirmação provocativa ao dizer que por dialética costuma-se entender as coisas mais diversas e quase todas pouco claras, a começar do conceito de "contradição", cujo sentido muda conforme os autores que o usam e os contextos a que está referido. Para não me dispersar demais em um discurso como este, que é mais exemplificativo que exaustivo, refiro-me ao ponto de maior atrito no "discurso sobre o método" entre sociólogos não marxistas e marxistas sociólogos: o tema da "totalidade", que se converteu no cavalo de batalha da Escola de Frankfurt mas que, em sua formulação teórica mais conhecida e mais reconhecida, remonta, como todos sabem, ao primeiro Lukács. O nexo entre método dialético e categoria da totalidade foi teorizado por Lukács nos ensaios de *História e consciência de classe* (e a Lukács, nem é preciso dizer, remonta também a distinção entre ciências naturais e ciências sociais, sobre a qual já chamei a atenção). Cito da tradução italiana:

> Somente operando esta conexão, na qual os fatos singulares da vida social são integrados em uma *totalidade* como momentos do desenvolvimento histórico, torna-se possível um conhecimento dos fatos como conhecimento da realidade. (Lukács, 1971, p.12)

Pouco mais adiante:

> Esta consideração dialética da totalidade, que em aparência se afasta tão claramente da realidade imediata, que em aparência cons-

trói a realidade de modo tão "não científico", é o único método para apreender a realidade e reproduzi-la no pensamento. A totalidade concreta é assim a categoria autêntica da realidade. (ibidem, p.14)

Fora, portanto, da compreensão da totalidade concreta e consequentemente do uso do método dialético que disso seria o único instrumento legítimo, há somente o falso saber, o saber aparente ou da aparência no qual se perdem o empirismo e o marxismo vulgar. "Somente a consideração da totalidade, própria do método dialético, revela-se como conhecimento da realidade do acontecer social" (ibidem, p.20). E ainda:

> O contraste entre descrição de um aspecto parcial da história e descrição da história como processo unitário não é porém uma diferença de âmbito, como no caso da história particular e universal, mas um contraste de método, um contraste de pontos de vista. A questão de uma compreensão unitária do processo histórico emerge necessariamente no tratamento de cada época, de cada âmbito parcial de pesquisa etc. Mostra-se aqui a importância decisiva da consideração dialética da totalidade. (ibidem, p.17)

O contraste entre empiristas e dialéticos, com respeito ao uso ou ao não uso, ao uso e ao abuso, do conceito de totalidade está no centro do *Positivismusstreit* dos nossos dias. Precisamente por efeito do empirismo, que vê ameaça de renascimento da metafísica em toda teoria muito geral (cujas proposições não são verificáveis) e vislumbra o desprezível retorno da presunçosa filosofia da história de tipo comtiano ou spenceriano em todo esforço para traçar as linhas gerais do desenvolvimento das sociedades humanas, a sociologia empírica teria acabado – segundo a crítica dos adornianos – por promover pesquisas sempre mais reduzidas e portanto sempre mais insignificantes, em campos sempre mais restritos e portanto sempre mais pobres de função explicativa e preditiva. Teria empenhado sua própria audácia, quando muito, na elaboração de teorias de médio alcance. Mas se deteve diante de qualquer tentativa de construir uma teoria global da sociedade. Enquanto ciência empírica, e pelo fato de estar convencida de que a ciência ou é empírica ou não é ciência, a sociologia escolástica teria feito da proibição de se aventurar no território do inverificável seu próprio tabu. A acusação que os adornianos dirigem ao empirismo em nome de uma concepção totalizante da história, que deriva mais de Hegel que de Marx ou se tanto de um Marx hegelianizado, é a de que quem não consegue ver o todo não consegue também ver as partes, desde que uma parte somente existe enquanto parte de um todo. Uma citação entre tantas, que extraio do instrutivo debate entre Adorno e Habermas, de um lado, e Popper (que, embora não sendo um neopositivista e até mesmo tendo sido durante toda a vida um crítico do neopositivismo, é incluído na crítica) e Albert, de outro:

> Nenhum elemento pode ser compreendido (nem sequer de modo limitado ao seu funcionamento) sem a consideração do todo, que tem sua essência no movimento do próprio singular. *Sistema* e *singularidade* são recíprocos e somente podem ser conhecidos em sua reciprocidade. Até mesmo aquelas ilhas, as formas sociais não atuais, que são as prediletas de uma sociologia que gostaria de se desembaraçar do conceito de sociedade como de um filosofema demasiado espetacular, tornam-se o que são não por si mesmas, mas pela relação com a totalidade dominante da qual derivam. (ibidem, p.128)*

5. Não me parece necessário sublinhar que por trás deste contraste em torno dos três níveis até agora examinados existe um contraste ideológico (aquele que associamos ao quarto nível). Isso fica bastante claro para quem souber ler nas entrelinhas de tudo o que se disse até aqui. Aliás, é provável que o contraste ideológico sirva para que se compreenda melhor os outros três. Por trás da disputa aparentemente teórica em torno do conceito de ciência, da concepção de sociedade e do método existem toma-

---

* Esta citação e as duas subsequentes não são de Lukács, mas dos debates entre Adorno e Habermas e Popper e Albert. Os textos originais podem ser encontrados em: ADORNO, T. et al. *The Positivist Disput in German Sociology*. Translated by Glyn Adey and David Frisby. London: Heinemann, 1976. (N.T.)

das de posição ético-políticas tão fáceis de descobrir quanto difíceis de justificar racionalmente, e ao final irredutíveis a qualquer argumento racional. É sumamente instrutivo assistir à acusação de irracionalismo que as duas partes dirigem uma à outra com a tranquila certeza de que cada uma possui a verdade: de resto, desde que os valores últimos são indemonstráveis, é mais que natural que cada uma veja a presença da não razão na defesa que a outra faz de seus valores (assim como é natural que não consiga ver a não razão na defesa dos próprios valores).

No primeiro nível, o contraste ideológico aparece bem claramente a propósito do tema da valoração: os não valorativos acusam os valorativos de deformar a realidade para fazê-la caminhar de acordo com seus desejos, e de fazer isso precisamente porque, não aceitando o mundo como é, desejam mudá-lo (sem se perguntarem se isso é possível e se, posto que seja possível, o mundo modificado de acordo com seu sistema de valores seria melhor do que o mundo que existe atualmente); os valorativos, por sua parte, acusam os não valorativos de refutar toda tomada de posição unicamente porque estão satisfeitos com o que existe e portanto desejam esconder por trás da fachada de neutralidade uma tomada de posição bem precisa em favor da conservação e contra a mudança. No segundo nível, o contraste entre ideologia da conservação e ideologia da mudança é ainda mais explícito: o interesse pela teoria do equilíbrio social mais que pela teoria do desenvolvimento histórico, ou pela concepção integracionista da sociedade mais que pela teoria conflitualista, é um indício que serve bastante bem para que se compreendam as preferências ético-políticas de quem as sustenta; sem que se tenha de sustentar que este ou aquele sociólogo elaborou uma teoria do equilíbrio social por ser um conservador, pode-se, ainda que com cuidado, afirmar que o fato de ser um conservador ou, pelo menos, de não ser um revolucionário, e portanto de preferir as modificações lentas e graduais em vez das mudanças bruscas e radicais, o orientou a procurar compreender mais os mecanismos com base nos quais um sistema permanece em equilíbrio do que aqueles a partir dos quais cai em crise e se transforma em um sistema completamente distinto. Do lado oposto, o interesse pelos momentos de crise ou de decomposição de um sistema, ou de passagem de um sistema a outro, ou ainda o interesse pelas contradições internas de um sistema, sobretudo se antagonistas, isto é, capazes de levar inevitavelmente à morte do sistema, é um indício igualmente bom para que se perceba a presença de um estado de ânimo de insatisfação diante do presente e uma forte aspiração a uma transformação radical. Também aqui, sem que se tenha de sustentar que este ou aquele sociólogo tenha assumido uma concepção conflitualista da história porque é um revolucionário, pode-se sustentar com fundamento que o fato de acreditar nos benéficos efeitos da revolução o levou a privilegiar, no estudo das sociedades humanas e sobretudo das sociedades atuais, o momento do conflito, da discórdia ou da contradição mais do que o momento do consenso, da harmonia ou da integração, em consideração ao fato de que, se uma modificação radical deve ocorrer, ela não pode ocorrer senão por meio do conflito, da discórdia ou da contradição. Por fim, no terceiro nível, o contraste ideológico entre as duas partes, se talvez fosse menos explícito, não é menos certo. Aos totalizantes (àqueles que defendem o princípio da totalidade), fica claro que a fragmentação e a parcelização da pesquisa social operada por seus adversários é ela mesma o produto da divisão do trabalho em uma sociedade capitalista avançada, e é funcional ao domínio daqueles que lucram com este tipo de organização social precisamente porque, bloqueando a visão do sistema total, permite que se vejam somente os mecanismos intermediários que são racionais com respeito a fins por sua vez intermediários e impede que se apreenda a irracionalidade do todo. Esta crítica que com tanta frequência é repetida também pode ser expressa na seguinte fórmula: na sociologia empírica, o pretenso empirismo teórico caminha *pari passu* com o irracionalismo (ou decisionismo) ético. Do outro lado, os empiristas são profundamente antitotalizantes, porque acreditam que onde se anuncia o espectro da totalidade tem-se um sinal claro de que a metafísica não foi completamente debelada e portanto de que a ciência que procede e deve proceder, se deseja permanecer fiel à sua própria tarefa, mediante regras de conduta bem precisas, das quais a primeira e mais essencial é a da verificabilidade e da falsificabilidade – não pode ter o que fazer com o obscuro e inapreensível conceito de "totalidade", do mesmo modo que o físico nada tem a ver com o conceito de "natureza" ou o biólogo com o conceito de "vida". E como o cientista não pode dizer absolutamente nada a respeito da totalidade, o conceito de totalidade serviria (eis onde se aninha o seu significado ideológico) a fazer passar por cientificamente fundada uma escolha ética que não é de fato mais fundada (cientificamente) do que a escolha oposta.

Concluo com duas citações, uma para cada parte. O marxista para o positivista:

> Núcleo da crítica do positivismo é a consideração de que bloqueia a experiência da totalidade cegamente dominante como o impulso e a aspiração de que as coisas possam mudar [e] não ousa pensar o todo porque deve se desesperar de transformá-lo. (Lukács, 1971, p.82)*

O positivista para o marxista:

> Parece-me que existe uma estreita conexão entre o fato de que tentativas dialéticas de interpretação da realidade em contraste com o positivismo criticado por Habermas não são impopulares nas sociedades totalitárias e o caráter peculiar do pensamento dialético. Uma característica destas formas de pensamento é precisamente que elas se prestam a mascarar como conhecimento, e portanto a legitimar todas as decisões, e isto de um modo que as subtrai tanto quanto possível da discussão. (ibidem, p.128)

E desde que Adorno chamou a primeira postura, falando de Popper, de "otimismo do falso desespero", poder-se-ia chamar a

---

* Ver nota do tradutor na p.185.

segunda de "otimismo da falsa esperança". Como sempre, o melhor modo de se defender é contra-atacando. A fragmentação da pesquisa em numerosos campos separados é o produto da divisão do trabalho da sociedade capitalista, e portanto obedece a uma determinada lógica de dominação? Pois bem, o conceito de totalidade pode terminar por cair diretamente na justificação do totalitarismo, isto é, na justificação de uma outra lógica de dominação, não menos nefasta que a primeira.

Não necessito sublinhar que todo o debate entre marxistas e cientistas sociais está carregado de humores e venenos ideológicos. Quem seguiu o análogo debate havido nestes últimos decênios no âmbito das ciências físicas pôde se dar conta da diferença: este debate é essencialmente de natureza gnoseológica, tanto é verdade que os contendores trocam acusações de intuicionismo ou formalismo, de empirismo ou de apriorismo, ao passo que entre nós o mínimo que pode acontecer é sermos chamados de reacionários ou fascistas, se seguimos uma orientação, e de stalinistas ou comunistas (no senso depreciativo do termo) se seguimos outra. Penso, porém, que um contraste deste gênero é inevitável, ao menos desde quando o cientista social tem ou pretende ter uma concepção global da sociedade. Mas pode não a ter? Este é o ponto ou, caso se prefira, o paradoxo das ciências sociais. É o paradoxo que nasce do contraste entre as exigências da ciência, que é sempre por sua essência particularista, e a exigência, bastante mais forte no âmbito das ciências sociais que no das ciências físicas, de uma visão total da sociedade, que por sua natureza é irredutível aos processos do saber científico. Para mim, o importante é adquirir plena consciência deste paradoxo e parar de procurar pimenta ideológica nos olhos alheios e de não ver as pedras não menos ideológicas que existem nos próprios olhos. Por mais que a fronteira entre ciência e ideologia seja, nas ciências sociais, difícil de ser estabelecida, deve-se entender que não é preciso usar esta dificuldade como pretexto para pôr no ostracismo a pesquisa empírica controlada, que é a única a ter o direito de ser chamada de ciência, e para entregar-se à orgia (que embriaga, atordoa e emburrece) do ideologismo mais desenfreado.

6. Os dois textos que escolhi para uma exemplificação são *Comparative Politics. A Development Approach,* de G. A. Almond e G. B. Powell (1966), que cito a partir da tradução italiana (1970), e *Pouvoir politique et classes sociales,* de N. Poulantzas (1968) (também ele traduzido em italiano, mas que cito a partir do texto francês). Escolhi estes textos porque são quase contemporâneos e porque, uma vez publicados, e especialmente depois de terem sido traduzidos em italiano, tornaram-se os dois livros certamente mais lidos nas faculdades de ciências políticas nos cursos dedicados ao estudo da política, e assumiram e ainda assumem a função de verdadeiros "manuais", e naturalmente porque são extremamente representativos das tendências que procurei ilustrar nas páginas precedentes. Almond e Poulantzas converteram-se em um curto espaço de tempo – por algumas de suas características comuns, como uma certa inventividade conceitual, às vezes apenas terminológica, unida à vocação direcionada até a sofisticação para a "grande teorização" – nos dois prediletos, adulados e admirados (e, claro, também asperamente criticados) representantes, respectivamente, da ciência política americana e da ciência marxista. Mas são precisamente as características comuns, genericamente psicológicas, dos dois autores que dão ainda maior destaque ao contraste de fundo (quero dizer, substantivo) que existe entre as duas obras: contraste que deriva precisamente do fato de que pertencem de modo exemplarmente extremado aos dois tipos de ciência política até aqui considerados. São duas tentativas, repito, exemplares, cada uma em seu próprio âmbito, de esboçar uma verdadeira "teoria geral do Estado". Mas são ao mesmo tempo obras tão diversas na sistematização dos argumentos, na conceitualização, no uso das categorias essenciais, na terminologia, que qualquer tentativa de comparação entre uma e outra parece destinada ao fracasso. O que procuro fazer aqui não é uma comparação, que além do mais seria também inútil, mas uma verificação concreta das várias diferenças e antíteses entre as duas escolas mencionadas nos parágrafos precedentes.

A primeira observação diz respeito ao conhecimento que um tem do outro. Sob este aspecto deve-se reconhecer que o americano é muito pior que o francês. Almond cita Marx e o marxismo uma única vez para negar apressadamente que o marxismo seja uma ciência, já que a maior parte das suas previsões não se confirmou. Por trás deste juízo se entrevê a repetição de um estereótipo, além da pouca vontade, ou do escasso interesse, ou da falta de necessidade que Almond tem de sair de seu próprio âmbito. Em vez disso, Poulantzas demonstra estar preocupado em tomar contato com os principais representantes da ciência política americana: cita Parsons e Merton, Easton e o próprio Almond (além de Lasswell, Deutsch, Apter), ainda que pareça que ele disso não extraiu um fruto muito grande. Por outro lado, não se pode dizer que um tenha dado muito peso à tradição cultural do outro. Ambos dão a impressão de estar fechados na própria cidadela e de somente sair dela para fazer algum ataque de surpresa.

Percorro rapidamente os quatro níveis. A diferença no nível epistemológico é claríssima: Almond vem do comportamentalismo que renovou a ciência social americana por volta dos anos 1950, e depois assimilou, sucessivamente, com a inquietude típica de quem segue as novidades, primeiro o funcionalismo e depois a teoria sistêmica de Easton. O ideal de ciência que transparece de cada página sua é o da ciência empírica, canonizado pela filosofia neopositivista: para ser ciência, a ciência política deve adotar os princípios e os procedimentos, nos limites do possível, das ciências naturais mais avançadas. Sua tarefa é a de fornecer classificações, generalizações empíricas, uma teoria geral à qual é atribuída uma função em primeiro lugar explicativa e secundariamente preditiva. Nas declarações de princípio organiza um elenco de requisitos de cientificidade, no topo do qual põe "a busca de precisão" e "a busca de rigor teórico" (Almond & Powell, 1970, p.44-5). A ciência política não tem diretamente nenhuma função prescritiva, o que não significa que o cientista político não possa ter um engajamento ético-político. Mas precisamente porque a ciência política, enquanto ciência empírica, somente pode propor teses em âmbitos restritos e provisórios, dado o estado ainda primitivo de suas pesquisas, sua utilidade está limitada às propostas de correção ou de ajustamento, não de alteração radical do sistema. No entanto, o cientista deve abster-se de qualquer tipo de valorização, ao menos explicitamente (de valorizações implícitas o livro de Almond está repleto, assim como todos os livros de seus compatriotas). Veja-se com quanta cautela, depois de ter dito que "quando usamos os termos 'versátil' e 'acomodado' não entendemos 'melhor' e 'pior'", ele acrescenta: "O juízo ético destas características estruturais, culturais e das capacidades, é um problema muito complexo" (ibidem, p.388). Não obstante seja muito visível o mundo de experiência em que Almond se move, e muitas de suas categorias – como a da agregação e da articulação dos interesses – sejam o produto da anatomia da sociedade americana, sua obra tem inegavelmente um certo aspecto ascético, que não deixa transparecer, ao primeiro olhar, a presença de alguma tomada de posição em favor deste ou daquele sistema político. Almond é muito hábil em usar palavras emotivamente neutras: por exemplo, o tema da manipulação das posturas do cidadão ante o poder por meio das assim chamadas técnicas do consenso é velado sob a expressão "capacidade simbólica" do sistema. Desafio quem quer que seja a compreender logo de cara o que esta expressão pretende dizer.

Poulantzas é declaradamente marxista, ainda que daquela parte do marxismo contemporâneo que se inspira na teoria de Althusser. Uma ampla e complexa introdução é dedicada a explicar em que consiste a concepção da história (materialismo histórico) e a concepção da ciência (materialismo dialético) de Marx, assim como a definir alguns conceitos fundamentais que constituirão a trama teórica do livro. Postas essas premissas, o assunto de Poulantzas difere completamente do de Almond. Enquanto este se propõe a elaborar uma teoria empírica da política, aquele se propõe a reconstruir o "genuíno" pensamento de Marx a respeito da categoria do "político" e do conceito de Estado, a partir do pressuposto, bem entendido, de que a teoria política de Marx é a única possível teoria científica da política. Há ao menos uma passagem em que Poulantzas toma posição a respeito da concepção alternativa da ciência, a propósito dos tipos ideais de Max Weber. Não digo que a passagem seja clara (ao contrário, é bastante obscura, como de resto todo o livro, como já foi observado por quase todos os críticos); mas é bastante claro aquilo que o autor nega, ainda que não seja de todo claro como o negue, por que o nega e o que põe no lugar. O que ele nega é a "concepção da tipologia como esquematização do real, enfim como generalização e abstração", porque" deriva precisamente de uma concepção empiricista do conhecimento que não pode reconhecer a autonomia própria da teoria". A razão pela qual ele a nega é a seguinte (transcrevo-a textualmente porque me é incompreensível):

> Ela [a concepção empiricista] implica o postulado de uma harmonia preestabelecida entre abstrato e real, ao passo que a abstração tipológica reside na sua adequação assintótica com o real concreto de que seria extraída.

Disso deriva a tese alternativa que o autor propõe (não menos incompreensível):

> Para a problemática marxista da teoria, trata-se ao contrário de produzir o conceito de uma instância regional de um modo de produção, não mediante uma abstração obtida dos fenômenos reais concretos de uma formação social, mas mediante o processo de construção teórica do conceito de modo de produção e da articulação das instâncias que o especificam. (Poulantzas, 1968, p.156)

A única coisa que se pode compreender é que o marxista refuta a concepção empiricista da ciência, que é, na verdade, o único ponto que nos fica deste discurso. Questão diferente é saber se a refuta em palavras mas a aceita nos fatos, e se aquilo que o marxista produz de bom no campo do conhecimento dos fenômenos sociais deriva do fato de que também ele, sem se dar conta, faz aquilo que fazem todos os pesquisadores sérios, isto é, formula hipóteses, portanto recolhe dados para serem verificados, produz generalizações etc. O quadro teórico de que fala Poulantzas não caiu do céu, mas veio da terra duramente escavada e trabalhada por incansáveis cultivadores, dos quais certamente um dos maiores foi Karl Marx.

Não creio que a distinta concepção de ciência, ou de trabalho teórico, declarada por um e outro de nossos dois autores, tenha uma influência determinante na formulação das duas teorias respectivamente produzidas, até mesmo porque, ao passo que é bastante clara a teoria da ciência em que se inspira Almond, é menos clara a que orienta Poulantzas. Creio que a diferença entre as duas teorias do Estado seja bem mais determinada por uma distinta concepção da sociedade em geral e de seu desenvolvimento histórico, o que nos remete ao segundo nível (de que falarei dentro em pouco). O único ponto relevante, entre aqueles examinados a propósito do primeiro nível, é o relativo à avaloratividade. Com efeito, ao passo que o propósito de Almond é descrever sem prescrever, como se viu, o propósito de Poulantzas é formular uma teoria do Estado, não do Estado em geral, mas do Estado capitalista e de suas formas, que contenha e implique uma crítica dele e por meio desta crítica indique a melhor estratégia para a sua superação. Ao passo que o livro de Almond é ao menos aparentemente neutro, o de Poulantzas é fortemente polêmico, e não por acaso é fortemente polêmico com outras interpretações da teoria marxiana do Estado que na opinião do autor teriam produzido erros ou desvios na estratégia do movimento operário. Basta este exemplo: a propósito da teoria social-democrática do Estado, que considera ser "radicalmente falsa", Poulantzas observa a relação que chama de *troublant* [inquietante] entre "certas concepções social-democráticas do Estado e as concepções corporativas do Estado fascista" (o que, entre outras coisas, mostra como a aberrante tese – e mais que aberrante, eticamente condenável e politicamente desastrosa – do "social-fascismo" é dura de morrer!).

7. Onde a distinção entre os dois autores aparece claramente é no segundo nível, o da teoria geral da sociedade. Também aqui não creio que a diferença possa ser encontrada em categorias abstratas como "funcionalismo", "estruturalismo" ou outras, com as quais Almond poderia ser apresentado como um funcionalista e Poulantzas como um estruturalista. O que quer que se diga, se é verdade que Almond é funcionalista no sentido canônico da palavra, pelo fato de que vai em busca das diversas funções que sustentam um sistema político (funções estas que são, como se sabe, múltiplas, e são individuadas na conversão das demandas em respostas, na manutenção e na adaptação do sistema, e por sua vez articuladas em subfunções), não é menos verdade que Poulantzas se põe repetidamente o problema de qual seja *la fonction générale de l'État* e constrói a partir dos textos marxianos uma teoria do Estado que deveria responder antes de tudo a esta questão. No estudo dos fenômenos humanos, quem não é funcionalista que atire a primeira pedra. Com respeito à função do Estado, de resto, a resposta do marxista não é desta vez distinta da resposta tradicional da filosofia política, ao menos a partir de Hobbes: a função do Estado, segundo Poulantzas, é a ordem, entendida mais especificamente como "coesão dos vários níveis de uma formação social". Ele comenta:

> É precisamente isso que o marxismo expressou ao conceber o Estado como fator de ordem, como "princípio de organização", de uma formação, não no sentido corrente de ordem política, mas no sentido da coesão do conjunto dos níveis de uma unidade complexa, e *como fator de regulação de seu equilíbrio global enquanto sistema.* (ibidem, p.43)

Quando muito, a diferença com respeito ao não marxista está no fato de que ao nosso autor o problema da ordem interessa não tanto para saber como se a conserva quanto para saber como se a transforma, isto é, qual o lugar em que se concentra a luta pela conquista do poder e portanto para a destruição da ordem estabelecida e a instituição de uma nova ordem. E este lugar é a luta política de classe, que marxianamente – ela, e não seu resultado – é "o motor da história". Não é a primeira vez que tenho a oportunidade de observar que do ponto de vista do revolucionário o problema político essencial é o da conquista do poder político, não o do seu exercício. Mas para conquistar e abater a cidadela é necessário antes saber exatamente de que material ela é feita e onde se encontra. Pela mesma razão não darei muita importância ao fato de que os nossos autores sejam mais ou menos estruturalistas, ou que um seja estruturalista e o outro não. Fala-se de "estrutura" em mil significados distintos nas ciências sociais, com o que cada um é estruturalista a seu modo, e fala-se de "estrutura" de uma maneira atécnica, como do conjunto das relações puramente formais entre os entes de um sistema (donde por "sistema" se entenda um conjunto de entes interdependentes entre si), com o que todo aquele que estuda "sistematicamente" um conjunto de fatos sociais não pode não ser estruturalista. À parte isso, Almond ocupa-se a seu modo não somente das funções mas também das estruturas dos sistemas sociais e políticos (definindo a "estrutura" como um conjunto de papéis): aliás, um de seus temas prediletos é a distinção e a classificação dos diversos sistemas políticos a partir da sua distinta estrutura, isto é, do fato de que os papéis sejam mais ou menos diferenciados ou de que os subsistemas sejam mais ou menos autônomos, donde nasce a distinção entre sistemas simples e sistemas complexos, quer dizer, dotados de uma estrutura simples ou de uma estrutura complexa. O que muda e muda expressivamente de um a outro é o que cada um põe dentro daquele recipiente chamado "estrutura", é o tipo de relação que é instituída entre as coisas que lhe são inerentes. Ora, aquilo que cada um insere depende de algo que está muito antes daquelas abstratas categorias, como funcionalismo ou estruturalismo, por trás das quais todo autor se esconde: está na concepção geral de sociedade que carrega consigo, e que se reflete em todo e qualquer pequeno passo que se dá durante a exploração do campo.

Poulantzas tem, Almond não tem, uma concepção classista da sociedade. Com isto quero dizer que a diferença de fundo entre os dois está na hipótese geral (pois se trata somente de uma hipótese) sobre a estrutura das sociedades humanas que cada um dos dois autores escolheu como ponto de partida de qualquer outra consideração. Ora, em sua generalidade e genericidade, estas hipóteses são somente em parte verificáveis, e não são de todo falsificáveis, e são também dificilmente confrontáveis porque foram formuladas a partir de dados referidos a sociedades histórica e estruturalmente diversas: como são, de um lado, as sociedades europeias caracterizadas pela presença de fortes partidos socialistas e, de outro, a sociedade americana em que as demandas do movimento operário foram e continuam a ser transmitidas não por um partido de oposição, e em geral de oposição antagonista, como o partido socialista, mas por grupos de interesse como os sindicatos. Considere-se a definição que Poulantzas dá de poder: "A capacidade de uma classe social de realizar seus interesses objetivos específicos" (ibidem, p.110). Nenhuma definição de "poder", que eu conheça, da ciência política não marxista jamais introduziu o conceito de "classe". Tanto na definição relacional quanto na instrumental de poder, não faz parte do conceito de poder esta ou aquela característica do sujeito que o detém, e de qualquer modo esta característica, se é que existe uma, não é a de constituir uma classe social. Na concepção que Almond tem da sociedade globalmente considerada não aparecem classes mas somente grupos, mais ou menos formais, de interesse. Sua descrição do sistema político começa do momento em que os interesses particulares daquela determinada sociedade se articulam e assim se agregam para chegarem a se propor como demandas a que o sistema político é chamado a responder. Que as classes sociais possam constituir grupos de interesse (como são os sindicatos) não quer dizer que os grupos de interesse coincidam com as classes sociais no sentido marxiano da palavra. Portanto, não há uma sociedade *dividida* em classes, mas uma sociedade *articulada* em grupos. Por mais que possam ser muitas as classes em uma formação social, pois uma formação jamais coincide historicamente com um modo de produção em estado puro, uma sociedade dividida em classes tem uma estrutura essencialmente dualista, uma sociedade articulada em grupos é em vez disso pluralista. Por mais que as classes sejam muitas, todos sabem seu nome e não parece que se possam acrescentar outras, pois se trata de uma classe (desta vez em sentido lógico) fechada. Ninguém sabe nem pode prever quantos são os grupos de interesse que existiram e existem nas sociedades humanas. É inútil enumerá-los porque se trata de uma classe (em sentido lógico) aberta.

Estreitamente conectada à contraposição entre concepção dualista e concepção pluralista de sociedade está a contraposição que, no exame da primeira parte, analisamos no item *sub c* entre concepção antagonista e concepção integracionista. Não que os grupos de interesse não estejam em conflito entre si, mas, salvo em casos extremos, que o pluralista se apressará em considerar patológicos, o conflito jamais chega ao ponto de não poder ser mediado pelo sistema político, cuja função principal é precisamente a de resolver, por meio de compromissos, de sucessivos ajustamentos e de retoques, os conflitos de interesse que emergem da sociedade subjacente. Ao contrário, em uma concepção classista as relações entre as duas classes antagônicas são relações de *luta*, isto é, são relações de uma espécie de conflito que, tal como o mais grave dos conflitos, aquele entre Estados soberanos, não é resolvido normalmente se não com um vencedor e um vencido, e enquanto tais são conflitos em que o fim último é a conquista de todo o poder político; trata-se de algo distinto do que acontece com os conflitos entre grupos de interesse, cuja ação habitualmente se destina a agir *sobre* o poder político mais que *para* o poder político. Não obstante que a luta entre as classes se desenrole, segundo Poulantzas, em diversos planos, isto é, nos diversos níveis em que a sociedade está estruturada (o nível econômico, o ideológico e o político), a luta decisiva se desenrola no nível político, naquele nível em que o que está em jogo é a conquista do poder político (ou, na verdade, de todo o poder, desde que o poder político é o poder último, ou o poder por excelência).

8. Mais do que com respeito à concepção geral de sociedade, são muito relevantes as diferenças relacionadas aos três pontos que analisamos sob o título de "nível metodológico". Começando do ponto *sub b* do §4, por mais que Poulantzas refute o historicismo (mais ainda, um de seus alvos preferidos é o historicismo, contra o qual se voltou Althusser e toda sua escola), há ao menos um sentido de "historicismo" (e é o sentido prevalente na cultura filosófica italiana, que de historicismo se alimentou até quase morrer de indigestão) no qual seu discurso é historicista. Ao passo que Almond, valendo-se do método da comparação entre todos os sistemas políticos até hoje existentes, dos mais primitivos aos mais evoluídos, tenta elaborar uma teoria geral do sistema político, válida para todos os tempos e para todos os lugares, Poulantzas delimita desde o início, com exatidão (estaria para dizer com prudência), o seu campo, que é o do Estado capitalista, isto é, de uma particular forma histórica de Estado, com a consequência de que tudo aquilo que ele diz sobre o Estado, sobre sua estrutura e sobre sua função, deve ser entendido como valendo exclusivamente para aquela particular forma histórica de Estado que se veio constituindo em uma sociedade bem determinada. Adotando sua terminologia, que considera teoria "particular" da sociedade aquela que estuda um determinado modo de produção e teoria "regional" aquela que converte em objeto de análise um, e apenas um, dos três níveis em que está estruturado todo sistema social, seu livro é uma obra de teoria ao mesmo tempo *regional* e *particular,* na medida em que tem por objeto o nível político da forma de produção capitalista. O que Poulantzas deseja evitar, ao precisar, restringir e delimitar seu próprio campo, é precisamente aquela abstração genérica que os historicistas, sem serem necessariamente marxistas, sempre recriminaram nos sociólogos, acusando-os de ir tão longe em suas generalizações que não são mais capazes de oferecer algum instrumento útil para que se compreendam a complexidade e a variedade dos fenômenos sociais. Em vez disso, frequentemente se encontra em Almond, expressa com clareza, a intenção de apresentar ao leitor um "esquema analítico" que lhe permita explicar "as características de qualquer esquema político" (Almond & Powell, 1970, p.77). Poulantzas, ao contrário, põe os conceitos tradicionais da teoria política – da burocracia às elites – à prova de uma análise específica de um Estado específico, como é o capitalista. Não tem qualquer pretensão de oferecer um modelo de explicação para "todo e qualquer sistema político".

Com relação ao ponto *sub b,* a recriminação feita hoje por diferentes setores e não somente por parte dos marxistas aos sociólogos – segundo a qual eles teriam se ocupado exclusivamente das modificações *nos* sistemas e deixado de lado as modificações *dos* sistemas – foi repetida com tanta frequência que não vale a pena gastar muitas palavras para perceber que a teoria do desenvolvimento político de que Almond é propositor é uma teoria gradualista e não dialética, isto é, uma teoria que busca explicar a mudança política mais em termos de evolução de uma estrutura a outra do que em termos de ruptura. Não obstante essa recriminação, reforçada algumas vezes pela afirmação, não de todo exata, de que os teóricos do desenvolvimento não têm instrumentos conceituais adaptados para compreender as revoluções porque não gostam delas, existem, entre a teoria do desenvolvimento político e a teoria marxista, na versão althusseriana seguida por Poulantzas, alguns traços comuns que merecem ser assinalados. Na teoria do desenvolvimento, o conceito correspondente ao de contradição é o conceito de "crise", com o qual se entende, na linguagem almondiana, uma situação na qual a sociedade propõe ao sistema político "desafios" que requerem uma mudança estrutural: os desafios considerados por Almond na formação do Estado moderno são, como é bem conhecido, a construção do Estado, a construção da nação, o alargamento da participação e a exigência de segurança social (ou crise de distribuição). Quando esses desafios se sucedem um após outro em intervalos regulares, o desenvolvimento é gradual e sem choques revolucionários; o desenvolvimento, ao contrário, pode se tornar turbulento quando, por um retardo, por exemplo, na construção do Estado ou da nação, tais desafios se acumulam com os desafios de participação e de distribuição. (O que parece ocorrer nos Estados de nova formação.) Uma teoria deste gênero encontra sua própria correspondência na teoria althusseriana das contradições sobredeterminadas: por "contradição sobredeterminada", a escola althusseriana pretende indicar aquela situação em que à contradição principal que se desenrola no nível econômico se superpõem contradições secundárias, que se verificam nos outros níveis (ideológicos e políticos), até o momento em que o acumular-se das contradições – assim como o acumular-se dos desafios na teoria do desenvolvimento – gera a situação revolucionária.

Também com relação ao ponto *sub c*, quando se deseja passar da batalha das palavras à prova dos fatos, a crítica frequentemente dirigida pelos marxistas à ciência empírica – segundo a qual ela perderia de vista a totalidade – não é de todo pertinente: a teoria dos sistemas políticos elaborada por Almond está imersa em uma teoria geral da sociedade, na qual o sistema político funciona como processo de conversão das demandas provenientes da sociedade subjacente (indicada geralmente como esfera dos "interesses") em respostas que, por sua vez, retornam à sociedade em um perpétuo círculo que caracteriza o mecanismo do sistema em seu conjunto. O que falta na teoria almondiana é a diferenciação dos três níveis e sobretudo a consideração de um dos três níveis (o nível econômico) como determinante, em outras palavras, a diferença de *status* dos níveis que constituem uma sociedade complexa. Não é que não falte em Almond a distinção entre a esfera dos interesses, que chega às portas do sistema político, a esfera das assim chamadas "capacidades" do sistema político, que distingue o momento político do momento econômico, e a esfera dos valores, que se manifesta nos diversos tipos de "cultura política" (paroquial, súdita e participativa). Mas as relações entre essas esferas são bem mais de interdependência que de determinação de uma sobre as outras. "A concepção de 'sistema político' que seguimos neste livro é uma concepção de interdependência" – tem o cuidado de notar Almond –, "mas não de harmonia". Com isso conclui: "E é tarefa da pesquisa no campo da ciência política estabelecer como uma modificação em qualquer uma das partes de um sistema político influencia as demais partes e o todo" (ibidem, p.49). Essa noção de interdependência contrasta com a de um universo estruturado no qual somente um dos elementos do sistema é sempre, ainda que em última instância, determinante.

9. Não são necessárias muitas palavras para sublinhar a diferença entre nossos dois autores com respeito ao nível ideológico e para recordar que essa diferença está na base de todas as outras. A única observação a ser feita a propósito deste ponto é que, não obstante o aspecto asséptico da teoria almondiana, também ela está ideologicamente orientada, não menos que a de Poulantzas, que assim o é declaradamente. Os pressupostos ideológicos almondianos são evidentes sobretudo na concepção do desenvolvimento. Ainda que um termo como "desenvolvimento" tenha sido escolhido porque tem certamente um significado

Nem com Marx, nem contra Marx

valorativo menos forte do que "progresso", fica bastante claro que a direção do desenvolvimento, ou melhor, daquilo que Almond considera como desenvolvimento em contraposição a não desenvolvimento, é também a direção justa, isto é, a direção que ele considera desejável, e que deveria ser sempre mais seguida por todo e qualquer sistema político para ser apreciado como um "bom" sistema político. Aqui, basta recordar que os indicadores do desenvolvimento político são para Almond a diferenciação dos papéis, a autonomia dos subsistemas e a secularização, e chama atenção o fato de que tais indicadores constituem as três características que ele atribui em grau eminente ao sistema americano e em geral aos sistemas mais estáveis e historicamente consolidados das democracias ocidentais. A partir daí deve-se deduzir que um sistema é tanto mais politicamente "desenvolvido" quanto mais se assemelhe aos sistemas que Almond prefere. A teoria do desenvolvimento não se limita portanto a propor uma tipologia dos sistemas, mas também pretende prescrever um modelo ideal para o qual os vários sistemas devem pouco a pouco tender e, deste modo, pretende fornecer um guia ao político. Neste ponto creio ser bastante fundamentada a observação segundo a qual uma posição deste gênero resolve-se na aceitação da realidade existente e, portanto, tem caráter ideológico. Desde que os indicadores do último estádio de desenvolvimento nos servem para individuar, entre certos regimes existentes, aqueles que alcançaram tal estádio, então estes regimes não são mais desenvolvíveis e portanto o existente é aquilo que não somente existe mas que também vale. Bem diversamente, a concepção marxiana da história remete a um futuro não muito bem delineado, a um futuro que deve nascer de uma crítica radical do existente, o momento final do processo histórico. Talvez se possa dizer melhor do seguinte modo: Almond escolhe algumas categorias analíticas que deveriam servir para descrever e explicar (talvez também para prever) o curso que os sistemas políticos seguiram até agora e provavelmente seguirão para se tornarem "modernos" (donde "moderno" tem um significado valorativo positivo), mas estas mesmas categorias também servem para a apologia do estado presente dos Estados Unidos dos anos de 1950. Observem-se ao contrário as categorias analíticas adotadas por Poulantzas: classe dominante, classe hegemônica, bloco de poder, bismarckismo e bonapartismo, luta de classes, poder (definido como vimos) etc. São todas categorias que se prestam de modo excelente não à apologia mas à crítica do Estado presente (que é o Estado capitalista dos países mais evoluídos e "modernos", mas desta vez em sentido não eulógico).

Tendo chegado à descoberta daquilo que está por trás, sob ou sobre a estrutura conceitual de ambas as teorias gerais, é preciso concluir. Ir além seria perfeitamente inútil. Os valores últimos não são confrontáveis e por isso mesmo, como diria Pizzorno, não são negociáveis. Como confrontar (e negociar) a fé na liberdade (entendendo-se por isso a liberdade individual da tradição liberal), que está disposta a fechar um olho diante do genocídio do Vietnã (talvez a matança daqueles inocentes tenha sido necessária para a "defesa da civilização ocidental"?), com a fé no socialismo que passa com uma certa desenvoltura sobre as violências de Stalin (talvez o stalinismo tenha sido necessário para a "consolidação do primeiro Estado socialista"?)? O que há de "científico" em tudo isso? Talvez exista ao menos uma acepção de "ciência" para a qual seja lícito dizer que o liberal que justifica o Vietnã é mais "científico" do que o comunista que justifica os campos de extermínio de Stalin? Ou vice-versa? Diante do absurdo de um confronto (digo de um confronto que tenha como critério de medida a maior ou menor cientificidade), também cai por terra a pretensão – que eu, desde o início, jamais tive – de dar juízos de valor. Fiz uma comparação entre o politólogo norte-americano e o neomarxista não para chegar à conclusão de que um tem razão e o outro não, ou que ambos estão certos ou errados, mas para propor os termos de uma discussão que creio ser absolutamente necessária para que se comece a perceber onde termina o dissenso científico e começa o ideológico, se o dissenso depende exclusivamente da obstinada vontade de não se entender ou da ignorância recíproca, ou pior ainda de questões de palavras, que invalidam ciências ainda muito mal formadas como são as ciências sociais, no âmbito das quais ninguém se esforça para perceber que coisas idênticas são chamadas com palavras distintas e que coisas muito distintas são chamadas com a mesma palavra, e assim por diante. A única conclusão certa que emerge de nosso debate é que uns e outros consideram a cientificidade como um valor e a não cientificidade como um desvalor, tanto que cada um está sempre disposto a acusar o adversário de não ser "científico". Chegaria a dizer que o pressuposto (por sua vez ideológico) de todo o debate atual sobre as ciências sociais é sempre que a cientificidade é mais desejável do que a não cientificidade (*vulgo* da fé cega, que não ouve a razão). Isso acontece, que me seja permitida essa última observação, porque vivemos em um universo histórico em que cada um de nós acredita (o ponto de partida é sempre uma crença) que a ciência ainda tem algo a ver, apesar de tudo, com o progresso, com a civilização, com a sociedade melhor, com o humanismo, em suma, com todas as belas coisas a que estamos dispostos a dar um valor positivo e a considerar como metas altamente desejáveis, porque se trata não somente de mudar o mundo (como se repete emotiva, acriticamente, mediante aquele espírito de imitação tão difuso em uma sociedade massificada como a nossa), mas de mudá-lo *para melhor*. Está certo, mas em que consiste este "melhor"? Quem está seguro de sabê-lo é precisamente aquele que não o sabe, quer dizer, que não o sabe com aquela certeza que somente pode ser obtida com o saber *per scientiam*. Até agora ninguém conseguiu encontrar a ciência do melhor (não me entendam mal, aqui falo de "ciência" no sentido em que falam aqueles que se professam cientistas). Mas o fato de que ninguém até agora esteja de posse desta ciência não nos deve eximir de continuar a seguir a estrada da pesquisa paciente, metódica, controlada, do provar e do re-provar, em que consiste – seja qual for o nome pelo qual desejemos batizá-lo – o espírito da cientificidade, e não aquela estrada bem mais fácil dos opostos sectarismos de escola, tão atraentes e tão estúpidos. Mais ainda, devemos nos persuadir de que todos estamos muito longe da meta e que a presunção de já a ter alcançado é somente um obstáculo a mais na via que a ela nos conduz.

9
Marx e a teoria do direito*

1. A propósito do tema "sociedade e direito em Marx", creio ser possível começar propondo a mesma questão em torno da qual se desenrolou um amplo debate, na Itália mas não somente na Itália, a propósito do Estado. Essa questão poderia ser apresentada da seguinte maneira: "Existe uma teoria marxista do direito?". Considero que a questão é legítima tanto porque nesses últimos anos houve, especialmente na Alemanha, um

---

* Publicado inicialmente em Bobbio, 1978b, p.279-85.

Conferência introdutória da mesa-redonda "Marxismo e direito" (Ferrara, 5 out. 1978), realizada por ocasião do XII Congresso Nazionale della Società Italiana di Filosofia Giuridica e Politica, dedicado ao tema "Sociedade e direito em Marx".

O texto da conferência, intitulado *Appunti per una introduzione al dibattito su marxismo e diritto* [Apontamentos para uma introdução ao debate sobre marxismo e direito], foi reproduzido nas atas do congresso: VV.AA., 1978a, p.123-30.

Ao texto da conferência seguiu-se um comentário de Renato Treves, *Marx e la sociologia del diritto* (p.286-91), e a réplica de Bobbio, intitulada *Marx e la teoria sociologica del diritto* (p.291-4), publicada na presente coletânea [p.216-20] sob a forma de considerações conclusivas e sem título. (N.E. It.)

renovado interesse pela *marxistische Rechtstheorie*,[1] quanto porque, de outro lado, os argumentos com que foi posta em dúvida a existência de uma teoria marxista do Estado valem, e valem *com razão ainda maior*, para a teoria do direito.

Acrescento alguns argumentos para esclarecer por que afirmei que valem "com razão ainda maior". Desses argumentos, alguns são textuais, outros substanciais.

Argumentos textuais: (a) ao passo que as passagens que Marx dedica à teoria do Estado podem ser medidas por páginas (não muitas na imensa obra marxiana, mas certamente importantes), as passagens dedicadas à teoria do direito medem-se por linhas, e com maior fundamento para a teoria do Estado pode-se dizer que as citações são sempre as mesmas; (b) falo de passagens importantes ou relevantes para uma teoria do direito, porque a maior parte das passagens que são habitualmente citadas dizem respeito não à teoria do direito mas à crítica ideológica do direito burguês e como tais pertencem àquela parte da obra de Marx que é dedicada à crítica ideológica da sociedade burguesa, da qual a crítica ideológica do direito burguês não é mais que uma aplicação a um campo específico; (c) Marx, que também havia estudado direito nos anos de juventude, não parece ter retornado aos estudos jurídicos nos anos de maturidade, como se pode concluir do elenco dos livros citados tanto no apêndice da edição italiana dos *Grundrisse* quanto na do *Capital,* onde não aparece citado sequer um texto de direito (ainda que seja verdade que problemas jurídicos, daquele da propriedade àquele da legislação social, sejam repetidamente enfrentados); (d) na obra de Engels, *As origens da família, da propriedade privada e do Estado,* que contém a mais completa exposição, ainda que em forma vulgarizada, das teses sobre o Estado do ponto de vista do materialismo histórico, não existe um tratamento espe-

---

1 Refiro-me em particular ao volume *Probleme der marxistischen Rechtstheorie* (VV.AA., 1975).

cífico do direito a ponto de fazer que ele apareça como um tema distinto do tema do Estado, com a consequência de que esse texto, utilizado tantas vezes para expor a teoria marxista do Estado, não pode ser utilizado com idêntico sucesso para fazer que se compreenda qual seja a teoria do direito do ponto de vista do materialismo histórico.

Argumentos mais substanciais podem ser extraídos, em minha opinião, da posição não bem definida que o direito, diferentemente do Estado, ocupa na teoria marxiana do sistema social, que se articula na conhecida distinção entre base e superestrutura. Por um lado parece que o direito não tem qualquer autonomia com respeito ao Estado no momento da superestrutura, como demonstra a famosa e citadíssima passagem do Prefácio a *Para a crítica da economia política,* no qual Marx fala de "uma superestrutura jurídica e política" sem distinguir as instituições jurídicas das políticas, e tratando-as portanto como *unum et idem,* e como também demonstra o fato bem conhecido de que, nos juristas soviéticos e dos países socialistas, teoria do direito e teoria do Estado formam um todo único (tomo como exemplo a esse propósito o tratado de R. Lukic (1974), no qual o direito é definido em função do Estado e vice-versa). Por outro lado, parece que o direito, diferentemente do Estado, também pertence ao momento da estrutura econômica, isto é, seja um dos elementos que servem para caracterizar uma forma de produção juntamente com as forças produtivas. Pessoalmente, considero que essa ambiguidade do direito é uma nova manifestação e o efeito (não reconhecido) do nem sempre claro reconhecimento – que obscurece grande parte da tradição jurídica – da importância decisiva que tem, para uma adequada articulação dos discursos sobre o direito, a "grande dicotomia", qual seja, a distinção entre direito privado e direito público: o direito que pode ser associado à estrutura é o direito privado, o direito que pode ser associado à superestrutura é o direito público, e como tal não se distingue do Estado.

Sei bem que esses argumentos valem o que valem: é fato que o reconhecimento da insuficiência, do caráter incompleto, da inexistência, ao menos até agora, de uma teoria marxista do direito, provém às vezes dos próprios marxistas, ou seja, daqueles que creem possível elaborar uma teoria marxista do direito e se esforçam para fazer isso. Cito dois testemunhos significativos: um dos mais convictos defensores da possibilidade de "reconstruir" uma teoria do direito inspirada em Marx reconhece que uma das "estranhezas" (*Merkwürdigkeiten*) da tradição marxista com respeito à teoria do direito é que após 130 anos essa teoria não foi até agora levada *auf ihrem Begriff* (Paul, 1975, p. 72); em um artigo de um jovem filósofo iugoslavo do direito que apresenta algumas teses sobre a teoria marxista do direito lê-se que *les essais faits jusqu'aujourd'hui pour l'établissement de la théorie marxiste du droit* não realizam as exigências apresentadas nas teses e portanto não desenvolvem todas as possibilidades contidas nas proposições metodológicas e teóricas fundamentais das obras de Marx (Viskovic, 1975, p.146). Como se vê, dois neófitos, provavelmente sem conhecerem a existência um do outro, dizem a mesma coisa, ou seja, que uma verdadeira e própria teoria marxista do direito ainda não existe, embora na opinião de ambos isso seja possível. (Mas a possibilidade deve ser demonstrada, saindo da generalidade em que também permaneceram os mesmos autores daquelas frases.)

2. Percebo perfeitamente que para apresentar de modo correto o problema que me propus e, portanto, para responder à questão da qual parti seria preciso antes de tudo chegar a um acordo sobre o que queremos entender por "teoria". Porém, em vez de nos metermos em uma disputa teórica sobre a natureza das teorias, em um debate teórico das teorias, penso que é mais simples e também mais produtivo fazer referência a exemplos concretos de obras que, entre nós, em nossos estudos, em nossos congressos, em nosso ensino, entre nós, consumidores quase diários de teorias, estamos todos de acordo em considerar como obras de teoria do direito. Penso em obras como as de Kelsen, de Ross, de Hart ou, por último, de Luhmann. E então se trata de comparar essas obras, ou obras desse gênero, as teses de Marx e as teses atribuídas a Marx sobre o direito, e ver o que resulta da comparação.

Digo logo o que me parece resultar dessa comparação. Resulta que para poder constituir algo que se possa assimilar a uma teoria do direito no sentido em que os produtores e consumidores de teorias do direito entendem essa expressão, as ideias de Marx sobre o direito, ou a ele atribuídas por nossos intérpretes, pecam, por um lado, por defeito e, por outro lado, por excesso.

3. *Por defeito.* Os grandes temas da teoria do direito em cuja discussão nos sentimos expressivamente empenhados em nossa atividade cotidiana de estudo e de pesquisa são os temas vinculados à origem, à natureza e à função dos sistemas normativos e à distinção entre o sistema normativo que habitualmente chamamos de direito e todos os outros sistemas normativos (ou mesmo não normativos), bem como à origem, à natureza, à estrutura e à função dos elementos simples desses sistemas, que são as normas. Se um de nós percorre rapidamente com o pensamento sua própria experiência de estudioso e de professor de teoria geral do direito, a vê marcada por análises sobre os problemas da validade e da eficácia, da coerência ou da completude do ordenamento, sobre os vários tipos de normas, sobre a diferença entre normas primárias e secundárias, entre normas superiores e inferiores, sobre coação e sanção, sobre as assim chamadas situações subjetivas, sobre a função repressiva ou propulsora, inovadora ou conservadora do direito, sobre a relação do direito como subsistema com o sistema social em seu conjunto etc. A uma reflexão desse gênero impõe-se a conclusão de que, diante da imensa maioria desses temas, Marx e o marxismo não deram, não dão e provavelmente não pretendem dar qualquer contribuição. Não a deram, não a dão e não a pretendem dar pela simples razão de que se ocuparam, se ocupam e continuam a se ocupar de outras coisas. A maior parte das coisas de que se ocupam não tem muito a ver com as coisas de que se ocupa a teoria do direito (pertencem bem mais à teoria da justiça ou à crítica da ideologia burguesa *sub specie* do direito) e aquelas que entram novamente na teoria do direito cobrem apenas uma pequena parte dela. Com respeito a toda aquela grande parte de problemas sobre os quais os marxistas não têm nada a dizer, é de acreditar que os resultados alcançados pelas teorias do direito mais conhecidas e que somente por hábito polêmico costumam ser chamadas de "burguesas" podem ser tranquilamente aceitos por eles e incluídos em seus tratados.

A parte da teoria do direito para a qual os juristas que se inspiram em Marx e no marxismo dirigem sua atenção é a que se refere à colocação do direito como subsistema no sistema social geral. Neste sentido, creio que se pode dizer que as teses dos marxistas sobre o direito pecam, com respeito às teorias correntes do direito, por defeito. Bem entendido, essa delimitação não comporta nenhum juízo em si mesmo negativo. Tem pura e simplesmente o objetivo de individuar a contribuição que os juristas marxistas podem dar à teoria do direito e tornar possível uma comparação, assim como, através da comparação, uma verificação da sua validade. Sem qualquer pretensão de completude e somente a título indicativo, penso que as teses fundamentais a serem comparadas e verificadas são sobretudo duas: (a) o direito é um instrumento de domínio de classe; (b) enquanto instrumento de domínio de classe, da classe economicamente dominante, é o reflexo de determinadas relações sociais, que se constituíram precedentemente em uma sociedade dividida em classes antagônicas, e portanto pertence ao nível superestrutural (ao menos essa é a interpretação prevalente). Inútil dizer que se trata de duas teses muito gerais, a respeito das quais aqueles que as sustentam devem fornecer a prova, que não pode ser senão uma prova empírica. Uma prova que ainda não saiu de modo convincente de suas páginas muitas vezes nebulosas e raramente analíticas (digo "raramente" pensando na vastidão da literatura marxista).

4. *Por excesso.* Uma das razões que tornam difícil um discurso claro e completo sobre a presumida teoria marxiana do direito é que precisamente por causa da fragmentariedade, da escassez e da não analiticidade das ideias de Marx sobre o direito, não existe uma única presumida teoria do direito em Marx, mas várias. Disso se segue que mesmo aqueles que consideram que existe uma teoria marxiana do direito têm dificuldade de pôr-se de acordo sobre qual seja ela. No texto recente de um autor que também é de opinião que a elaboração da teoria marxista do direito está somente no início, leio que as interpretações até agora propostas acerca das ideias de Marx sobre o direito são basicamente cinco (Reich, 1973, p.4-6), o que equivale a dizer que nas ideias expressas por Marx sobre o direito em seus escritos sem ordem e sem qualquer pretensão de sistematicidade existem cinco teorias do direito *in nuce*. Estas cinco potenciais teorias do direito, uma muito diversa da outra, são as seguintes: (a) a teoria do direito de Marx é uma teoria do direito como instrumento de domínio de classe (essa é a tese, mas seria melhor dizer, na ausência de uma verificação empírica muito avançada, que se trata de uma hipótese, na qual todos os que se declaram marxistas se reconhecem); (b) o núcleo originário e original da teoria marxiana do direito é a descoberta do direito como ideologia (também essa tese é muito difusa e deu lugar a uma vasta literatura de crítica da ideologia jurídica, especialmente da ideologia do direito burguês); (c) a teoria marxiana do direito é uma teoria crítica emancipadora do direito (com essa expressão o autor se refere aos escritos de Paul e de Böhler, que remontam à Escola de Frankfurt por intermédio de Habermas); (d) é uma teoria do melhor direito (aqui a referência é a Bloch); (e) é uma ciência da legitimação (esse seria o caso, segundo o autor, dos teóricos soviéticos e dos países socialistas, que se valem das ideias de Marx sobre o direito para dar uma justificação e um fundamento "científico" à prática do direito em seus respectivos Estados).

Não sinto necessidade de dizer se essa interpretação é ou não exata. Poderia não o ser. As interpretações da teoria potencial de Marx sobre o direito poderiam corresponder em maior ou em menor medida a ela. Não é esse o problema. O problema é que essas interpretações tão diversas, tão diversas entre si que não deixam sequer entrever o que têm em comum, põem seriamente em dúvida a existência de algo que possa ser chamado de teoria marxista do direito.

5. Na verdade, não obstante a aparente riqueza das teses marxianas sobre o direito em que essa multiplicidade de interpretações poderia fazer pensar, elas podem ser reunidas, se olharmos bem, à tese, ou melhor, à hipótese, como afirmei, ainda a ser verificada, do direito como instrumento de domínio de classe e portanto como instituição ou conjunto de instituições características de uma sociedade dividida em classes antagônicas.

Essa tese ou hipótese aparece explicitamente na primeira das cinco interpretações, que é a essencial, e que é também aquela da qual derivam direta ou indiretamente todas as outras, ou sobre a qual se baseiam todas as outras.

A segunda interpretação é, como já afirmei, mais que uma teoria do direito, a aplicação ao direito da conhecida tese marxiana segundo a qual as ideias dominantes são as ideias da classe dominante, na medida em que as normas jurídicas exprimiriam e garantiriam os interesses da classe dominante mesmo quando afirmam ao menos formalmente princípios universais, e portanto é aquela parte da crítica das ideologias que faz do direito o objeto específico da própria crítica. De resto, enquanto pressupõe uma teoria do direito, essa teoria nada mais é que a tese ou a hipótese do direito como instrumento de domínio de classe.

A terceira interpretação, até agora somente enunciada e restrita a alguns jovens estudiosos conhecidos apenas na Alemanha,[2] é em minha avaliação o resultado da confusão e da contaminação entre vários planos de pesquisa dos quais o único que pode ser incluído em uma teoria do direito comumente entendida é o que se orienta para a definição do direito como instrumento de domínio de classe que, como tal, não acrescenta nada à primeira interpretação, ao passo que os demais planos de pesquisa estão entre a crítica das ideologias (correspondente à segunda interpretação) e a teoria da justiça (correspondente à quarta).

A quarta interpretação é a que busca extrair uma teoria da justiça das ideias de Marx sobre o direito. Ora, depois de tudo o que se disse sobre a distinção entre teoria do direito e teoria da justiça, parece-me que a primeira exigência de um discurso claro sobre a teoria do direito seria a de não voltar a diluir tal distinção. Não excluo que há uma teoria da justiça em Marx, ainda que aquilo que Marx diz numa passagem ainda recentemente recordada (Negt, 1977, p.120) – na qual se lê que "é justo aquilo que corresponde ao modo de produção ... e injusto tudo aquilo que se encontra em contradição com ele" (Marx, 1965, p.405) – deva ser considerado uma aplicação da redução do conceito de justo àquele de útil, feita mais com objetivos polêmicos do que para enunciar uma tese sobre a justiça. Desta redução o exemplo clássico é o dito de Trasímaco – "é justo aquilo que é útil ao mais forte", seguido por um cortejo de não sei quantos outros ditos análogos, tipo "é justo aquilo que é útil à revolução", "é justo aquilo que é útil ao partido" etc., todos igualmente válidos em um contexto e inválidos fora de seu contexto e por isso, digamo-lo também, de escasso interesse teórico. Excluo de todo modo que possa nos interessar nessa ocasião. Poderiam ter interesse em outra oportunidade, por exemplo em uma discussão sobre ética ou filosofia política.

---

2 Refiro-me de modo particular ao já citado W. Paul e ao seu livro *Marxistische Rechtstheorie ais Kritik des rechts* (1974); e a D. Böhler (1975, p.92-158).

A quinta interpretação, enfim, na medida em que fala de uma "ciência da legitimação", reduz as teses de Marx sobre o direito a uma ideologia do poder, e como tal também está fora de um discurso sobre uma hipotética teoria marxiana do direito. Sem contar que seu núcleo teórico, posto que exista nela um núcleo teórico, ainda é a tese do direito como instrumento de domínio de classe. Na realidade, não é verdade que a teoria soviética do direito seja apenas isso: da leitura daquilo que Cerroni[3] escreveu sobre ela retirei a ideia de que o direito é considerado pelos juristas soviéticos um instrumento não somente de puro e simples domínio mas de direção social, o que, sendo verdade, nada tem de especificamente marxista.

6. Essas observações não têm outra pretensão que a de estabelecer os termos da questão e de oferecer um ponto de partida para a discussão. No máximo proponho um método para a discussão: o método da comparação da pretensa ou das pretensas teorias do direito marxianas ou marxistas com as mais importantes teorias contemporâneas do direito, sejam elas o normativismo ou o realismo, a teoria formal ou a sociológica, o estruturalismo ou o funcionalismo e, por que não?, o positivismo e o jusnaturalismo. Somente uma comparação deste gênero permite que se reconheça qual é e se existe a contribuição da obra de Marx para uma teoria geral do direito.

O comentário de Renato Treves (1978, p.286-91) aos apontamentos sobre a teoria marxista do direito que apresentei como introdução à mesa-redonda sobre *Sociedade e direito em Marx*, no Congresso de Filosofia Jurídica e Política realizado em Ferrara no dia 5 de outubro passado, oferece-me antes de tudo a oportunidade de responder à objeção principal que me foi dirigida em algumas intervenções feitas no decorrer do debate. Objeção

---

3 Refiro-me ao livro de U. Cerroni, *Il pensiero giuridico sovietico* [O pensamento jurídico soviético] (1969), particularmente o último capítulo.

que creio poder resumir na seguinte observação: a proposta de comparar a teoria do direito de Marx com as outras teorias do direito é incorreta e portanto não conclusiva. Foram várias as razões adotadas para criticar minha proposta como incorreta e não conclusiva: (a) a teoria do direito de Marx e as teorias do direito que mencionei são bastante heterogêneas para poderem ser utilmente comparadas; (b) Marx não tinha qualquer intenção de elaborar uma teoria do direito; (c) existe uma teoria do direito em Marx, mas ela é uma teoria da justiça.

Respondo brevemente. *Sub a:* ainda que heterogêneas, as diversas teorias do direito têm como elo o fato de serem teorias do direito e, portanto, de constituírem uma resposta ao problema de saber "o que é o direito?", ou mais precisamente o que se deve entender por direito quando se utilizam no discurso o termo "direito" e seus derivados. As diversas teorias podem ser tão heterogêneas quanto se queira no que diz respeito à resposta que dão à questão, mas não no que diz respeito ao problema que se põem e não podem deixar de se pôr enquanto teorias do direito. A comparação não somente é possível mas também necessária caso se deseje compreender qual é a especificidade de uma teoria, indicar quais são suas eventuais lacunas, colocá-la nesta ou naquela corrente de pensamento. Além do mais, a comparação entre as várias teorias é condição necessária para o desenvolvimento de qualquer discurso teórico sobre o direito: não se entende por que não se deva submeter também a teoria de Marx a essa comparação, desde que costumam ser submetidas a ela a sua teoria econômica, a sua teoria historiográfica, a sua concepção filosófica etc. *Sub b:* posso concordar com a tese de que Marx não tinha qualquer intenção de elaborar uma teoria do direito, mas o pressuposto declarado de que parti foi o atual debate, vivo sobretudo na Alemanha entre estudiosos que se declaram marxistas, sobre a *"marxistische Rechtstheorie"*. Não inventei esse debate. Limitei-me a fazer uma proposta para seu correto desenvolvimento, proposta que considero ainda válida mesmo que não tenha obtido muito sucesso e mesmo que o debate tenha seguido outro curso. *Sub c:* não tenho qualquer dificuldade de admitir que existe uma teoria da justiça em Marx (afirmação que foi feita por Opocher). Eu mesmo a menciono em minha introdução quando falo da quarta possível interpretação do discurso de Marx sobre o direito. Trata-se de saber se Marx, além de uma teoria da justiça (que de resto me parece de escassa originalidade), também elaborou uma teoria do direito e qual é ela. As duas coisas não se excluem e eu me ocupei explicitamente apenas da segunda.

A essas três observações deve-se agora acrescentar uma quarta, que é a formulada por Treves no comentário a minha conferência introdutória: caso se deva levar em consideração a obra de Marx com relação ao problema do direito, isso deve ser feito sob a perspectiva não tanto da teoria geral do direito quanto da sociologia do direito, mais particularmente da teoria sociológica do direito, à qual Marx teria dado contribuições que não podem ser desconsideradas. Segundo Treves, essas contribuições consistem em ter posto o direito em relação com o conflito social, em ter ligado o direito à sociedade dividida em classes e, portanto, em ter previsto sua extinção em uma sociedade sem classes, e em ter reinterpretado a doutrina do direito natural como teoria da legitimação do direito positivo.

Como se depreende do próprio modo como Treves apresenta esse seu comentário, não se trata tanto de uma objeção aos meus apontamentos quanto de uma integração e de um esclarecimento. Eu mesmo escrevi que os problemas de que se ocupou Marx quando enfrentou o tema geral do direito são problemas que dizem respeito à relação entre direito e sociedade ou, como me expressei, à colocação do direito como subsistema do sistema social em geral. Embora tendo afirmado que a teoria do direito de Marx não é uma teoria completa, acrescentei logo depois que "essa delimitação não comporta nenhum juízo em si mesmo negativo", mas somente tem "o objetivo de individuar a contribuição que os juristas marxistas podem dar à teoria do direito e tornar possível uma comparação". É claro que, uma vez definida uma teoria do direito como uma teoria sociológica do direito, esta pode ser comparada utilmente com outras teorias sociológicas do direito. É precisamente isso que faz o próprio Treves com referência ao funcionalismo, a Max Weber, a Comte, a Pound. Tais referências demonstram a possibilidade e a utilidade da comparação, e são portanto, de algum modo, uma resposta – a única resposta até agora dada – à minha proposta.

Gostaria também de aproveitar essa observação para retomar a distinção que fiz quando do debate sobre a sociologia do direito, seu significado e suas tarefas, aberto por Treves para inaugurar essa mesma revista. Distingui então (Bobbio, 1974b, p.9-15) as teorias formais do direito das teorias sociológicas do direito, e associei essa distinção à distinção entre teorias estruturais e teorias funcionais. Pois bem, depois da observação de Treves, considero mais razoável afirmar que em Marx existe *in nuce* uma teoria sociológica do direito, isto é, uma teoria que considera o direito em função da sociedade e das relações sociais subjacentes, e que não por acaso redefine o direito não mediante a estrutura do ordenamento jurídico, como fizeram as teorias formais, mas mediante a sua função. Diante de uma teoria deste gênero (mesmo que se trate de um esboço de teoria), a tarefa da sociologia do direito que por si mesma não é mais marxista do que parsoniana, weberiana, luhmanniana – é de expô-la plenamente, de explicitar aquilo que está implícito nela, de compará-la com outras teorias sociológicas do direito e naturalmente de verificar ou refutar a sua validade, partindo da hipótese de fundo segundo a qual o direito é instrumento de domínio de classe. De verificá-la ou de refutá-la com todos aqueles instrumentos heurísticos que, ainda que imperfeitos, são os únicos de que os cientistas sociais podem dispor para fazer a sociologia progredir "do universo do mais ou menos ao universo da precisão".

Finalmente, no que diz respeito à minha anotação sobre a necessidade de distinguir o direito privado do direito público quando se fala de teoria marxista do direito, a referência feita por Treves a Renner é uma confirmação dela. De acordo com o uso hegeliano, sobre o qual tive a oportunidade de me deter em outra ocasião (Bobbio, 1977a, p.6.), o termo *Recht* em Marx designa geralmente o direito privado. Na *Judenfrage*, o direito que é definido como "a relação" de "indivíduos independentes", em seguida à dissolução da sociedade, é o direito privado.[4] Nos *Grundrisse*, para citar outra passagem bem conhecida, Marx afirma que "entra em jogo o momento jurídico da pessoa", a propósito do intercâmbio entre sujeitos formalmente livres e iguais, isto é, a propósito daquele instituto típico do direito privado que é o contrato (Marx, 1976, v.I, p.186).

---

4 Segundo Guastini, 1973, p.381 (que remete a Marx [1950d, p.383 (N.T.)]).

10
Relações internacionais
e marxismo*

O debate sobre a presumida existência de uma teoria marxista do Estado foi particularmente intenso nos últimos anos, ao menos na Itália. Até agora, porém, o debate teve por objeto o Estado do ponto de vista das relações entre governantes e governados, o tema clássico das formas de governo, tanto é verdade que os dois termos principais do debate sempre foram "democracia" e "ditadura". Mas o Estado tem duas faces, uma voltada para o interior, onde as relações de domínio se desenrolam entre aqueles que detêm o poder de emanar e fazer que se respeitem normas vinculatórias e os destinatários dessas normas, e uma outra face voltada para o exterior, onde as relações de domínio se desenrolam entre o Estado e os outros Estados. Não há manual de direito público que, tendo de enfrentar o problema da soberania, não comece afirmando que a soberania tem dois aspectos, um interno e outro externo. A distinção entre soberania interna e soberania externa é por assim dizer o *abc* da teoria do Estado.

---

* Publicado inicialmente em VV.AA., 1981, p.301-18. (N.E. It.)

Até agora – refiro-me particularmente ao debate que se desenvolveu na Itália nos últimos anos, especificamente às duas coletâneas de textos *Il marxismo e lo Stato* (VV.AA., 1976) e *Discutere lo Stato* (VV.AA., 1978b), publicadas respectivamente por duas revistas de esquerda, *Mondoperaio* e *Il Manifesto* – a discussão nascida da questão "existe uma teoria marxista do Estado?" referiu-se exclusivamente ao problema do Estado em suas relações internas, e deixou praticamente na sombra o problema das relações internacionais. Considero que o debate interno à teoria marxista do Estado não pode ser considerado esgotado enquanto não enfrentar com o mesmo desprendimento (e sem tomar partido nem por uma parte nem por outra) esse segundo aspecto. A isso nos incitam alguns clamorosos acontecimentos recentes que, contra o modo tradicional e tornado acriticamente convencional de considerar as relações entre Estados por parte da doutrina marxista corrente, levam a que se ponha, com respeito a esse problema, o mesmo tipo de questão que foi posta a respeito das relações internas: "Existe uma teoria marxista das relações internacionais? Se existe, qual é ela?". Para evitar equívocos e as habituais críticas dos bem informados, gostaria de precisar que não se trata de um problema novo, como não era novo o problema da relação entre democracia e socialismo. Ele simplesmente se tornou atual, ao menos porque democracia e ditadura eram conceitos e realidades conhecidas há séculos, ao passo que a respeito do problema de saber de que tipo poderiam ser as relações entre Estados socialistas somente havia sido possível chegar a uma teoria apriorista, isto é, formular uma hipótese, enquanto não existissem realmente muitos outros Estados socialistas (ou que se consideram e pretendem ser considerados como tais).

Creio não ser necessário sublinhar a diferença fundamental que existe entre o tipo de relações que transcorrem entre o Estado e seus membros e o tipo de relações que transcorrem entre um Estado e os outros Estados. Limito-me a chamar a atenção

Nem com Marx, nem contra Marx

sobre a diferença fundamental, ainda que seja uma banalidade: com respeito a seus cidadãos, o Estado detém o monopólio da força legítima, ao passo que não o detém com respeito aos outros Estados. Nas relações internacionais, a força como recurso de poder é usada em regime de livre concorrência, livre, entende-se, como é toda forma de concorrência, que jamais se desenrola entre entes perfeitamente iguais. O número destes entes pode mudar: eles podem ser muitos ou poucos (caso em que se fala de oligopólio); podem também ser somente dois, como ocorria ao menos até há pouco tempo no sistema internacional dominado pelos Estados Unidos e pela União Soviética. O importante é que sejam mais do que um. Onde os entes soberanos, e como tais independentes, são mais de um, a relação entre eles é uma relação qualitativamente diversa da relação entre Estado e cidadãos, porque é uma relação de tipo contratual, cuja força vinculatória depende exclusivamente do princípio de reciprocidade, ao passo que a relação Estado--cidadão é uma relação, diga-se o que se quiser, também no Estado democrático, entre superior e inferior, do tipo comando-obediência. Desde que o último recurso do poder político é a força – entendo por poder político, de fato, o poder que para obter os efeitos desejados vale-se da força física como instrumento, ainda que em última instância –, a diferença entre o uso da força em regime de monopólio e o uso da força em regime de livre concorrência é que somente nesse segundo caso o uso da força pode se transformar naquele fenômeno tão característico das relações entre grupos independentes, sejam eles Estados no sentido moderno da palavra ou outra coisa, que é a guerra. Prova disso é que quando, no interior de um Estado, as relações entre os aparelhos estatais destinados ao uso da força e os grupos organizados de cidadãos transformam-se em relações de guerra, como no caso da guerrilha ou mesmo da guerra civil, diz-se que o Estado está em desagregação, que o Estado não é mais um Estado no sentido próprio da palavra. Por outro lado, ainda que existam situações extremas de guerras no interior dos Estados, o tema da guerra está tradicionalmente ligado ao tema do Estado em suas relações com os outros Estados; é em substância o tema por excelência de toda teoria das relações internacionais. Também historicamente o nexo é claro: a teoria do Estado moderno procede *pari passu* com a teoria da guerra. O *De iure belli ac pacis* de Grotius (1625) está em meio aos dois grandes tratados sobre o Estado, nos quais foi posto em termos novos o problema central da soberania como caráter fundamental do grande Estado territorial, a própria soberania precisamente como poder exclusivo de dispor da força em um determinado território: a *Repubblica* de Bodin (1576) e o *Leviathan* de Hobbes (1650).

Posta essa premissa, e retornando a Marx e à teoria marxista do Estado, do ponto de vista não mais das relações internas mas das relações externas, o problema pode também ser formulado nos seguintes termos: "Existe uma teoria marxista da guerra?". Uma questão deste gênero foi incluída prepotentemente na ordem do dia do debate teórico da esquerda nos últimos anos, desde quando alguns acontecimentos internacionais, especificamente algumas guerras – porque sempre se trata da guerra em última instância quando se estuda o problema das relações entre Estados –, parecem ter desmentido a teoria prevalente, ou que se acreditava prevalente, da guerra no âmbito do marxismo teórico em suas diversas articulações.

Não é o caso de traçar sequer sumariamente um mapa das principais teorias da guerra (sobre o que, além do mais, já me detive em outros escritos).[1] Sinteticamente, mas com uma discreta aproximação, pode-se dizer que desde quando os escritores políticos se colocaram o problema da paz universal e perpétua diante da intensificação e do agravamento das guerras entre

---

1 Particularmente em *Il problema della guerra e le vie della pace* (1966) e *L'idea della pace e il pacifismo* (1975), agora reunidos no volume *Il problema della guerra e le vie della pace* (1979).

os grandes Estados europeus, alternaram-se e contrapuseram-se duas teorias principais da guerra, que podem ser definidas respectivamente como teoria do primado do político – liberal e democrática –, e como teoria do primado do econômico – marxista. Para os escritores liberais e democráticos, a começar de Kant, que julgava que a forma de governo republicana era a condição necessária para o estabelecimento da paz perpétua, as guerras haviam sido o produto natural do despotismo, vale dizer, de uma forma de governo em que o poder do príncipe é exercido sem qualquer controle. Na tradição marxista, ao contrário, as grandes guerras entre Estados soberanos dependem não do regime político mas da estrutura econômica: em palavras simples, as guerras são e serão, também no futuro, enquanto sobreviver mesmo que em parte o estado de coisas existente, estreitamente ligadas à estrutura capitalista da sociedade. Tanto nos escritos teóricos dos marxistas, ainda que de distinta orientação política, quanto nos documentos oficiais dos partidos socialistas e comunistas, a guerra – entende-se a guerra entre Estados soberanos, a começar da guerra franco-alemã de 1870 e até chegar à Primeira Guerra Mundial – sempre foi interpretada como uma consequência necessária, inelutável, do capitalismo. "As guerras" – pode-se ler na moção final do congresso da Segunda Internacional de Stuttgart (1907) – "pertencem à essência do capitalismo e somente deixarão de existir quando for suprimido o sistema capitalista". No primeiro *Manifesto da Internacional Comunista* (6 de março de 1919), lê-se:

> Por longos anos o socialismo previu a inevitabilidade da guerra imperialista e entreviu sua causa delas na insaciável avidez das classes possuidoras dos maiores concorrentes e em geral de todos os países capitalistas.

Despotismo, quer dizer, um determinado sistema político, ou capitalismo, quer dizer, um determinado sistema econômico? Esse é o problema. Ainda hoje a polêmica corriqueira não se distancia muito dessa alternativa, simplista e simplificadora, como são todas as alternativas. Em outras palavras, para um marxista o maior perigo de guerra sempre virá dos Estados capitalistas, mesmo que democráticos; para um democrata, o perigo maior – entende-se, o perigo de uma guerra universal – adensa-se sempre mais no horizonte pela presença de regimes despóticos, mesmo que socialistas.

Na realidade, poder-se-ia começar a observar que o principal tema político de reflexão e de pesquisa histórica de Marx não foi tanto o tema da guerra quanto o tema da revolução. Falo de tema principal com respeito ao problema das relações de força entre grupos organizados em conflito entre si. Marx, e não apenas Marx, estava convencido de que a história da humanidade havia ingressado na era das revoluções e, por isso, seriam as revoluções e não as guerras que, a partir de então, forneceriam a causa das grandes transformações das relações sociais. Esta convicção, que havia produzido uma verdadeira reviravolta na concepção da história, não mais concebida como um progresso de tipo evolutivo ou contínuo, mas como um progresso entrecortado por saltos qualitativos e portanto descontínuo, havia sido formada por meio da reflexão sobre a Revolução Francesa, julgada – para o bem e para o mal, seja pelos que a exaltaram, seja pelos que a execraram, seja por aqueles que se limitaram a lhe escrever a história – como um acontecimento epocal. Basta pensar em Kant, que, embora condenando o regicídio como o mais infame dos delitos, havia visto no entusiasmo com que a Revolução fora acolhida uma prova da disposição moral da espécie humana. Isso para não falar de Hegel, que na *Fenomenologia do Espírito* (ou seja, a não muitos anos do acontecimento) havia interpretado a Revolução Francesa como uma figura da história universal (a figura da "liberdade absoluta"). A Revolução Francesa fez que se mostrasse possível, pela primeira vez na história da humanidade, aquela transformação radical, aquela *renovatio ab imis fundamentis,* que até então somente havia sido fantasiada por profetas, por rebeldes místicos, por utopistas doutrinários; induziu a que se acreditasse que, se até então os filósofos haviam descrito a cidade ideal, a começar de Platão, agora se podia realizá-la com um esforço consciente, racional e coletivo. Que a Revolução Francesa fosse para Marx, como de resto para todos os escritores socialistas mesmo antes de Marx (tanto para Saint-Simon quanto para Fourier), uma revolução incompleta ou falida, não queria dizer que a revolução como tal, isto é, a verdadeira e não só aparente transfiguração de todas as relações sociais até então existentes, fosse impossível. Seria preciso apenas compreender qual havia sido o erro dos revolucionários da França, que tiveram de recorrer ao terror para tentar ir além dos tempos e das condições correspondentes, e identificar o novo sujeito histórico, que não poderia ser senão uma classe universal, não mais apenas potencial ou idealmente, mas também de fato.

É inútil dizer quanto esses dois temas, o tema da verdadeira revolução, não apenas política mas social e humana, e o tema do proletariado como classe universal, marcaram fortemente o pensamento de Marx desde os anos juvenis. O *Manifesto* não é uma declaração de guerra mas uma declaração de revolução, que será a guerra do futuro. Se é verdade que a história é a história de lutas de classes, as grandes modificações, aquelas que contam, que indicam a passagem de uma época a outra, são determinadas pelos choques de classe contra classe mais que pelos choques entre nação e nação, sobre os quais se concentraram os historiadores políticos, bem como Hegel na sua monumental filosofia da história. São aquelas caracterizadas pela modificação da estrutura social e, portanto, pela passagem de uma classe dominante a outra, mais que pela passagem de uma forma de governo a outra. O *Manifesto* é um programa revolucionário que nem sequer poderia ter sido concebido se não tivesse sido precedido por um acontecimento extraordinário como a Revolução Francesa, que introduzira na concepção tradicional de história a figura da ruptura de continuidade ou do salto de qualidade. Não é por acaso que o *Manifesto* parte da caracterização da burguesia como classe revolucionária.

Durante toda a sua vida, juntamente com Engels, Marx esteve convencido de que a humanidade havia entrado na era das revoluções e seguiu com apaixonado e intenso interesse de historiador e de político militante todos os movimentos revolucionários de que foi espectador. As obras históricas de Marx se chamam *As lutas de classe na França de 1848 a 1850, As revoluções de Espanha, O Dezoito Brumário de Luís Bonaparte, A guerra civil na França*. São obras cujo tema principal está constituído por aqueles acontecimentos históricos que na grande distinção entre guerras externas e guerras internas, entre guerras propriamente ditas e revoluções, estão compreendidos nas segundas. Não que Marx, e sobretudo Engels – que era ou imaginava ser um especialista em coisas militares (o próprio Engels, porém, escreveu a história da guerra dos camponeses, que havia sido uma revolução) –, não tivessem seguido as guerras de seu tempo ou não tivessem se esforçado para lhes dar uma interpretação. Mas as guerras de que foram espectadores e que comentaram em seus escritos ou em sua correspondência não tiveram nem a grandiosidade das guerras napoleônicas nem foram tão terríveis quanto as que viriam depois. Percorrendo sua correspondência, em particular as cartas que trocaram durante a guerra franco-alemã, não se pode deixar de ter a impressão de que as guerras entre Estados representavam para eles um fato secundário com respeito às guerras civis, ou, marxianamente, às lutas de classe no cenário de uma história que tivera o seu momento decisivo, a sua reviravolta, não em uma conquista, como todas as épocas precedentes, mas em uma revolução.

A filosofia da história até Hegel havia exercido sua reflexão sobre duas grandes modificações que haviam transtornado a história do mundo, a primeira da Idade Grega à Idade Romana, a segunda da Idade Romana à Idade Cristiano-germânica (para usar a expressão hegeliana). As duas haviam sido o efeito não de uma transformação interna, mas de uma conquista, da Grécia por Roma e de Roma pelas nações bárbaras. O *bellum civile*, que havia assinalado a passagem da república ao principado em Roma, sempre fora interpretado como um evento negativo, como o momento da desagregação, da dissolução, da decadência, da desordem, que só poderia ser resgatado com o advento de uma nova ordem. Somente da Revolução Francesa em diante (e retrospectivamente também com a Revolução Inglesa, embora de forma mais atenuada e controvertida) é que uma grande modificação, uma modificação epocal, havia acontecido na direção do progresso histórico, pela primeira vez, por meio de uma transformação interna. Somente da Revolução Francesa em diante é que as transformações internas, interpretadas tradicionalmente como os momentos negativos da história, passarão a ser julgadas, e não apenas no interior das seitas revolucionárias, como momentos positivos, como acontecimentos sem dúvida funestos, mas criativos, necessários ao cumprimento dos destinos progressistas da humanidade. Não obstante a série contínua das guerras napoleônicas, que de resto eram interpretadas como a forma por meio da qual a revolução havia sido levada para fora das fronteiras da França e elevada a acontecimento cósmico, a Revolução Francesa tornara-se o sinal revelador de uma nova fase do progresso civil, cujas etapas principais teriam sido representadas não mais por guerras entre nações mas por lutas de classe. Que para os revolucionários do século XIX, e também para Marx e Engels, as guerras entre Estados fossem consideradas como um fato secundário com respeito à esperada, iminente e ameaçadora revolução, é algo que também é revelado pelo fato de que desde então toda guerra começou a ser vista em função da possível revolução que poderia ser por ela desencadeada: a Comuna de Paris foi o primeiro exemplo desta expectativa, ainda que tenha se concluído tragicamente.

Com as considerações precedentes não desejo de modo algum sustentar que Marx e o marxismo não tenham nada a dizer a respeito do tema das relações internacionais. Muito ao contrário. A teoria marxista, e mais propriamente leniniana, das relações internacionais é a teoria do imperialismo, ou mais precisamente, a teoria econômica do imperialismo. Falo de teoria "econômica" porque, entre as muitas tipologias das várias teorias sobre o imperialismo propostas na hoje interminável literatura sobre o imperialismo (a cuidadosa bibliografia publicada como apêndice da antologia de estudos sobre o imperialismo de Owen & Sutcliffe estende-se por mais de cinquenta páginas) (VV.AA., 1977), parece-me que vigora sempre mais a grande divisão entre teorias econômicas e teorias políticas: exemplificando, entre uma teoria que considera a necessidade de exportar mercadorias ou capitais como causa principal da expansão de uma nação para além das próprias fronteiras, e uma teoria que atribui o mesmo fenômeno à vontade de potência, ao sistema político, à anarquia internacional. Não está dito que todas as teorias econômicas do imperialismo sejam de marxistas (não o é a de Hobson), mas é certo que todas as teorias que se remetem ao marxismo são predominantemente econômicas.

Diga-se o que se quiser e sejam quais forem os ajustes póstumos, as correções oportunas, as interpretações moderadas das relações entre base e superestrutura, o fato é que o marxismo foi e permanece sendo a teoria do primado do econômico sobre o político. Para ser marxista certamente não basta sustentar o primado do econômico. Mas basta negar o primado do econômico para não ser marxista. De fato, existe um nexo muito estreito entre a teoria do Estado como instrumento de domínio de classe nas relações internas e a teoria econômica do imperialismo nas relações internacionais. As duas teorias estão ligadas positivamente, na medida em que ambas estão fundadas sobre a tese central do primado do econômico, mas também, e ainda mais, negativamente, com respeito à crítica da sociedade existente, na medida em que os dois aspectos negativos do Estado (ditadura no interior, imperialismo no exterior) dependeriam da única causa determinante, a sociedade dividida em classes antagônicas, ou seja, em detentores de meios de produção e em possuidores da força de trabalho, pouco importando se se trata da sociedade nacional ou da sociedade internacional. Sinteticamente, todas as interpretações marxistas do imperialismo são, em que pese sua diversidade, uma projeção nas relações internacionais da grande antítese entre exploradores e explorados que vale primariamente – ou que ao menos foi primariamente relevada e declarada – nas relações internas. Unindo na crítica negativa tanto o Estado repressivo nas relações internas quanto o Estado imperialista nas relações externas, todas essas interpretações propõem como meta final uma sociedade em que a eliminação das classes contrapostas leve simultânea ou sucessivamente à eliminação de relações humanas fundadas na força exercida pelo Estado sobre seus cidadãos e pelo Estado sobre outros Estados, isto é, à eliminação de toda forma de poder político entendido como poder coativo em relação ao interior e em relação ao exterior.

Está fora de discussão a importância da contribuição que marxistas ou estudiosos influenciados pelo marxismo deram às várias interpretações econômicas da análise das relações internacionais na era do capitalismo ou do imperialismo. Mas aqui não é disso que se trata. Trata-se do problema da guerra. Ou seja, trata-se do problema fundamental de toda teoria das relações internacionais, precisamente da guerra, que sempre foi, e ainda é, o modo com que os Estados tendem, ou são obrigados, a resolver, em última instância, seus conflitos. Pois bem, é preciso reconhecer que o problema do imperialismo não esgota o problema da guerra, ou, falando de outro modo, os dois problemas, o do imperialismo e o da guerra, não se superpõem. E não se superpõem por duas razões opostas.

Por um lado, em todas as interpretações econômicas e marxistas, o imperialismo é um fenômeno ligado ao surgimento do capitalismo, é, por assim dizer, uma consequência e uma continuação do capitalismo. Ora, ninguém pode afirmar que não houve guerras antes do surgimento do capitalismo. Se é verdade que existiram guerras antes do surgimento do capitalismo, e do consequente imperialismo, isso quer dizer que existem causas de guerra diferentes daquelas que são atribuídas ao capitalismo e ao imperialismo. Se existem e existiram causas diferentes, quais são elas? Não peço uma resposta a tal questão. Limito-me a sublinhar a importância de uma pergunta deste gênero porque me interessa acrescentar um argumento decisivo para afirmar que os dois conceitos de guerra e de imperialismo não têm a mesma extensão. Somente poderiam ter a mesma extensão caso se pudesse demonstrar que todas as guerras, ao menos de uma fase da história em diante, foram e serão guerras imperialistas: mas já a Segunda Guerra Mundial não foi interpretada como guerra imperialista, pelo menos no sentido em que havia sido interpretada como guerra imperialista a Primeira, conforme a célebre análise de Lenin.

Por outro lado, se é verdade que nem todas as guerras foram imperialistas no passado, e não se vê a razão pela qual deveriam sê-lo todas as guerras também no futuro, então é igualmente verdade que nem todas as formas de imperialismo – entendido como expansão econômica, conquista de mercados, sujeição de nações ricas de matérias-primas e pobres de meios de defesa, especialmente na era do capitalismo avançado – levam necessariamente à guerra. Um dos propósitos principais da teoria econômica do imperialismo depois da Segunda Guerra Mundial e do rápido processo de descolonização é precisamente o de analisar e explicar as novas formas de domínio nas relações internacionais que não têm nada a ver com relações tradicionais fundadas principalmente na força militar. Após o processo de descolonização, que foi em alguns casos violento e em outros casos não violento, e que, portanto, como tal, não pode ser identificado totalmente com as guerras de libertação nacional, o neoimperialismo caracterizou-se pela tentativa de alcançar seu objetivo, isto é, a submissão da nação ex-colonial à metrópole, mediante formas que não entram na categoria tradicional da guerra. Digo, de uma vez por todas, que por "guerra" entendo o recurso ao uso da força por parte de um grupo organizado que se proclama, ou que tende a se fazer reconhecer por parte do antagonista, como independente ou soberano no senso jurídico da palavra, com o objetivo de resolver problemas vitais, ou que considera vitais, para a própria sobrevivência. Em particular, as várias interpretações econômicas do imperialismo de inspiração marxista propuseram-se a encontrar uma explicação para fenômenos distintos, sobretudo para esses três: (a) das relações das sociedades capitalistas avançadas entre si; (b) das relações entre as sociedades capitalistas avançadas e as sociedades atrasadas; (c) das relações de classe no interior dos países atrasados. Com os dois conceitos fundamentais de "centro" e de "periferia" empregados por Galtung (1977) na sua análise do imperialismo, trata-se das seguintes relações: (a) entre os centros do centro e os outros centros do centro; (b) entre os centros do centro e os centros da periferia; (c) entre os centros da periferia e a periferia da periferia. Ficam excluídas, ou pelo menos aparecem em plano secundário, as relações restantes entre o centro dos centros e a sua periferia (é o problema clássico da luta de classes no interior dos Estados avançados, o tema marxiano originário por excelência), entre o centro dos centros e a periferia das periferias, porque entre um e outra o centro da periferia age como intermediário (um dos aspectos salientes do neocolonialismo consiste precisamente no uso instrumental das elites locais, a assim chamada "burguesia nacional", por parte das classes dirigentes do país hegemônico), e as relações entre as duas periferias (que são relações de não contiguidade). Destes três tipos de relações somente o primeiro pode desembocar em um conflito armado. O segundo é quase sempre bem mais uma relação de domínio, mas também pode ser de aliança. O terceiro é a típica relação de domínio entre classe dominante e classe dominada.

Não há estudioso do imperialismo, mesmo no interior das teorias marxistas, que não tenha lamentado a ambiguidade do termo "imperialismo" e a multiplicidade dos usos em que é empregado. Uma das razões desta ambiguidade está nos objetivos distintos a que a teoria serviu ao longo do tempo. Para Lenin, que escreveu seu ensaio durante a Primeira Guerra Mundial, o objetivo principal era dar uma explicação da guerra entre as grandes potências, que também eram as principais potências coloniais. Entende-se então que para Lenin a teoria do imperialismo também era uma teoria da guerra. Para os estudiosos marxistas de hoje, o objetivo principal da análise do imperialismo é encontrar uma chave de explicação da política externa dos Estados Unidos, considerada a potência imperialista por excelência, seja diante dos outros Estados capitalistas, seja diante das potências não capitalistas, ou diante dos países que não são nem capitalistas nem grandes potências. Ora, essas relações não são necessariamente relações de guerra. Disso se segue que nos diversos tempos e nas diversas situações históricas a teoria do imperialismo é sempre uma teoria das relações internacionais, mas não é sempre uma teoria da guerra, isto é, daquele fenômeno que, apesar de tudo, é o fenômeno principal em que qualquer teoria das relações internacionais está destinada a encontrar sua própria realização.

Em resumo, se é verdade que nem todas as guerras são (ou foram) imperialistas, nem todas as formas de imperialismo estão necessariamente ligadas ao fenômeno da guerra, então a relação entre imperialismo e guerra pode ser representada por dois círculos que se interpenetram, nos quais o espaço ocupado pelos dois círculos que se superpõem é o das guerras imperialistas e os outros dois são o das formas de imperialismo pacífico (onde "pacífico" significa penetração prevalentemente econômica) e o das guerras não imperialistas. O ponto a que desejo chegar é este: se é verdade que a fenomenologia do imperialismo e a fenomenologia da guerra não coincidem, uma teoria como a marxista e todas as teorias dela derivadas – que, diante do fenômeno das relações internacionais, levaram em consideração o fenômeno do imperialismo como fenômeno prevalente ou determinante – devem ser consideradas como teorias que não oferecem instrumentos adequados para compreender o fenômeno da guerra em toda a sua extensão, e portanto em todas as suas concretas determinações, como fenômeno que caracteriza desde sempre as relações internacionais e para o qual está constantemente orientada a política dos Estados diante dos outros Estados e com base no qual é julgada a maior ou menor completude de uma teoria das relações internacionais.

Deixo de levar em consideração as guerras do passado pré-capitalista, desde que a teoria marxista do imperialismo não é, segundo as repetidas declarações de seus defensores, uma teoria genérica do imperialismo de todos os tempos mas se limita a considerar o imperialismo como uma fase do capitalismo avançado. Contudo o problema permanece, já que a era pré-capitalista e pré-imperialista ocupa grande parte da história humana. Levo em consideração somente as guerras de hoje. Impõe-se a observação de que, do final da Segunda Guerra Mundial em diante, nenhuma das guerras (e portanto nem mesmo a própria Segunda Guerra Mundial) pode ser inserida na categoria das guerras imperialistas no sentido leniniano da palavra, isto é, na categoria das guerras entre Estados imperialistas para a repartição dos mercados. Existiram: (a) guerras entre as duas superpotências, das quais uma é a potência imperialista por excelência e a outra seria, enquanto socialista, uma potência não imperialista (ao menos segundo a doutrina corrente entre os marxistas ortodoxos), guerras que no entanto ocorreram por interposta pessoa, como a guerra da Coreia e a do Vietnã; (b) guerras entre Estados nacionais no sentido tradicional da palavra, como a guerra em várias etapas entre os países árabes, em particular o Egito, e Israel; (c) guerras entre Estados de recente formação que até ontem eram países coloniais, como a guerra entre Etiópia e

Somália, ou a guerra entre Vietnã e Camboja; (d) guerras de libertação nacional, como a guerra da Algéria ou a de Angola; (e) por fim, há um estado permanente de guerra ameaçada (e ameaçadora) entre as duas superpotências que nasceram de uma revolução comunista, a URSS e a China. Não falo da ocupação militar da Checoslováquia pelas tropas soviéticas porque, em decorrência da sua brevidade, não foi uma guerra no sentido tradicional da palavra (pode ser chamada de uma operação militar que se assemelha mais a uma ação de política interna, isto é, a uma operação policial, do que a uma ação de política externa).

Destes cinco tipos de guerra, podem ser incluídas na categoria das guerras imperialistas – isto é, das guerras direta ou indiretamente provocadas pela nação imperialista por excelência, os Estados Unidos – as *sub a* e, por contragolpe, as *sub d,* com um certo esforço também as *sub b,* mas de modo nenhum as *sub c* e *sub e.* Sobretudo essas últimas, a não ser que se sustente, como um ou outro sustenta, que as superpotências socialistas tornaram-se também elas capitalistas. Mas onde tudo é capitalismo nada é capitalismo, e capitalismo se torna uma categoria vazia, a ser preenchida por qualquer conteúdo ao sabor das opiniões políticas de quem a emprega. Assim também, uma vez alargada a categoria das guerras imperialistas até incluir as guerras entre Estados não capitalistas, a categoria do imperialismo perde sua especificidade e se torna sinônimo de política de potência, isto é, daquele fenômeno que em outros tempos foi certamente chamado de imperialismo mas do qual as teorias marxistas do imperialismo sempre procuraram manter distância, por temor de cair naquela concepção genérica de imperialismo que impediria uma identificação de imperialismo com capitalismo.

Em vez disso, é precisamente a resolução da categoria do imperialismo na de capitalismo, ainda que do capitalismo em uma certa fase de seu desenvolvimento, que acaba por converter essa categoria específica em uma categoria imprópria para abraçar o fenômeno da guerra em toda a sua enorme complexidade. Diante de fatos clamorosos, que a teoria do imperialismo não tinha podido prever, como a guerra entre Vietnã e Camboja e o dissídio sempre mais grave e totalmente tradicional em suas manifestações entre China e URSS, uma vez tornada insustentável a sequência causal (e a teoria correspondente) capitalismo-imperialismo-guerra, faz-se necessária uma categoria mais geral, e portanto mais compreensiva, como é a de política de potência,[2] para que se possa explicar aqueles conflitos internacionais que escapam das várias interpretações do imperialismo como última fase do capitalismo. Estou sempre mais convencido de que a teoria da política de potência, descartada pela porta do "imperialismo-explica-tudo", volta a entrar pela janela no momento em que se é obrigado a constatar que a categoria do imperialismo é um recipiente pequeno demais para acomodar todas as guerras do presente. Algo semelhante ocorreu com a teoria marxista do Estado como instrumento de domínio de classe ou como ditadura permanente quando se ficou diante da realidade dos Estados socialistas, que são ditaduras permanentes em um sentido bem mais forte do que as democracias representativas e que não são propriamente instrumentos de domínio de classe, salvo se se inventar uma "nova classe", que seria a detentora e a usurpadora do imenso poder do novo Estado mas que nada teria a ver com a classe no sentido marxista da palavra. Como se sabe, a crítica à teoria marxista do Estado partiu dessa constatação. Um dos efeitos mais relevantes dessa crítica foi a redescoberta do "político" como esfera relativamente autônoma, redescoberta essa da qual derivou a tese corrente entre alguns dos maiores teóricos marxistas do Estado (tão corrente que se tornou quase uma *communis opinio*) da "autonomia relativa da política". Não há nada de escandaloso em prever que

---

2 Uma boa introdução ao tema, com relativa bibliografia, pode ser encontrada em VV.AA., *Politica di potenza e imperialismo*, 1973. Em princípio, concordo com as teses defendidas por Pistone em sua introdução.

a tese da autonomia relativa da política será utilizada, se é que já não foi, para dar uma solução às dificuldades que não podem ser resolvidas mediante a teoria econômica do imperialismo. Não me empenho na crítica dessa tese porque isso me levaria longe demais. Recordo-a unicamente porque é o sintoma do mal-estar. Mas não me pronuncio sobre se ela é, além de sintoma de mal-estar, um remédio para ele.

Mas se poderá desde logo objetar-me que, se é verdade que o imperialismo referido apenas a Estados capitalistas é um recipiente pequeno demais, então a política de potência é um recipiente grande demais, no qual se atira tudo confusamente, tanto a Primeira e a Segunda Guerra Mundial quanto as guerras entre Roma e Cartago e talvez, remontando-nos ainda mais para trás, a guerra do Peloponeso entre Atenas e Esparta. Ainda que ao custo de caminhar contra a acusação de abstrativismo, de anistoricismo etc., penso que é precisamente disso que se trata. Trata-se, portanto, de compreender por que a guerra é uma das características permanentes das relações entre Estados, isto é, entre entes soberanos e independentes, seja qual for seu sistema político, seu sistema econômico e seu sistema ideológico. De resto, uma teoria da guerra ou é onicompreensiva ou não é uma teoria. Não consigo entender como se pode defender a curiosa tese, sustentada por um conhecido filósofo político marxista, segundo a qual se pode e se deve fazer uma teoria do Estado capitalista mas não se pode fazer uma teoria geral do Estado (Poulantzas, 1978, p.22). Creio, ao contrário, como tive a oportunidade de escrever amigavelmente ao autor,[3] que não se

---

3 Em uma carta de 5 de março de 1978, que Poulantzas não respondeu. Em vez disso, escreveu-me uma longa carta no ano seguinte, com data de 20 de abril de 1979, a propósito da crítica que lhe havia dirigido em minha intervenção sobre as teses que Althusser havia proposto no jornal *Il Manifesto*, agora incluída na presente coletânea. (Quando acrescentei essa alusão a Poulantzas, ainda não havia ocorrido a sua morte prematura. Deixo-a aqui assim como a escrevi como recordação de um relacionamento que remon-

pode fazer uma teoria do Estado capitalista sem que se tenha uma teoria geral do Estado. Trata-se, em outras palavras, de reconhecer, diante da variedade e da complexidade do fenômeno da guerra, a parcialidade de uma teoria que põe com força o acento no sistema econômico, do mesmo modo que a realidade da Primeira Guerra Mundial havia mostrado a insuficiência (e a matriz ideológica) da teoria até então dominante que, para explicar a explosão das guerras entre grandes potências, punha o acento no tipo de sistema político (o despotismo), teoria essa que é continuamente reiterada em nossos dias por aqueles que atribuem as tensões internacionais não ao imperialismo americano mas ao despotismo soviético. De outra parte, considero que ninguém está hoje disposto a crer que as guerras, grandes ou pequenas que sejam, dependam de razões ideológicas, isto é, sejam guerras, como se diria tempos atrás, religiosas. A teoria política da guerra, isto é, a teoria segundo a qual a causa principal das guerras está no tipo de regime político (despótico no interior e portanto tendencialmente despótico no exterior), nasceu quando as guerras religiosas já haviam terminado, assim como a teoria econômica surgiu quando se teve de abandonar a ilusão de que as guerras cessariam quando o poder soberano, isto é, o poder de decidir sobre a guerra e a paz, tivesse passado dos príncipes aos parlamentos.[4]

---

tava a muitos anos, quando ele era um jovem estudioso de filosofia do direito, autor de uma monografia sobre a *nature des choses;* um relacionamento que seguiu em frente mediante frequentes encontros, entre os quais me agrada recordar o congresso hegeliano de Praga de 1967 e um seminário turinense em 1973.)

4 Para dizer a verdade, que a forma de governo não fosse relevante na investigação das causas das guerras já havia sido observado por Hamilton na VI Carta do *Federalist:* "Por acaso nunca ocorreu de as repúblicas se demonstrarem menos propensas à guerra do que as monarquias? Não é verdade que as nações são influenciadas pelas mesmas aversões, predileções e rivalidades que atuam sobre os reis? etc." (citado a partir da trad. it. [1955, p.31 (N.T.)]).

A teoria da política de potência escapa das críticas a que são submetidas as teorias precedentes porque explica o fenômeno da guerra prescindindo completamente do sistema ideológico, do regime político e do sistema econômico. As desconfianças entre sistemas ideológicos, políticos ou econômicos servem para explicar por que surgem conflitos da mais diversa natureza entre Estados, mas não explicam por que esses conflitos resolvem-se em muitos casos naquele particular modo de resolver o conflito – um modo violento, cruento, prolongado – que é a guerra. Para explicar o fenômeno da guerra é preciso partir das condições objetivas das relações internacionais, que, à diferença das relações internas, são caracterizadas, como afirmei no início, por um regime de concorrência no uso da força, que é o recurso último de toda forma de poder do homem sobre o homem. Não digo nada de particularmente novo se digo que o grande Estado territorial moderno é o resultado de um lento processo de concentração de poder que se realizou com a gradual expropriação por parte do príncipe, para usar um conceito de Max Weber, dos meios de serviço ou de administração civil e militar que estavam nas mãos dos senhores feudais, processo que vai unido à expropriação que o capitalista moderno faz dos meios de produção que estavam nas mãos dos trabalhadores independentes. Entre os meios de serviço que foram expropriados, os mais fundamentais para o nascimento do Estado moderno foram os meios que servem ao uso da força, em poucas palavras, as armas. O Estado moderno é o resultado, como já afirmei, de um lento e irreversível processo de monopolização do uso da força. Pois bem, o monopólio da força tem o objetivo não somente de evitar que os conflitos entre súditos e entre súditos e Estado degenerem em guerra. Já tive a oportunidade de dizer em outra ocasião que o Estado, a forma-Estado, como se costuma dizer hoje, pode consentir na desmonopolização do poder ideológico por meio do reconhecimento dos direitos de liberdade ou na desmonopolização do poder econômico por meio do reconhecimento

Nem com Marx, nem contra Marx

da livre iniciativa. O que ele não pode aceitar é a desmonopolização do uso da força, porque, se aceitá-la, deixaria de ser um Estado (Bobbio, 1970-1971, p.15-31).

A formação de Estados sempre maiores até chegar às superpotências atuais não eliminou por completo uma ampla esfera de relações em que a força é usada em regime de concorrência; não eliminou a possibilidade, mais ainda a necessidade, do conflito armado onde o conflito, por sua gravidade, não pode ser resolvido através de negociações. No interior de um sistema fundado no monopólio do uso da força, o conflito que não pode ser resolvido por meio de acordos entre os privados provoca o direito por parte do Estado de recorrer ao poder coativo. Em um regime de concorrência no uso da força, quando um conflito não pode ser resolvido com negociações, intervém o direito de guerra, que nada mais é que o uso externo da força concentrada do Estado. Sobre os conflitos que não podem ser resolvidos por meio de negociações, a variedade das guerras atuais e potenciais na sociedade internacional de hoje mostra que é extremamente difícil dar uma resposta boa para todas as ocasiões e que toda teoria reducionista – econômica, política, ideológica ou mesmo geopolítica – é parcial. Em um sistema de relações como são as dos entes que compõem a comunidade internacional, para os quais o problema fundamental é o da supremacia, para os maiores, e o da sobrevivência, para os menores, devem ser considerados não negociáveis aqueles conflitos em que uma das partes ou as duas partes julgam que os fins, respectivamente da supremacia e da sobrevivência, não podem ser alcançados com uma solução de compromisso, mas unicamente com a vitória sobre o adversário, coisa que somente o uso da força pode garantir. Que os conflitos não negociáveis sejam também de natureza econômica é incontestável. Hoje, na presença de conflitos entre Estados não capitalistas, é em vez disso contestável que esses conflitos de natureza econômica em última instância não negociáveis são, nas relações entre Estados soberanos, derivados daquele particular sistema econômico que é o capitalismo. O que permanece absolutamente incontestável ao final é que, se existem conflitos não negociáveis que como tais levam ao choque armado, isso depende exclusivamente da natureza do sistema internacional, que é um sistema de equilíbrio dinâmico (tempos atrás somente europeu, agora mundial) que se decompõe e se recompõe continuamente e cujo agente de decomposição e recomposição foi até agora o uso da força, que é o último recurso de todo poder político.

Terceira parte
Discursos críticos

11
Marxismo crítico*

Para mostrar a vitalidade e a validade do marxismo, Nicola Badaloni pôs-se, com seu novo livro (1962), na via justa, que é a de aceitar o choque com as correntes mais vivas da filosofia contemporânea (neopositivismo, neoempirismo, pragmatismo etc.) e de rediscutir, à luz de contribuições provenientes da ala não marxista, conceitos-chave da filosofia marxiana, como ideologia, dialética, práxis. O objetivo do livro é mostrar que o marxismo não somente resiste à prova mas, depois do desafio, está mais vivo do que nunca. Enquanto isso, obrigado a medir-se com novos adversários, esclarece-se a si mesmo, aprofunda velhos temas, revela obscuras tendências, entrevê novos germes de desenvolvimento, procede de maneira mais expedita e segura por sua estrada. Oh, vantagens finalmente redescobertas do método crítico!

Para dar uma ideia do livro, bastante complexo e de não fácil leitura, sem um aparente desenho unitário à exceção do

---

* Publicado inicialmente em Bobbio, 1962, p.V-VI. (N.E. It.)

título, creio que se pode apresentar a situação do seguinte modo: o marxismo corre continuamente dois perigos, o de ser reduzido, por um lado, a mera metodologia (donde a obrigação de ajustar as contas com os modernos movimentos de filosofia científica, tecnicamente aguerridos), e o de ser reduzido, por outro lado, a mera ideologia (donde a obrigação de submeter-se à crítica das ideologias, que foi, de resto, instituída pelo próprio marxismo). Mais precisamente: diante da tentativa dos adversários de desacreditar o marxismo reduzindo-o a ideologia, os marxistas críticos buscam restaurar-lhe o prestígio colocando em evidência sua validade no plano metodológico.

Em síntese, parece-me que o propósito de Badaloni é evitar simultaneamente ambos os perigos: em seu livro, o marxismo se nos aparece ora como uma metodologia, ora como uma ideologia, e, o que mais importa, como uma metodologia e uma ideologia estreitamente vinculadas, no sentido de que a metodologia marxista contém, implica ou sugere uma ideologia e a ideologia está contida na metodologia.

Em outras palavras, o marxismo é, enquanto metodologia, uma metodologia empenhada em uma direção prática (aliás, na única direção justa segundo o progresso histórico) e é, ao mesmo tempo, enquanto ideologia, uma ideologia cientificamente fundamentada, instituída ou inspirada. Essa conjunção de metodologia ativa e de ideologia científica permite a Badaloni manter a distância tanto as várias filosofias de tendência empiricista quanto a crítica das ideologias tal como prospectada, por exemplo, por Pareto. Segundo nosso autor, o marxismo pode ser uma metodologia e uma ideologia porque seu ideal de ciência não é o consagrado pelas filosofias empiricistas e seu conceito de ideologia não é o criticado por Pareto. O marxismo é uma metodologia que faz brotar e guia soluções práticas e, ao mesmo tempo, uma ideologia que se impregna de soluções cientificamente controladas.

A chave desta interpretação do marxismo é, ainda uma vez, a dialética. Por um lado, a descoberta das leis dialéticas é o re-

Nem com Marx, nem contra Marx

sultado último do marxismo como crítica metodológica; por outro, a dialética contém em si mesma uma concepção do mundo, isto é, um certo modo de conceber o desenvolvimento da natureza e da história. As leis dialéticas são ao mesmo tempo o produto do marxismo como teoria e o fundamento do marxismo como ideologia, representam um modo de tomar consciência, por parte do homem, da sua colocação na história natural e das suas reais possibilidades de desenvolvimento na história humana, em direção à fundação do *regnum hominis,* entendido como efetivação do controle humano não somente sobre as forças da natureza mas também sobre as forças da sociedade.

Que as leis dialéticas, posto que sejam leis (mas isso seria um longo discurso), contenham tantas coisas, e até mesmo uma concepção do mundo, é o que me deixa mais perplexo. Limito-me a essa observação: admitamos que a crítica marxista, servindo-se da dialética, ajude-me a entender a direção do movimento histórico; ela não me diz, porém, se a direção entrevista é a justa, isto é, aquela que *eu devo* seguir. Não me pode dizer isso porque, para decidir se a direção é ou não justa, devo *tomar posição* e a tomada de posição implica ou é ela mesma uma ideologia. A verdade é que o marxista crítico está sempre acompanhado, sem que disso se dê conta, pelo ideólogo comunista. Em um único caso poderia renunciar à tomada de posição perante o movimento histórico: no caso em que decidisse aceitar de uma vez por todas a ideia de que a direção da história, qualquer que seja ela, é sempre justa. Mas nesse caso cairia no mais crasso materialismo. E depois, o otimismo oficial do marxismo dogmático não foi cruelmente desmentido? Se desejo distinguir o movimento justo do movimento equivocado, não há dialética que resista: é preciso uma ideologia. Note-se que a práxis jamais deriva diretamente da consciência – por mais perfeita que seja essa consciência –, que eu tenha do movimento histórico (admitindo-se que somente a crítica marxista me revele o segredo), mas da avaliação que eu tenha feito dele (isto é, se o aprovei ou o refutei).

Digo isso porque penso que o marxismo crítico deveria dar ainda um passo adiante, enfrentando com igual ausência de preconceito o problema dos juízos de valor e da sua justificação. O próprio Badaloni, ainda que tão atento para avaliar o que está ao seu redor, não parece ter fixado o olhar sobre esse ponto. Quem pode negar que seu livro esteja penetrado, sustentado e guiado por tomadas de posição? Porém, desde que elas não são quase nunca declaradas, o autor faz que se acredite que elas não existem ou que provêm da natureza das coisas finalmente conhecida ou do curso histórico finalmente revelado. Quem desejasse procurar ao longo do livro alguma fresta encontraria apenas frases vagas (tão vagas que não serviriam para caracterizar uma ideologia historicamente operante), como "prementes instâncias liberadoras" (ibidem, p.32), "a tensão real do devir histórico que a ação dos homens em toda situação pode procurar desenvolver em seu próprio favor" (ibidem, p.63) (por gentileza, a favor de quem?), "uma maior utilização da energia criadora do homem" (ibidem, p.154). Neste ponto o crítico não marxista diz ao marxista crítico:

> Estabeleças com clareza os fins (coisa que não podes deixar de fazer se desejas agir em um contexto histórico), escolhas os meios adequados aos fins propostos (coisa que não podes deixar de fazer se desejas que tua ação seja eficaz), e então perceberás por ti mesmo todas as tuas tomadas de posição que a crítica dialética não resolveu.

12
Marxismo e fenomenologia*

O livro de Enzo Paci (1963) acrescenta um capítulo particularmente sugestivo e instrutivo à história das relações, complexas e ainda a serem estudadas em uma visão de conjunto, entre marxismo e filosofia moderna. Esta história poderia ser escrita de dois pontos de vista distintos: (1) do ponto de vista das diversas tentativas feitas pela filosofia contemporânea de refutar o marxismo; (2) do ponto de vista das diversas tentativas feitas pelos marxistas de anexar esta ou aquela parte da filosofia contemporânea. Por sua vez, esta anexação poderia ser estudada segundo duas perspectivas: (a) segundo a perspectiva daqueles que aproximaram o marxismo desta ou daquela parte da filosofia contemporânea para destemperá-lo ou diluí-lo, para lhe diminuir a carga agressiva e mostrar no final das contas sua respeitabilidade; (b) segundo a perspectiva daqueles que empreenderam

---

* Publicado inicialmente em Bobbio, 1964, p.318-22.
Publicado sem título como comentário ao livro de Enzo Paci.
Uma versão reduzida do texto foi publicada em *Paese Sera-Libri*, a.V, 17 de abril de 1964, p.1, com o título "Marxismo e fenomenologia". (N.E. It.)

a mesma operação para revestir o marxismo de vestes curiais e, fazendo isso, para enobrecê-lo e dar-lhe credibilidade junto aos especialistas, aos competentes, aos profissionais, mostrando enfim sua legitimidade filosófica. Não há corrente filosófica de um século para cá que, no momento de seu maior vigor, não tenha encontrado uma corrente de marxismo disposta a alguma concessão, para mostrar-se em uma companhia tida como particularmente honrada e honorífica: positivismo, neokantismo, bergsonismo; e agora pragmatismo, existencialismo, fenomenologia. Destas uniões nasceram os diversos revisionismos.

Nesta história das relações entre marxismo e correntes de filosofia contemporânea, a obra de Paci ocupa um lugar independente, porque o encontro ocorre simultaneamente a partir das duas partes: o marxista, que está em Paci, estende uma mão à fenomenologia ao mesmo tempo que o fenomenólogo estende a mão ao marxismo. Marxismo e fenomenologia, unidos em um abraço fatal, ou se salvam ou caem juntos. Não há na obra de Paci aquilo que é o sinal característico do revisionismo: um marxismo que busca proteção, e uma filosofia estabelecida e aclamada que se digna a emprestar a ele a sua válida armadura sistemática, e quem sabe as tropas de assalto de seus conceitos. Na obra de Paci, a fenomenologia não estabelece um protetorado sobre o marxismo: fenomenologia e marxismo são dois potentados igualmente soberanos que estabelecem entre si um verdadeiro tratado de aliança. Depois disso, não deveria se manifestar um marxismo fenomenológico, à imagem e semelhança do marxismo positivista da social-democracia ou do marxismo bergsoniano de Sorel, mas uma nova filosofia fenomenológico-marxiana, isso, evidentemente, se a aliança tiver sido fecunda.

Não nego que este propósito de instituir uma relação de recíproca integração e fecundação entre Marx e Husserl suscita-me alguma perplexidade, substancialmente por duas razões: antes de tudo, Husserl jamais se ocupou proposital e seriamente com problemas sociais e políticos; mesmo o seu interesse pelos problemas éticos – a julgar pelo livro de Alois Roth, recenseado por Pietro Chiodi (1963, p.488-92) – foi marginal. Uma filosofia jurídica e social de inspiração fenomenológica nasceu e morreu no breve intervalo de poucos anos no outro pós-guerra e não deixou traços visíveis, e de qualquer modo teve uma direção claramente antimarxista (coisa que foi completamente esquecida no presente renascimento husserliano, e disso não nos lamentamos). Em segundo lugar, a posição tomada por Husserl diante dos problemas de nosso tempo – em uma das poucas vezes que se deixou induzir a interromper seu interminável solilóquio, na obra que fundamenta o renascimento atual, *Crise das ciências europeias* – foi provocada exclusivamente por observações em torno da crise presumida ou real das ciências modernas, como se na Alemanha, três anos depois do advento de Hitler, não tivessem havido outros sintomas de crise da humanidade que pudessem ofuscar a fronte serena de um filósofo alemão, e além do mais judeu. Do ponto de vista da crítica da época, *Crise* é um fruto, que alguém poderia considerar tardio, do antipositivismo e do anticientificismo do início do século: duas célebres frases, que se leem nas primeiras páginas – "As meras ciências de fatos criam meros homens de fato" (Husserl, 1961, p.35) e "O positivismo decapita, por assim dizer, a filosofia" (ibidem, p.39) – explicam bem seu humor; o fato de que em um livro sobre a crise da espiritualidade europeia, escrito nos anos de 1930, tenha posto em questão não Nietzsche, mas Galileu, mostra com suficiente clareza sua direção; que Husserl, enfim, recolocasse a salvação da humanidade, que estava próxima da maior hecatombe da sua história, em uma reforma da filosofia é prova bastante desconcertante do viés intelectualista tomado por seus pensamentos sobre a crise.

Seja como for, Paci evita o escolho revisionista, precisamente porque, como se dizia pouco antes, põe a questão das relações entre marxismo e fenomenologia não como problema de um empréstimo unilateral, mas como problema de integração recíproca. Em síntese, seria possível dizer – interpretando com alguma liberdade, mas espero que não arbitrariamente, as suas intenções – que ele tenta responder simultaneamente não a uma única, mas a duas questões: (1) "Qual é a função do marxismo na reproposição da fenomenologia como crítica do nosso tempo?"; (2) "Qual é a função da fenomenologia na retomada do marxismo como filosofia?". A pergunta que poderia ser feita por um revisionista seria, quando muito, somente a segunda, mas é corrigida pela resposta que a obra de Paci dá à primeira.

No tocante à primeira questão, a resposta de Paci é clara: em relação à fenomenologia, o marxismo tem uma função integradora e corretiva. O próprio Paci, quando fala das necessidades humanas e da ciência econômica, conclui: "As implicações aqui indicadas permaneceram, para Husserl, ocultas: elas poderão permitir uma *correção* e uma *renovação da fenomenologia*" (Paci, 1963, p.197). No que concerne à segunda questão, a posição de Paci deve ser interpretada (e não estou seguro de que a minha interpretação seja a única possível): a fenomenologia tem, em relação ao marxismo, a tarefa de fundá-lo filosoficamente, na medida em que, por meio do radicalismo das reduções e do retorno à subjetividade transcendental, Husserl chega a tocar aquele fundo ou a descobrir aquele fundamento do qual parte a própria análise marxiana, também ela empenhada em uma inversão radical do ponto de vista. Com outras palavras: Marx serviria para levar adiante a análise da crise, feita por Husserl, que se detém na objetivação científica e não se dá conta de que por trás da objetivação científica existe a alienação social; Husserl serviria para que se compreendesse o sentido, a direção última, o *telos* da análise marxiana, que não reinterpreta os resultados obtidos pela análise econômica em uma síntese total. Com a fenomenologia, Husserl oferece uma bússola mais perfeita, mesmo que depois a navegação caiba, ainda que em última instância, a Marx, que chega mais longe.

Digo logo que das duas respostas a primeira parece-me mais convincente: a integração que o marxismo oferece à fenomenologia parece necessária, se se considera o fim a que Paci se propõe, que é o de surpreender uma crise social, a crise de um certo tipo de sociedade, por trás da crise das ciências; ao contrário, não parece igualmente necessária ou condicionante a fundamentação que a fenomenologia põe à disposição do marxismo. Dos dois trajetos percorridos por Paci, em suma, considero mais legítimo aquele que vai de Husserl a Marx do que o oposto, que retrocede de Marx a Husserl. Começo imediatamente a examinar o segundo, porque, se não me engano, para Paci, que se propôs a tarefa de fazer da fenomenologia uma filosofia militante, ele é o mais trabalhoso, e também porque ele me oferece a ocasião para um discurso geral não marxista sobre a atualidade e a vitalidade do marxismo.

De fato, trata-se de saber se o que o marxismo necessita hoje é efetivamente de uma nova fundamentação filosófica. Por marxismo, entende-se ora um corpo de doutrinas (enunciações de leis sociais, como a da miséria crescente), ora um método, ou um conjunto de regras para o estudo da história e da sociedade, entre as quais as mais importantes e discutidas são a da relação entre estrutura e superestrutura (materialismo histórico), a da falsificação consciente ou inconsciente que ocorre na consciência por reflexo dos motivos reais da ação (crítica das ideologias, realismo histórico), a da integração recíproca dos entes (dialética) e a da globalidade da pesquisa (teoria da totalidade). Pois bem: aquilo de que necessita o corpo de doutrinas não é uma fundamentação filosófica mas uma verificação científica, isto é, um controle das teses mediante os resultados alcançados por outras ciências (como a sociologia, a psicologia social, a psicanálise, a história das instituições e dos movimentos sociais nos últimos cem anos), ou pela própria teoria econômica nos últimos anos. No que diz respeito às regras metodológicas, que são a parte mais vital do pensamento marxiano, elas também não necessitam de uma fundamentação filosófica, mas de uma aplicação contínua e rigorosa, como de resto foi feito, em campos sempre novos, em épocas e situações diversas entre si, de modo que pusesse à prova a sua fecundidade.

Admito que esse discurso geral sobre o marxismo pode não ser decisivo: sua validade depende da interpretação do marxismo e sobretudo do modo específico como é entendida no caso concreto a conjunção do marxismo e da fenomenologia. A não ser que novas dúvidas refiram-se precisamente a este modo específico, isto é, ao subsídio, aos vários subsídios que a fenomenologia como filosofia pode dar ao marxismo. Segundo Paci, a passagem de Marx a Husserl ocorre sinteticamente por meio desta reflexão: Marx descobre a alienação econômica na sociedade capitalista, mas não percebe até que ponto o processo de libertação da alienação é um retorno ao sujeito que redescobre por sua vez o mundo em uma dimensão nova, não comprometida pelas construções das várias ciências técnicas (a economia política, criticada por Marx, é somente uma destas ciências). A redução husserliana é mais radical que a de Marx, e por conseguinte reabsorve a crítica marxiana da ciência econômica e lhe dá um sentido novo, conduzindo-a à reviravolta resolutiva em direção à redescoberta do sujeito originário: a redução marxiana se resolve por sua vez necessariamente na redução husserliana. Husserl viria assim em socorro da filosofia incompleta de Marx com alguns temas fundamentais da sua análise filosófica. Desta teoria, Paci sublinha, algumas vezes, sobretudo os seguintes pontos: a filosofia não como construção mas como revelação; a descoberta do *Lebenswelt*, isto é, do mundo pré-categorial não ocultado pelo categorizar próprio das ciências; a fenomenologia como um modo de reportar o homem a si mesmo por meio da redução transcendental e do consequente retorno ao sujeito; a progressiva instauração de uma sociedade intermonádica que tende à sociedade racional ou sociedade de pessoas como fim último.

Minhas reservas referem-se precisamente à utilizabilidade destes termos husserlianos para uma integração filosófica do marxismo. Antes de tudo, o marxismo como filosofia, admitamo-lo, não é uma construção, mas também não é uma revelação: na melhor das hipóteses, quando não é uma concepção do mundo, é uma metodologia da história. A análise fenomenológica está ainda em grande parte por ser feita; o marxismo já está em grande parte feito (no sentido de que, se não se parte da análise marxiana da sociedade capitalista, não se é marxista); a fenomenologia é uma tarefa, um programa de pesquisa, ao passo que o marxismo é uma doutrina, uma pesquisa em parte já completa. Segundo: há que se perguntar se a operação reducionista do marxismo (posto que se queira falar de redução também para o marxismo) não é tanto uma *suspensão* quanto, sobretudo, uma supressão, tem uma função crítica e resolutiva, não pura e simplesmente aporética e suspensiva. Terceiro: Husserl encontra na crítica das ciências e na descoberta do mundo-da-vida a esfera pré-categorial e volta ao sujeito, enquanto Marx descobre na crítica da economia política o mundo das relações humanas não falsificadas pela abstração científica, isto é, descobre a objetividade; a fenomenologia é um contínuo exercício de libertação do sujeito da objetividade que o oculta, o marxismo é o exercício contrário de libertação das relações reais das mistificações subjetivas. Quarto: a sociedade racional de Husserl, a que se chegaria por meio da supressão da alienação científica, é a comunidade dos filósofos; a sociedade sem classes de Marx, que será alcançada por meio da supressão da alienação econômica, será a sociedade de todos. Husserl visa a uma reforma da filosofia, Marx a uma reforma da sociedade. O que ambos têm em comum é o colocar-se diante dos obstáculos com que se deparam com uma postura de radicalismo filosófico (Husserl fala frequentemente de "uma filosofia que pretende recomeçar desde o início" [l961, p.207]): mas o monstro que Husserl deseja debelar chama-se "ocultamento"; aquele contra o qual Marx luta chama-se "alienação". A luta contra o ocultamento é uma operação teorética; a luta contra a alienação é prático-política.

Neste ponto ilumina-se a outra face do problema das relações entre fenomenologia e marxismo, e por isso devemos percorrer o caminho inverso, aquele que vai de Husserl a Marx. Este caminho pode ser descrito do seguinte modo: Husserl descobre o sentido da crise no ocultamento que as ciências modernas operam com respeito à realidade humana e indica o método do desocultamento na redução ao sujeito intencional e a finalidade desta operação teorética na sociedade racional de pessoas. Mas não percebe que a crise das ciências é o reflexo de uma situação histórica bem determinada, o sistema da sociedade capitalista: falta na sua análise e em seu diagnóstico a dimensão da economia política e em geral da ciência da sociedade. O que Husserl não sabia – diz Paci – é que

> a crise das ciências, enquanto uso ocultado das ciências que nega o sujeito, é crise do uso capitalista das ciências e é portanto crise da existência da humanidade na sociedade capitalista. (1963, p.338)

Husserl, em suma, não sabia o que constituía a principal descoberta de Marx, e que os marxistas já sabiam há tempo: é preciso, portanto, ultrapassá-lo e, ultrapassando-o, esclarecê-lo a si mesmo.

Já afirmei que esta passagem parece mais legítima se partirmos das observações de Husserl sobre a crise do nosso tempo. Se levanto algumas dúvidas sobre este ponto, elas dizem respeito não tanto à legitimidade da operação quanto ao seu resultado. Pergunto-me se a integração da fenomenologia com o marxismo não vai tão longe que transforma radicalmente a perspectiva husserliana sobre a crise e sobre sua solução, acabando, ao fim de tudo, por esvaziá-la. O próprio Paci observa que Husserl não capta a dimensão econômico-social da crise e permanece preso à consideração da crise de uma certa forma de saber (as ciências modernas). Ora, precisamente porque Husserl permanece preso à constatação da crise de uma certa forma de saber, a solução que ele propõe para a crise permanece no plano da reforma do saber: a solução da crise é atribuída por Husserl à "função arcôntica da comunidade dos filósofos". Parafraseando essa frase de Husserl, poder-se-ia dizer que Marx, ao contrário, partindo da constatação da crise de um certo sistema econômico-social, busca sua solução na transformação da sociedade e atribui a solução da crise à "função arcôntica da comunidade dos proletários". A relação entre Husserl e Marx transforma-se na relação entre a comunidade dos filósofos e a ditadura do proletariado. Colocada nestes termos, porém, a relação não é mais de integração mas de antítese; e se a relação é de antítese, uma vez introduzida a crítica marxiana na crítica husserliana, esta última se despedaça. O descoberto intelectualismo de Husserl torna-se um alvo bastante cômodo para quem se coloca de um ponto de vista marxista. Husserl está convencido de que por meio da *epoché*, "que é capaz de atingir as máximas profundidades filosóficas", e portanto mediante uma operação teorética, é possível "uma modificação radical de toda a humanidade" (Husserl, cit., p.178). Não é difícil imaginar a ferina ironia de Marx caso tivesse podido ler uma frase do gênero. Aqui Husserl apresenta-se como o protótipo de uma família – melhor ainda, de uma sagrada família – de filósofos alemães, da qual Marx e Engels desvencilharam-se desde os primeiros anos de sua batalha política. Que belo capítulo da *Ideologia alemã* teria sido a crítica da *Crise* se ela tivesse aparecido um século antes!

Talvez Paci não tenha desejado extrair todas as consequências da sua adesão à crítica marxista da sociedade. Quando ele observa – colocando-se do lado de Marx contra Husserl – que "a superação da alienação científica coincide com a superação da guerra e da exploração social" (Paci, 1963, p.126), bastava que ele se perguntasse: "Coincide: por obra de quem? Por obra da comunidade dos filósofos?". Uma resposta a esta questão teria sido a denúncia e o fim da aliança. Paci não extraiu todas as consequências da sua adesão ao marxismo porque também ele crê, como Husserl – e nisso está o seu husserlianismo de fundo –, na função arcôntica da filosofia. Desde as primeiras páginas ele escreve (tomando como seu um dos motivos da *Crise*):

> A filosofia combate pelo sentido autêntico da humanidade; se hoje é possível uma filosofia, sua tarefa é a de não se render ao homem assim como ele é: é a tarefa de refazer o homem, de abrir caminho para um homem autêntico. (ibidem, p.22)

A filosofia até agora interpretou o mundo; deve agora (a filosofia) transformá-lo. O círculo se fecha mais uma vez sobre a filosofia, que reconquista, também graças à crítica marxiana do homem alienado, sua função de guia.

Não pretendo com essas observações dar um juízo em bloco de uma obra complexa como a de Paci, que representa um dos pontos nodais da discussão filosófica na Itália (e na França). Um juízo abrangente somente poderá ser dado por quem tiver examinado a obra fragmento por fragmento, desarticulando-a em seus componentes para depois a recompor em uma visão de conjunto. E não é preciso acrescentar, por ser tão evidente, que os interrogativos aqui apresentados foram ditados, entre outras coisas, também por um diferente modo de entender a tarefa da filosofia na hora presente, que é para mim uma tarefa crítica, de revisão e de controle, mais que de orientação e de iluminação global: uma tarefa menos sublime, mas talvez mais útil, menos ambiciosa, mas talvez mais realizável. Não se trata de renunciar à função arcôntica da filosofia, mas de conceber de outro modo a *arché*, isto é, de escolher entre a *arché* própria do assim chamado "Estado de direito", que não se propõe outra tarefa que a de permitir a coexistência das infinitas vias que cada um persegue segundo seu próprio talento em direção ao próprio *telos*, e a *arché* própria da república platônica que, governada não por acaso por filósofos, pretende estabelecer para onde cada um deve caminhar, o *telos* único e último de toda a humanidade.

13
Marx, Engels e a teoria do Estado.
Carta a Danilo Zolo*

Caro Zolo,

Não entro na questão da diferença entre o pensamento de Marx e o de Engels, porque isso exigiria um conhecimento dos textos e uma releitura deles, coisa que não estou em condições de fazer melhor do que você já fez. Pergunto-me, porém, se o "simplismo" engelsiano não depende do fato de que Engels, diferentemente de Marx, escreveu páginas inteiras sobre o tema do Estado, ao passo que Marx escreveu somente poucas frases, sempre bastante obscuras (como as do *Programa de Gotha*), em torno das quais os intérpretes podem pelejar com prazer. Mas aquelas pou-

---

* Publicado inicialmente em Bobbio, 1975, p. 366-8. A propósito de Danilo Zolo, *Cinque questioni metodologiche*, p.358-66, com a réplica dele, p.368-75. A intervenção de Zolo foi a propósito de Ricardo Guastini, *Sulla "estinzione" dello Stato*, p.347-58, que discutiu, do mesmo Zolo, o livro *La teoria comunista dell'estinzione dello Stato*, 1974. À margem da polêmica entre Zolo e Guastini, ver Domenico Corradini, *La marxologia non basta. Una notizia ex tempore*, p.376-88. Todas as intervenções tiveram como título geral *Un dibattito sul problema dell'estinzione dello Stato nella teoria marxista*. (N.E. It.)

cas indicações que podemos extrair dos textos marxianos não podem também elas merecer a acusação de simplistas? Um e outro adotaram teses distintas (ainda que no âmbito de um certo sistema de pensamento) segundo os tempos e as circunstâncias.

Mas não pretendo deter-me neste ponto (sobre o qual não me sinto tão firmemente preparado como você). O problema principal que seu ensaio, extremamente estimulante, levanta é o da ausência de uma verdadeira teoria da extinção do Estado em Marx, sobre o qual você reúne um material abundante, de primeira mão, severamente controlado e escrupulosamente comentado. Mas eu desejaria ter visto mais bem discutida a questão preliminar, à qual você alude no início e que depois abandona: o que significa "Estado" em todos esses contextos?

De fato, a expressão "extinção do Estado" pode ser interpretada nos mais diversos sentidos até enquanto não nos colocarmos de acordo sobre o que entendemos por "Estado". O conceito de Estado pode ser mais ou menos amplo (como o do direito), isto é, pode ter uma maior ou menor extensão, diria um lógico, conforme se aumentem ou se diminuam as suas características evidentes (ou seja, a intensidade). (Dá-se o mesmo com respeito ao conceito de direito, em decorrência do que, como você sabe, perguntar-se se as sociedades primitivas ou a comunidade internacional são sociedades jurídicas é uma questão absolutamente vazia até o ponto em que se defina o que se entende por direito: e cada um pode defini-lo a sua maneira, desde que o defina e não o deixe no vácuo.). Precisamente por isso, não me ficou de todo claro, em sua análise, o que Marx entende por "Estado" quando distingue o "Estado" do "Estado político" (que é uma expressão evidentemente enfática, como ... água hídrica ou, para ficar na linguagem política, "democracia popular"). Como na linguagem habitual a esfera do Estado e a da política se identificam, o que seria um Estado não político senão um não Estado? Parece-me que cabe a quem usa os termos de um modo muito distinto do uso corrente (e a quem os interpreta) –

afirmando assim a existência de um Estado político e de um Estado não político – o ônus de explicar-se melhor. Se não se deseja redefinir "Estado", é certo que se deve redefinir "política": porém, se não se deseja redefinir nem Estado nem política, então falar de um Estado que não seja um Estado político é pura e simplesmente incorreto, e é um modo de dizer e de não dizer, ou seja, de proceder de obscuridade em obscuridade. Ora, Marx deu ou não deu uma explicação para esses dois termos? Você insiste na expressão do *Programa de Gotha*, que fala em "quais funções sociais ainda persistirão etc.". Se na nova sociedade não persistirem as funções "repressivas", exercidas mediante o aparato coativo, bem como a assim chamada "monopolização" da força, essa sociedade será ou não será um Estado, ou melhor, será oportuno seguir chamando essa sociedade de Estado?

Como se vê, a questão é nesse ponto puramente terminológica: trata-se de saber se pretendemos considerar a função repressiva como característica evidente de "Estado" (uma característica necessária ainda que não suficiente). Qual a opinião de Marx a esse respeito? Se Marx pensa que entre as futuras funções da nova sociedade não existirá mais a função repressiva ou ela irá diminuindo até desaparecer, poderemos muito bem, se nos agradar, continuar chamando essa sociedade de "Estado", mas ela será uma sociedade tão diferente da que estamos habituados a chamar de "Estado" que a denominar do mesmo modo será pura e simplesmente uma fonte de confusão. Insisto na questão da "função repressiva" porque, em toda a rica história das teorias antiestatais, a extinção do Estado significa, nem mais nem menos, que em um certo estágio de desenvolvimento da humanidade os homens poderão viver juntos sem necessidade de aparato coativo. Não por acaso, esse é o problema relevante, porque somente em uma sociedade que se mantém unida sem aparato coativo o homem terá dado finalmente um verdadeiro salto qualitativo no que concerne a todas as sociedades precedentes. Não entendi bem se Marx considera que a função repressiva tende a diminuir até desaparecer (mas com base no que ele fala sobre a Comuna de Paris fico tentado a dizer que sim): porém, se isso acontece, então também há em Marx uma teoria da extinção do Estado (ou ao menos daquilo que sempre foi considerado Estado). Não lhe parece?

Outro problema interessante que talvez pudesse ter sido levado mais a fundo é o dos diversos modos em que se pode sustentar a extinção do Estado. Você enfrentou bem o problema no início, quando distinguiu, por exemplo, uma resposta de tipo anárquico de uma resposta de tipo tecnocrático, romântico-libertário ou democrático etc. Parece-me, porém, que esse início foi posteriormente abandonado. Existem tantas teorias da extinção do Estado quanto são as possíveis explicações da necessidade de coação (assim como existem tantas teorias pacifistas, isto é, da extinção da guerra, quanto são os modos em que é explicada a origem da guerra). Se você considerar que o emprego da força depende da maldade humana, dirá que o Estado extingue-se quando os homens tiverem se tornado bons; se, em vez disso, sustentar que a coação depende do sistema econômico, dirá que será preciso modificar o sistema econômico etc. Se considerar que o uso da força tornou-se necessário pela divisão da sociedade em classes antagônicas, sustentará que para extinguir o Estado será preciso suprimir as classes, e assim por diante. É exemplar a resposta democrática (que certamente é a que Marx tem em mente na *Kritik* juvenil e na famosa interpretação da Comuna como "autogoverno dos produtores"): a força é necessária até quando não existir o consenso. Trata-se de fazer com que cada um governe a si próprio (Rousseau) e com isso não se tenha mais necessidade da força. Por isso, tudo somado, eu daria mais importância ao ideal da democracia, porque a democracia, uma vez plenamente realizada (e esta somente pode ser a democracia direta e não a representativa), é a sociedade sem Estado, ou pelo menos é uma das formas típicas (creio que é a que Marx tem em mente) da possível extinção do Estado.

De todo modo, aquilo que conta é que a ideia de extinção do Estado está sempre ligada de algum modo à ideia de uma sociedade que não necessita da força coletiva para sobreviver. E então a diferença entre Marx e Engels (e Lenin) sobre esse ponto é somente esta: que Engels (e Lenin) foram mais explícitos. Engels e Lenin acreditavam, e disseram isso claramente, que o advento da sociedade socialista tornaria pouco a pouco supérfluo o Estado no sentido preciso de aparato repressivo. Em que Marx acreditava? O fato de que seu pensamento tenha permanecido mais no vazio não autoriza a que se diga, parece-me (se compreendi bem), que ele não tivesse uma teoria da extinção do Estado, ou seja, do advento de uma sociedade na qual, por uma razão ou por outra (para a teoria democrática a razão é a extensão do consenso, isto é, do autogoverno), o uso da força não seria mais necessário. (Fiz alguma alusão ao problema no ensaio semiclandestino "Democrazia socialista?" [Bobbio, 1973b, p.431-46].)

14
Marxismo e questão criminal. Carta a Alessandro Baratta*

Caro Baratta,

Respondo em forma de carta ao seu cortês e reiterado convite para que eu participasse do debate sobre "marxismo e questão criminal", retomando substancialmente os argumentos de uma carta que lhe escrevi em março do ano passado em resposta a seu primeiro convite. No momento, não me sinto em condições de escrever mais que uma carta, sobretudo depois de ter lido a ampla intervenção de Ferrajoli e Zolo, que em parte compartilho (somente em parte). Minha relutância em alongar-me mais depende também do fato de que quem acompanhou o recente debate sobre "o marxismo e o Estado" pode facilmente prever minha reação à sua proposta de trazer a "questão criminal" ao marxismo.

No que concerne ao problema do Estado, lamento o abuso que os marxistas fizeram do princípio de autoridade. Diante da

---

* Publicada inicialmente em Bobbio, 1977b, p.425-8.
Carta a Alessandro Baratta, a propósito de um debate sobre o tema indicado no título. (N.E. It.)

complexidade dos problemas e da dificuldade de resolvê-los, sempre há alguém que acredita encontrar uma solução dizendo: "Vamos ver o que Marx dizia". Não nego a importância histórica de Marx, seja como filósofo seja como cientista social. Mas o *ipse dixit* é um sinal das épocas de decadência. Acreditei ter conseguido mostrar, naqueles artigos, que a respeito do problema da organização do Estado contemporâneo, tanto nos países capitalistas quanto nos países socialistas, o único resultado da decisão de ver o que Marx disse sobre o Estado é o retardamento da teoria política e dos grupos dos partidos que se remetem ao movimento operário. Não gostaria que esse também fosse o único resultado a que se chegaria caso se fosse ver o que Marx disse a respeito da questão criminal. Sobretudo porque, se é verdade que Marx retornou diversas vezes ao problema do Estado e da política, ainda que nunca em escritos sistemáticos, não me parece que tenha dedicado igual atenção ao problema penal. Por isso, permito-me duvidar de que, diante de um problema gigantesco como o do desvio social e dos remédios para ele – a que se dedicam há mais de um século a sociologia, a psicologia, a psicanálise, a antropologia, a biologia e não sei quantas outras ciências que se ocupam do homem e que costumam ser chamadas de ciências humanas –, os textos de Marx, que era antes de tudo um economista e um historiador, e mais ainda um filósofo, possam constituir um novo Abre-te, Sésamo!" da criminologia.

Confesso que não consigo sequer entender bem o que significa "teoria materialista do desvio". Se significa que no estudo dos comportamentos desviantes devem-se levar em conta as condições materiais, no interior das quais age o sujeito desviante, desafio a que se consiga encontrar um estudioso do desvio que não esteja de acordo com isso. Se, ao contrário, significa que é preciso levar em conta *exclusivamente* as condições materiais, como poderia indicar o trecho em que você contrapõe energicamente sua posição à posição "idealista", temo que se possa terminar naquela supervalorização da base real sobre a superestrutura que, no que concerne ao problema de fundo da relação entre estrutura econômica de um lado e instituições e ideologias de outro, costuma ser condenada no próprio âmbito do marxismo como "economicismo".

Não estou defendendo o idealismo das essências "universais" contra o materialismo. Os jusnaturalistas estão em baixa e uma polêmica contra a eterna natureza humana corre o risco de ser atrasada. Que toda sociedade tenha seus crimes específicos é óbvio, e não há necessidade de ser marxista para admitir isso. Basta um pouco de senso histórico. Dito isso, é preciso evitar o erro oposto, qual seja, o de pensar que "os fenômenos do desvio e da repressão" devam ser interpretados como "aspectos específicos da formação socioeconômica do capitalismo avançado". Uma tese deste gênero, que é antes de tudo historicamente insustentável, tem o único efeito de levar à deletéria consequência (digo deletéria do ponto de vista político) de se acreditar e de se fazer acreditar que basta eliminar o capitalismo para eliminar o desvio (algo semelhante já aconteceu com a teoria da extinção do Estado, e seria bom não repetir o erro a propósito da extinção do desvio). Creio, ao contrário, que a tarefa de uma revista de direito e de política criminal que deseja ser, como a sua, ao mesmo tempo inovadora e científica (e aqui entendo por "científica" o oposto de "ideológica"), é a de estudar os fenômenos de desvio da forma capitalista tanto quanto os de outras formações econômico-sociais (por exemplo, dos Estados socialistas), de conduzir análises comparadas as mais amplas possíveis, as mais isentas de preconceitos, as mais livres de orientações ideológicas pré-constituídas, ao longo de todo o curso da história e nos diversos países e regimes. Tenho a impressão de que se chegaria a encontrar constantes históricas (não falemos, se preferirem, de "universais") muito mais relevantes (e também instrutivas) do que possa pensar a insistência na formação capitalista, insistência essa, repito, que faz nascer a ilusão de que, desaparecido o capitalismo, não haverá mais necessidade "nem de polícia, nem de cárceres, nem de leis, nem de decretos, nem de nada", como se lê naquele áureo livreto que é *O ABC do comunismo* (Bukharin & Preobrachensky, 1921, p.81).

Quem procura apreender as vibrações subterrâneas do nosso *Zeitgeist* deveria estar no mínimo preocupado com o contrário. Permita-me que me abandone por um momento ao exercício da imaginação perversa (um exercício que acredito ser antes de tudo bastante salutar). Eis então o meu pesadelo. Durante séculos afirmou-se que o *proprium* do direito seria o de ser constituído prevalentemente por comandos negativos (ou por proibições). Em uma das filosofias mais otimistas do otimista século XIX, fazia-se a previsão de que a evolução do direito teria consistido na passagem de ordenamentos compostos prevalentemente por comandos para ordenamentos compostos prevalentemente por proibições. Esta ideia (falsa) do direito derivava da extensão a todo o campo do direito da característica tradicional do direito penal, que teve até agora uma função quase exclusivamente repressiva (no sentido de que sua tarefa principal é *impedir* comportamentos indesejáveis). Podemos excluir que em uma sociedade que atribui sempre maiores tarefas ao Estado – a tal ponto que à função tradicionalmente repressiva do direito vai-se superpondo em medida sempre maior a função promocional –, também o direito penal se transforme, passando de direito somente repressivo a direito *também* construtivo, isto é, a direito que não se limita a impedir comportamentos indesejáveis mas que pretende provocar comportamentos desejáveis, efetivando desse modo um processo de criminalização e portanto de punição não mais somente de atos comissivos (em que consistem as transgressões das proibições) mas também de atos omissivos (em que consistem as transgressões dos comandos)? Pensemos em uma sociedade na qual o trabalho de todos torne-se sempre mais necessário para sua sobrevivência e ao mesmo tempo, por causa da natureza alienante do próprio trabalho, se vá difundindo a ideologia da "refutação do trabalho". Seria arbitrário prever que em uma sociedade assim o Estado acreditaria resolver aquela contradição impondo a obrigação do trabalho e portanto criminalizando o ócio e – por que não? – o absenteísmo, que seria por exemplo punido com o trabalho forçado? E por que não deveríamos pensar na hipótese de que a sociedade pós-capitalista venha a ser mais deste tipo que do tipo previsto por Marx e pelos marxistas, venha a ser, em suma, uma sociedade na qual o direito penal, em vez de se extinguir, estenda-se em termos quantitativos e piore em termos qualitativos?

Percebo claramente que isso que lhe estou contando, caro Baratta, assemelha-se a um pesadelo noturno. Mas em uma célebre passagem do livro nono de *A República*, Platão disse que um dos traços característicos do tirano é o de realizar acordado e, portanto, na realidade, as ações – até mesmo as mais atrozes e bárbaras – que para os comuns mortais constituem às vezes a matéria de seus sonhos. Abençoado quem acredita que a espécie dos tiranos venha a ser extinta para sempre!

Com minhas cordiais saudações.

Turim, 12 de junho de 1977.

15
Teoria do Estado ou teoria do partido?*

O debate aberto com a intervenção de Louis Althusser desenvolveu-se sob o signo da "crise do marxismo", prenunciada, de resto, pelo próprio Althusser em sua conferência veneziana de novembro de 1977. Para dizer a verdade, não é uma grande novidade que o marxismo esteja em crise. Se alguém desejasse reunir tudo o que foi escrito em diversas situações e com diver-

---

* Bobbio, 1978c, p.95-194.

Intervenção no debate, desenrolado no jornal *Il Manifesto,* entre abril e novembro de 1978, sobre as teses de Althusser expostas numa conferência proferida em um seminário sobre "Poder e oposição nas sociedades pós-revolucionárias", organizado por *Il Manifesto* em Veneza no mês de novembro de 1978 e cujas Atas foram publicadas com o título central do seminário (VV.AA., 1978c). As teses do filósofo francês sobre as "lacunas" do marxismo e, em particular, sobre a inexistência, em Marx, de uma teoria do Estado, expostas na mencionada conferência, foram reapresentadas em uma entrevista realizada por Rossana Rossanda (*Il Manifesto*, VIII, n. 123,4 abr. 1978) e provocaram o debate a que se refere a intervenção de Bobbio, publicada inicialmente com o título *Discutendo con Althusser. La crisi è dei marxisti, che si ostinano a cercare una teoria marxista dello Stato* (1978d). (N.E. It.)

sas intenções sobre a crise do marxismo desde o início do século XX, teria de dispor de bem mais do que uma estante da sua biblioteca. Na história do movimento operário, a crise do marxismo é um fato recorrente, uma espécie de doença sazonal (da estação má).

Precisamente nesses dias, recebi um livro intitulado *La crisi del marxismo nella revisione di fine secolo* [A crise do marxismo na revisão do final do século], de R. Racinaro (1978). O que é novo, se não me equivoco, é a razão da crise: a razão capital da crise de hoje seria a ausência ou a inexistência, na obra de Marx e na teoria marxista, de uma teoria do Estado. Ainda que sem fazer qualquer referência ao debate, Althusser já havia incluído, em sua conferência de Veneza, entre as "lacunas de grande dimensão" da doutrina marxista, precisamente a teoria do Estado. Tendo retornado incisivamente ao tema, acabou por orientar para ele o debate que se seguiu.

As três fases históricas da crise do marxismo

Não pretendo apresentar nem sequer um esboço de teoria das crises (periódicas) do marxismo, pois o tema mereceria um desenvolvimento muito maior. Limito-me a constatar que um dos critérios fundamentais com que se julga, equivocadamente ou com razão, a validade de uma filosofia da história ou de qualquer ciência é a sua capacidade de fazer previsões exatas. As duas interpretações prevalentes do marxismo, muitas vezes convergentes, são as que lhe atribuem o *status* ou de filosofia da história ou de ciência social. Isso comporta que também o marxismo, como todas as filosofias da história e todas as ciências sociais, deve ser julgado com base na maior ou menor correspondência entre o previsto e o ocorrido.

Antes dessa última, o marxismo conheceu ao menos duas outras grandes crises, a da passagem do século XIX ao século

XX, que deu origem ao revisionismo, e a que se manifestou em torno dos anos de 1920 e que se desenvolveu por ocasião da revolução de outubro e de sua interpretação. Ambas nasceram da observação de que algumas das grandes previsões de Marx – a da derrocada do capitalismo, pelos revisionistas, a do pleno desenvolvimento das forças produtivas na passagem de uma sociedade a outra, pelos críticos do leninismo – não haviam se confirmado. Parece-me que também a crise atual pode ser explicada do mesmo modo: o assim chamado Estado de transição. Onde ocorreu a transformação socialista da economia não há de fato um Estado mais democrático do que o Estado burguês, como deveria ser segundo as previsões, e menos ainda uma nova forma de Estado que deixe entrever a extinção do Estado, segundo outra previsão característica de toda a tradição do pensamento marxista.

Não há dúvida de que o atual debate interno ao marxismo, sobretudo no interior dos partidos comunistas ocidentais, para os quais o modelo soviético não é mais defensável, nasceu em grande parte da constatação de que a transformação da base social em sentido socialista não comporta necessariamente a transformação do Estado na direção de uma democracia mais avançada. Ou seja, trata-se de um debate que tem seu tema central na redescoberta do nexo indissolúvel entre democracia e socialismo. Donde a preeminência, nessa terceira grande crise, do problema do Estado, que se resume na seguinte questão: não será a ausência de uma teoria do Estado no marxismo a razão, ou uma das razões, do gravíssimo defeito dos sistemas que se dizem inspirados no marxismo?

Dito isso e para me exprimir com franqueza, não tenho a impressão de que também nesse último debate a solução do problema tenha avançado muito e que, se ainda restam lacunas, elas estejam por ser preenchidas. Pude constatar muitos bons propósitos para o futuro, expressos com as habituais fórmulas entre o imperativo e o optativo ("dever-se-á", "dever-se-ia" etc.), mas *numerata pecunia* (dinheiro em espécie) que se pode gastar rapidamente, pouco ou nada. Tentarei explicar essa minha insatisfação com duas observações.

A primeira. Também nesse debate pude observar a estreiteza dos horizontes culturais no interior dos quais se movem os marxistas quando tratam dos problemas do Estado. Os textos que se citam de um a outro são textos de Marx ou de marxistas, e os nomes mencionados são sempre os mesmos. Em todos os artigos do debate há apenas um autor que cita Weber, Parsons ou Schmitt, mas ele o faz com evidente fastio. Ora, pergunto-me como se pode escrever teoria política se se continua a passar de Lenin a Gramsci, de Lukács a della Volpe. No último livro de um filósofo marxista que adquiriu bastante renome (merecido) por suas obras de teoria do Estado, leio que

> é um dos méritos do marxismo ter descartado os grandes *sobrevoos* metafísicos da filosofia política, as vagas e nebulosas teorizações gerais e abstratas que pretendem revelar os grandes segredos da história, do político, do Estado e do poder. (Poulantzas, 1978, p.22, grifo meu)

Quando leio frases de efeito como estas, tenho arrepios. Fico tentado a pedir ao autor: "apresente os nomes". Apresente os nomes desses grandes "sobrevoadores": Aristóteles ou Maquiavel, Hobbes ou Montesquieu, Locke ou Tocqueville, os autores do *Federalist* ou John Stuart Mill? Ou será que Poulantzas, homem de inegável talento, não teme tornar-se ele próprio, com aquela frase, o grande sobrevoador? Além do mais, não existem apenas as "vagas e nebulosas teorizações". Existe também a ciência empírica da política, da qual geralmente não se encontra qualquer traço nas obras e nas discussões dos marxistas. Mas *anglicum est, non legitur* (é inglês, não se lê); ou então, se aquelas vagas e nebulosas teorizações voam alto demais, esta, a ciência empírica, arrasta-se pelo chão e é muito cansativo inclinar-se para seguir seu caminho. Deste modo, o discurso permanece

"Lacunas" e sistema, ciência e política

O próprio fato de se falar de "lacuna" é característico do depositário e do intérprete. "Lacuna" é um termo técnico da linguagem jurídica e indica a deplorável e desprezada situação em que um caso não foi previsto pelo legislador. Como se sabe, existem lacunas subjetivas e lacunas objetivas: as primeiras dependem de algum esquecimento imputável ao próprio legislador; as segundas ao surgimento de problemas que não podiam ser previstos quando a lei foi estabelecida. Quando um marxista fala de lacuna na teoria política marxista, fala em ambos os sentidos: apesar das boas intenções, Marx jamais conseguiu se ocupar sistematicamente do problema do Estado (lacuna subjetiva) ou o Estado de que ele se ocupou, ainda que circunstancialmente, era o Estado do capitalismo concorrencial e não o do capitalismo tardio (lacuna objetiva). Quero dizer que enquanto se falar de lacuna o ponto de referência obrigatório é sempre um texto, seja ele uma lei ou uma doutrina, que precisa ser "integrado", como dizem os juristas. Pois bem, um texto de lei pode ser integrado de duas maneiras: ou permanecendo no interior do ordenamento (método da autointegração) ou mediante o recurso a outros textos (método da heterointegração). Parece-me que os marxistas seguiram até agora mais o primeiro que o segundo desses métodos. Não seria o caso de que começassem a seguir também o segundo? Seguir o primeiro método quer dizer ir à descoberta de novos textos marxianos (por exemplo, dos *Grundrisse)* ou dar preferência a textos esquecidos, mas sempre de Marx, ou ainda deduzir a teoria do Estado não tanto da letra dos textos quanto do "espírito" do sistema (para usar um termo próprio de todo procedimento integrativo).

Provavelmente é hora de mudar a rota. Uma vez reconhecido que a doutrina marxista é uma doutrina "finita" ou "aberta", como se lê na intervenção de Althusser e de outros (Cerroni já havia falado de *work in progress*, obra em construção); admitido que sendo finita e aberta não pode ser total, englobalizadora e onicompreensiva; uma vez reconhecido que sobre o Estado essa doutrina não diz nada a não ser em forma negativa (assim Althusser), o que significa que critica o Estado burguês mas não oferece instrumentos para que se compreenda e se construa o Estado de transição, tanto que Lenin, o grande construtor, parece "patético" quando procura definir o Estado e se atrapalha (assim também o próprio Althusser em sua conferência veneziana); considerando tudo isso, não será lícito deduzir que os marxistas deveriam adotar de agora em diante, para preencher a "lacuna", o método da heterointegração, que consiste, em poucas palavras, em ir ver o que disseram ao longo dos séculos os não marxistas, muito antes que nascesse o Estado capitalista, do qual usualmente os marxistas partem com incompreensível e improdutiva unilateralidade? Tenho a impressão de que não começaram a segui-lo realmente, a julgar pelo debate em curso.

Não excluo que a razão dessa minha impressão depende do fato de que os marxistas e os não marxistas, quando falam de teoria do Estado, falam de duas coisas distintas. Donde a segunda observação que pretendo fazer.

Para dizer a verdade, é uma observação que estou fazendo há um certo tempo. Mas permito-me fazê-la novamente porque o debate em curso, na minha opinião, é uma ulterior confirmação dela. O tema central da teoria política tradicional é o tema da organização do poder soberano (isto é, do poder que é em um determinado território o poder superior porque detém o monopólio da força), de quais são os mecanismos que tornam possível, de um lado, o exercício desse poder por parte dos governantes e, de outro, o controle do poder por parte dos governados. De modo breve: *ex parte principis*, o tema da autoridade (de seu fundamento); *ex parte populi*, o tema da liberdade (e de suas garantias); da parte de ambos, os temas da estabilidade, da segurança e da eficiência. Existem escritores políticos que deram maior relevo a um desses temas que a outro, mas os temas fundamentais da teoria política de todos os tempos e do nosso tempo são essencialmente esses. Razão pela qual, quando escritores não marxistas sustentam que em Marx falta uma teoria do Estado, a mencionada ausência ou lacuna refere-se a esses temas, especialmente no que diz respeito ao Estado de transição.

Desde há alguns séculos foi-se constituindo em certos países, por sucessivas acumulações, uma organização do poder estatal que, por meio de lutas e recomposições, rupturas e compromissos mais ou menos duradouros, resistências a partir de baixo e reações do alto, reconheceu pouco a pouco os assim chamados direitos pessoais (o *habeas corpus*), depois os direitos civis (as assim chamadas liberdades negativas) e enfim os direitos políticos, até o sufrágio universal. Direitos pessoais, direitos civis e direitos políticos são três elementos constitutivos e irrenunciáveis dos Estados que costumamos chamar de "democráticos" e são, ao mesmo tempo, as características distintivas dos Estados democráticos em relação às formas antigas e sempre novas de despotismo. O que pensava Marx, o que pensava Lenin, o que pensam os marxistas atuais, a respeito dessa forma de Estado, aperfeiçoável o quanto se queira mas de todo modo existente e em funcionamento, ainda que melhor em alguns países do que em outros? A julgar pela contribuição de Althusser e do debate que a ele se seguiu, poder-se-ia dizer mais uma vez que não pensam nada. Falam de outra coisa. Melhor ainda, ao se considerar o que chamam quase sempre de Estado burguês ou capitalista, isto é, com uma conotação que na boca de um marxista é sempre negativa, dever-se-ia deduzir que não falam do Estado porque pensam todo o mal possível a respeito dele. Um dos interlocutores também escreveu, repetindo um dos ensinamentos canônicos da doutrina, que a única coisa que se pode fazer com este Estado é destruí-lo. Para substituí-lo com quê? Mistério.

Não falam do Estado, afirmei. Falam de outra coisa. De que falam? Não me agrada ter de repetir-me, mas também nesse debate o tema em discussão, o tema que desperta o interesse dos debatedores, não é o modo de organizar o poder, mas o modo de conquistá-lo. Os problemas que Althusser indicou e que as sucessivas intervenções retomaram são essencialmente problemas de estratégia de partido. Como entrar no Palácio de Inverno (ou, mais prosaicamente, na sala dos botões de comando), não o que fazer depois que estiver lá dentro. Uma das frases recorrentes em todo o debate é que a política tem como aposta o Estado ou que a aposta em jogo é o Estado. A aposta de quem? Evidentemente, do partido. De fato, trata-se de saber, segundo os dois pontos fundamentais tocados por Althusser e retomados pelos outros, quais devem ser as relações do partido, de um lado, com o movimento, do outro, com o Estado. Não nego que sejam problemas importantes e dignos de ser discutidos. Nego que sejam problemas de teoria do Estado no sentido que comumente se dá a essa expressão, cuja solução contribua para fazer avançar a teoria do Estado de transição e para preencher a "lacuna de grande dimensão" da doutrina marxista, se é que tal lacuna existe (mas todos dizem que existe).

Quem quiser saber mais sobre o que pensam os marxistas críticos (ou seja, aqueles com quem é possível e fecundo o debate) sobre as instituições do futuro Estado socialista, quer dizer, sobre o Parlamento e sobre o governo, e sobre suas recíprocas relações, sobre a relação entre o poder legislativo e o poder executivo, entre legislativo e judiciário, entre judiciário e executivo, sobre o governo local e sobre a distribuição horizontal do poder, sobre a proteção dos direitos civis e políticos e sobre os mecanismos para garanti-los de um modo possivelmente melhor do que o modo com que são garantidos nos países capitalistas e, *va sans dire*, nos países socialistas, sobre a licitude do dissenso e sobre seus limites, isto é, sobre todos os temas principais que formaram por séculos e continuam a formar o objeto da filosofia e da ciência política, provavelmente sairá desse debate com as mãos vazias. No final de sua intervenção, Althusser diz:

> A destruição do Estado burguês não significa supressão de toda "regra do jogo", mas transformação profunda de seus aparatos, alguns suprimidos, outros criados, todos revolucionados. (Althusser, 1978b, p.16)

Mas o problema do Estado não começa precisamente aqui? O que suprimir, o que criar, como revolucionar? Enquanto os marxistas não tiverem dado uma resposta a essas perguntas, seremos obrigados a repetir que não somente não têm uma teoria do Estado mas que também jamais a terão. Compreendo com certa satisfação que as regras do jogo, por exemplo, não devem ser totalmente suprimidas, mas não é muito reconfortante saber que algumas delas talvez venham a ser suprimidas sem que por ora se nos diga quais.

Para uma relação laica com o pensamento de Marx

Não quero repetir aqui o que tive a oportunidade de dizer outras vezes: que uma das primeiras coisas a serem estabelecidas e compreendidas é a distinção entre as regras do jogo que devem ser aceitas por todos, a menos que passem por vigaristas, e as regras sobre o modo de jogar, a partir das quais todo partido deve poder desenvolver livremente seu próprio jogo, exceto se vier a ser considerado, caso fracasse, um mau jogador. O tema fundamental de toda teoria do Estado é o das regras do jogo, não o das regras sobre o modo de jogar, nas quais parecem estar particularmente interessados os marxistas, ao menos até agora, se nos remetermos à distinção proposta por Althusser entre a esfera da política e a esfera do Estado. As regras do jogo servem para identificar um certo tipo de Estado, as regras sobre o modo de jogar servem para distinguir uma estratégia política de outra, isto é, aquele conjunto de atividades que têm por aposta (para continuar com a metáfora do jogo) o Estado. Os marxistas ocuparam-se até agora sobretudo das segundas.

Para concluir, comecei a falar de crise do marxismo para adotar a linguagem corrente. Mas na realidade, para alguém como eu, que não é nem marxista nem antimarxista, e considera Marx um clássico com quem é preciso fazer as contas, como se faz com Hobbes ou com Hegel, não existe tanto uma crise do marxismo quanto marxistas em crise. Somente um marxista, enquanto retém que o marxismo é uma doutrina universal, ou um antimarxista, enquanto retém que o marxismo deve ser refutado do princípio ao fim, podem corretamente dizer, com dor e com prazer, que o marxismo está em crise. O primeiro, porque não encontra aquilo que acreditava que iria encontrar, o segundo, porque a partir da constatação de um erro decreta sua falência e seu fim.

Em vez disso, do ponto de vista de quem nunca aceitou a obra de Marx como uma doutrina completa nem completável com sutis procedimentos hermenêuticos, reconhecer nela uma deficiência não constitui uma razão para que se declare sua crise, do mesmo modo que a crítica, digamos, da teoria weberiana do nascimento do capitalismo não constitui uma razão para que se decrete a falência da obra de Weber. Pessoalmente, creio que se deva falar mais apropriadamente de marxistas em crise, porque é precisamente para os marxistas que a descoberta de um erro ou de uma lacuna na obra de Marx – coisa que para um não marxista nada tem de particularmente traumático – cria um mal-estar que se pode chamar, subjetivamente, de crise. Tanto é verdade que a obra de Marx, apesar dos erros e das lacunas, continuou e continuará a seguir seu caminho, ao passo que com bastante frequência acontece de os marxistas em crise se tornarem antimarxistas.

16
Uma tentativa de resposta para a crise do marxismo*

Quantas vezes Marx foi dado como morto! Ao menos até agora, porém, tratou-se de uma morte presumida. Marx foi dado como morto sempre que algumas de suas previsões não se confirmaram. A obra de Marx apresentou-se, ou foi interpretada, como obra de ciência: na era da visão científica do mundo, tal como foi a era em que Marx viveu, a tarefa precípua e privilegiada da ciência era descobrir na natureza ou na história regularidades que permitissem prever eventos futuros. Se a previsão se demonstrava equivocada, isso queria dizer que havia ocorrido um erro. As quatro grandes crises do marxismo, do início do século XX até hoje, correspondem a momentos da história real em que ocorreram transformações sociais que desmentiram algumas previsões de Marx ou a ele atribuídas: a primeira vez, no início do século, quando pareceu que não estaria mais por se confirmar no curto prazo a derrocada do capitalismo; depois da Primeira Guerra Mundial, quando a primeira revolução socia-

---

* Publicado inicialmente em Bobbio, 1992a, p.211-7 (N.E. It.)

lista ocorreu em um país capitalistamente atrasado; durante a longa ditadura staliniana, quando o Estado, em vez de se extinguir, foi-se reforçando sempre mais até dar vida a uma figura nova na história das formas estatais, o Estado totalitário; por fim, nesses últimos anos, em que o capitalismo não somente não foi destruído por suas contradições internas como também venceu e superou categoricamente o desafio do primeiro Estado socialista da história. Das quatro crises, essa última é de longe a mais grave. Mas os velhos e os novos marxistas não se dão por vencidos. Quando falo de marxistas não pretendo me referir aos estudiosos de Marx, que o consideram um clássico da ciência econômica e política e – por que não? da filosofia, que como todos os clássicos é perenemente atual e é sempre um ponto de referência e de confronto, seja qual for o ponto de vista de que se parta para estudar a história, o momento de desenvolvimento, os problemas não resolvidos em economia e em política, e ainda mais em geral nas ciências sociais. Pretendo falar de pessoas que consideram a obra de Marx não somente objeto de análise, mas também guia da própria ação, do próprio empenho político, em um sentido bem mais forte do que possa ocorrer com aqueles que se dizem spinosianos, kantianos e hegelianos, ou idealistas, realistas e materialistas. (Se é lícito fazer uma comparação, ela deve ser feita entre marxista e cristão ou luterano e, na mais restrita esfera política, mazziniano.)

A cada crise o marxismo renasceu e renovou-se, cortando ramos secos e enxertando outros novos. Disso derivaram diversos marxismos, muitas vezes em violento contraste entre si. O marxismo não é mais, e na verdade nunca foi, um sistema: é uma família de sistemas, entre os quais as relações são frequentemente litigiosas, como aliás ocorre nas melhores famílias. As estratégias para sair das diversas crises foram principalmente duas: o enxerto do pensamento de Marx nas filosofias de tempos em tempos dominantes – positivismo, neokantismo, existencialismo, fenomenologia, estruturalismo e o recém-nascido, o marxismo analítico norte-americano – ou o retorno a um marxismo originário, autêntico, distorcido pelos vários intérpretes infiéis, que deve ser libertado dos numerosos "mal-entendidos" que impediram a sua compreensão autêntica. Ao passo que a primeira estratégia, que deu origem aos diversos revisionismos, cumpre uma obra de atualização sem jamais renunciar ao núcleo forte da teoria econômica, política ou filosófica de Marx, a segunda visa a uma espécie de *restitutio in integrum*, mediante a redescoberta do verdadeiro Marx, que não é este, nem aquele, nem aquele outro, mas um outro ainda, a respeito do qual ninguém havia até então se dado conta.

A estratégia de Costanzo Preve (1990), que afirma que as credenciais de Marx não estão em sua primeira obra, é a segunda, ainda que ele declare várias vezes que não se trata de retornar a Marx, mas de partir novamente de Marx, como se fosse possível partir de novo de uma estação longínqua sem que se tenha retornado a ela. Na obra precedente, que está para a atual como a exposição da doutrina, sua divulgação em forma de lições mais elementares, é central na *pars destruens* "o problema dos mal-entendidos filosóficos de Marx" (Preve, 1984, p.47ss.), donde o exercício da crítica, no qual o autor se mostra muito preparado, consiste precisamente em afirmar que Marx não é este nem aquele, em particular não é nem uma filosofia da história, na qual um Sujeito universal procede por etapas progressivas rumo a um único *telos*, nem uma concepção naturalista-determinista da história que aplica mecanicamente o método das ciências naturais ao estudo da sociedade e da história; não é nenhuma das formas degeneradas de marxismo, que se tornaram instrumentos (inconscientes?, não fica claro) usados para a edificação de "ciências do poder" (ibidem, p.177). Então o que é o verdadeiro Marx (ainda que o autor, reconheço, jamais empregue essa expressão essencialista e hoje fora de uso)?

A fonte direta de inspiração da interpretação de Preve é Lukács, considerado "o maior filósofo marxista do século" (ibidem, p.13), em particular o último Lukács, ou seja, não o de *História e consciência de classe* (1959) nem o de *A destruição da razão* (1967), que são suas obras mais largamente conhecidas e discutidas, mas o Lukács da última obra, *Para a ontologia do ser social* (1981) (título na verdade estranho, porque "ontologia" já significa "teoria do ser", donde fica a dúvida de se não teria sido possível dizer simplesmente "ontologia social" ou "teoria do ser social"): uma obra que, diferentemente das outras duas, passou, ao menos entre os marxistas italianos, quase despercebida, especialmente quando se recorda a vivacidade do debate provocado por Althusser. Provavelmente, entrou em cena quando o marxismo, ou melhor, os vários marxismos já estavam extenuados e os marxistas haviam se voltado para si mesmos, creio que de modo bem mais frutífero, não para propor uma enésima interpretação de Marx mas para procurar compreender a relação, positiva ou negativa, entre o pensamento de Marx e a práxis de que nascera a primeira revolução comunista da história, no momento em que já era evidente a falência do sistema econômico e político que nasceu daquela revolução. No que concerne à usual estratégia do "nem este nem aquele", a grande influência exercitada pela última obra de Lukács consistiria, segundo Preve, em uma negação tão radical de todos os marxismos precedentes que poderia ser interpretada como uma espécie de "licença", tanto do marxismo ocidental quanto do oriental (Preve, 1984, p.187). Se a crítica da filosofia do século XX está endereçada ao leste, na direção de uma crítica do marxismo soviético, do assim chamado materialismo dialético, a oeste ela se dirige contra as duas filosofias não marxistas dominantes, o existencialismo e o neopositivismo, hostis entre si mas solidárias no fato de serem ambas ideologias de legitimação do poder existente. O conceito central da ontologia lukacsiana, em torno do qual giram todos os outros, é o de "trabalho", entendido "como forma originária e como modelo da práxis humana determinada no modo de produção capitalista", em uma perspectiva de transição ao socialismo (ibidem, p.179 e 181). Enquanto tal, contrapõe-se a todas as interpretações que fizeram do materialismo histórico o "paradigma da produção".

Não posso, nessa ocasião, ir além dessas alusões, que certamente não dão ideia da complexidade e da dificuldade (e me seja permitido também dizer, modestamente, de algumas coisas abstrusas) do discurso sobre o último Lukács. Era necessária essa breve alusão à obra precedente porque, no livro que estou comentando, o percurso crítico e o reconstrutivo são distintos mas ambos desembocam na contraposição de um marxismo crítico ao marxismo "alienado e desviado" (Preve, 1990, p.231), e o resultado final do marxismo crítico é por ora a ontologia do ser social de Lukács, da qual se deveria partir, ainda que sem se limitar a ela, "para reformular uma nova síntese filosófica explicitamente baseada na unidade histórica e geográfica do gênero humano". Mas, na expectativa de que o marxismo crítico desenvolva todas as potencialidades teóricas que o autor lhe atribui, é mais interessante seguir as etapas com que ele o conquista por meio das "quinze lições de filosofia marxista", que são apresentadas como primeiro esboço de discussão para "círculos marxistas livres".

Não sei se já chegou a ser proposta, com respeito à forma, ao estilo polêmico e ao modo de se desembaraçar dos adversários, especialmente se forem marxistas de outras escolas, a distinção entre um marxismo *soft* e um marxismo *hard*. O de Preve é certamente *hard*. Os mal-entendidos dos outros são quase sempre "radicais". As teses de certos adversários fazem rir, são grotescas ou hilariantes. A premissas "desventuradas" correspondem conclusões "desorientadas". O adversário deve ser não somente criticado mas também, se for o caso, desmoralizado. O programa de desideologização integral é "paranoico". Também existe um "modo idiota" de se propor certos problemas. Diante de quem defende teses distintas, dispara-se a intolerância, um sentido de fastio, a resposta ofensiva. Não é difícil reconhecer o estilo lukacsiano, a respeito do qual em anos já distantes eu havia dito que não se limita a criticar os próprios adversários "mas os rejeita com desdém ou, o que é pior, os despreza".

O livro não é acadêmico, ainda que o autor demonstre não ser inferior ao mais aguerrido professor como bom conhecedor da literatura sobre Marx ou o marxismo, e sobre a filosofia contemporânea (no livro anterior, dois capítulos são dedicados respectivamente a Heidegger e a Ernst Bloch). É um livro de batalha, para uma batalha da qual não se conhece nem a duração nem o resultado. Diante da fuga geral e desordenada, diante da catástrofe do comunismo histórico, Preve continua impávido em seu lugar, não aceitando a derrota, pacientemente disposto a recomeçar desde o início, removendo os muitos destroços incômodos. O triunfo do capitalismo não é a saída do labirinto (o "fim da história", como disseram outros). Se um "fio de Ariadne" ainda existe para que se saia do labirinto, ele é o marxismo, "uma grande e bela filosofia, que ainda vale a pena ser estudada". Mas qual marxismo?

Comparar o marxismo a um fio, "o fio de Ariadne", significa dizer que o marxismo não é um pensamento forte, ou pesado, nem um pensamento fraco, ou inconsistente, mas um pensamento leve, "que se pode levar na popa, em um navio que enfrenta o mar aberto e que não afunda porque flutua sobre as ondas e os maremotos" (ibidem, p.10). Dando continuidade à metáfora utilizada nas primeiras páginas do livro, surpreendentemente incomuns na literatura marxista, Preve esclarece que "Ariadne é a filha de um rei, e como filha de um rei sabe que o trono é somente uma miragem para os estúpidos". Além do mais, o fio de Ariadne serve somente para que se saia do labirinto, não para que se mate o Minotauro: não é uma arma, mas uma bússola. A saída do labirinto não está assegurada: Ariadne poderia acordar e não encontrar ninguém a seu redor, sozinha entre o mar, o céu e a terra. Enfim, a ilha de Naxos está no meio do caminho entre Creta e Atenas, entre o lugar dos palácios e da realeza e o lugar do mercado e da democracia. Quem quiser compreender que compreenda.

Desde essas primeiras frases o que se compreende é que Preve é um marxista excêntrico, do qual seria difícil dizer a qual escola ou seita ou, pior, a qual partido pertença. Compra briga em muitas frentes, contesta os lugares mais comuns não somente antimarxistas mas também marxistas, defende suas teses com "prazer provocativo" (ibidem, p.15), mesmo aquelas que ele próprio reconhece como extravagantes.

As primeiras lições referem-se às fontes do pensamento de Marx, e só para começar é refutada a famosa tese leniniana segundo a qual tais fontes teriam sido a filosofia clássica alemã, a economia política inglesa e o socialismo utópico francês. O primeiro autor de Marx, segundo Preve, é Epicuro, em um sentido muito mais radical do que foi até agora admitido: o epicurismo marxiano não é somente filosófico, mas também moral. A filosofia moral de Marx resume-se integralmente na busca do prazer e da felicidade. A ideia de liberdade em Marx não é estoica, mas epicurista. Politicamente, seu primeiro verdadeiro inspirador foi Rousseau com sua teoria da democracia dos livres trabalhadores soberanos: disso se deve tirar a conclusão de que "a forma de existência do comunismo é a democracia" (ibidem, p.48). Em terceiro vem Adam Smith, introduzido como pretexto para que se sustente que não pode haver crítica da economia política sem o uso da dialética de Hegel (no estilo sarcástico do autor, a sustentação de semelhante tese é comparável à piada infeliz de um mau comediante. "Ri-se, mas somente por cortesia" [ibidem, p.55 (N.T.)]). Marx teve Smith por professor somente no sentido de que lhe inverteu integralmente a problemática, dando lugar a "um antieconomicismo radical e implacável" (ibidem, p.60): tese esta, acrescenta o autor, que somente é "paradoxal" para os marxistas dogmáticos, não "para os frequentadores habituais de textos marxianos".

O quarto autor é Hegel, ao qual corresponderia o mérito de ter descoberto a moderna forma imanentista, e enquanto tal não mundana, da dialética, colocando uma pedra sobre as duas formas precedentes de dialética – a platônica e a neoplatônica. Não é claro em que consiste essa dialética, da qual foram dadas mil interpretações, pelo menos para aqueles, como quem escreve estas páginas, que amam mais as análises que os ataques de fúria, que também abundam no capítulo. Sabemos somente que, segundo Althusser, que Preve considera um "agudo filósofo marxista de Antes do Dilúvio", a dialética de Hegel é uma dialética sem Sujeito, o que, para os leitores menos agudos de Hegel, como o subscrito, é muito discutível, já que é indiscutível, para dar um exemplo, que na última parte do Espírito objetivo os Estados são os sujeitos da história.

Partir novamente de Marx significa, para Costanzo Preve, considerar Marx não como um ponto de chegada, em que tudo já está realizado, mas como um ponto de partida, sem ocultar seus erros. Desses erros, os dois sobre os quais ele se detém – a subestimação da força expansiva do capital e a superestimação da capacidade política da classe operária – não excluem, não obstante sua gravidade, a validade e a atualidade da crítica marxiana do capitalismo, que deve ser retomada, desde que aliviada de equívocos duros de morrer.

O primeiro equívoco de que se deveria libertar a vulgata marxista é que Marx e o marxismo tenham algo a ver com o laicismo e o ateísmo. Tal afirmação seria assombrosa, se não se soubesse que por "laicismo" Preve entende uma forma de religião. Qual? "A religião da eternidade do capital" (ibidem, p.107). Portanto, laicos seriam – segundo a reforma do dicionário que Preve nos propõe – aqueles que atribuem à divindade capitalista os cinco atributos tradicionais de Deus. Se o marxismo não é laico, então deveria ser, segundo o dicionário das pessoas comuns, religioso. De qual religião? Enfrentando o segundo equívoco, o ateísmo de Marx, Preve sustenta que o marxismo não é ateísmo, desde que se entenda por "ateísmo" uma espécie de religião invertida. Mais ainda, fazer do marxismo uma espécie de ateísmo seria um modo "desventurado" de "religiosizar" Marx. Porém, como também nesse caso, segundo o dicionário, o contrário de "ateu" é "deísta", conclusão que não parece dedutível das teses do livro, se nos perguntamos uma vez mais se a estratégia do "nem este nem aquele" não pode acabar por nos conduzir a uma série de paradoxos, sua utilidade interpretativa é pelo menos discutível.

Depois dessas primeiras lições, que podem ser consideradas propedêuticas, o livro entra *in medias res,* enfrentando os dois temas centrais do capitalismo e do comunismo segundo Marx. E chega a uma primeira conclusão: o capitalismo de hoje é perfeitamente reconhecível à luz das categorias marxianas, ainda que seja mais forte do que era há cem anos, ao passo que o comunismo real não é igualmente reconhecível em termos marxianos. O que equivale a dizer que o desenvolvimento das sociedades capitalistas confirmou no substancial a análise e a crítica feitas por Marx, ao passo que o modo como o comunismo foi aplicado na prática, ou, para melhor dizer, o modo como se deu a transição ao socialismo no único país em que ela foi tentada, acabou por contradizê-lo. Mas, precisamente diante da falência do comunismo real, a crítica marxiana do capitalismo deve ser, segundo o autor, não abandonada ou edulcorada, e sim radicalizada. Pode a socialização capitalista da produção fornecer a base para a transformação comunista ou esta é uma tese marxiana ilusória e infundada que deveria ser abandonada? Depois de uma série de observações e de análises de textos de Marx, dedicadas também a pôr em evidência o desenvolvimento não linear desse pensamento, a resposta de Preve é negativa. Mas então qual é o pressuposto? Mais uma vez a *pars destruens* parece mais desenvolvida do que a *pars construens.* Nem se consegue entender como, depois da afirmação que põe em dúvida uma das teses marxianas mais repetidas, se chega à afirmação –

que sai um pouco inesperada e, na minha opinião, não suficientemente argumentada – segundo a qual "o socialismo é antes de tudo a democracia" (ibidem, p.176). A resposta pode parecer, hoje que é preciso falar sempre com respeito da democracia, um tanto quanto afetada. Mas contentemo-nos em perguntar: qual democracia? Resposta: "A democracia não pode ser definida senão como socialização *alternativa* das forças produtivas". Mas também sobre este ponto não se consegue ver com clareza em que consiste esta "alternatividade". A única coisa que fica clara ao leitor é que, para enfrentar o tema da "socialização alternativa", seria preciso entrar no reino da teoria econômica, isto é, para usar uma metáfora que não agrada a Preve, voltar a caminhar com os pés, e não de cabeça para baixo. Sem metáfora, passar da crítica filosófica, que é o principal objeto do livro, à crítica econômica. De passagem, mas somente de passagem, surge uma afirmação muito engajada: "Não há nenhuma democracia se os comunistas não são capazes *também* de vencer em eleições livres" (ibidem, p.177). Como não se podem vencer eleições livres sem um partido, não dá para entender como esta afirmação pode conciliar-se com a recorrente consideração do comunismo de partido como a besta negra a ser abatida. Temos aqui um outro ponto sobre o qual precisamos de mais luzes.

A última parte do livro dedica-se a reconhecer de maneira realista a situação presente: de um lado, com a declaração de que o século XX é o século do capitalismo, de outro com a constatação da catástrofe da cultura marxista. Mas é precisamente nesse ponto que se descobre qual é o verdadeiro motivo animador do livro, que se poderia resumir na fórmula: o marxismo morreu, viva o marxismo. Por que morreu? Porque não conseguiu encontrar uma forma de existência impolítica de massa, onde "impolítica" não significa antipolítico mas alude à formação de uma "consciência crítica cultural de massa" e sobretudo à negação do primado da política. Felizmente, ao lado da história do marxismo alienado existe – para quem não quer se dar por vencido e deseja "impedir que o desencanto transforme-se em uma pulsão de autoaniquilamento não mais controlável" (ibidem, p.226) – "uma história ideal eterna, ao estilo de Vico, do marxismo crítico" (ibidem, p.231), que teria chegado nessa fase histórica à concepção do marxismo como ontologia do ser social, "tornada possível porque o tempo histórico lhe forneceu as condições de visibilidade de massa possível" (ibidem, p.240). Considerar o marxismo como ontologia do ser social significa libertá-lo do vínculo histórico com o sujeito concreto, historicamente determinado, a classe operária. Significa convertê-lo na filosofia "de todo o gênero humano" (ibidem, p.241).

Parece-me que nada mostra melhor a gravidade da última crise do marxismo – verdadeira crise catastrófica – que a tentativa de salvá-lo, por parte de quem não se resigna com sua morte, colocando-o em um pedestal mais alto do que aquele em que se encontrava até então. Se a primeira crise havia inspirado a máxima "o fim é nada, o movimento é tudo", essa última crise poderia ambiciosamente encontrar sua expressão na ideia, que Preve toma do marxista espanhol Manuel Sacristán, de que "o movimento é nada, o fim é tudo". A fórmula conclusiva é a seguinte: do marxismo da continuidade ao marxismo da renovação, que corre paralelamente à passagem do comunismo como partido, ou da militância, ao comunismo como maneira de viver, como cotidianidade. O importante é não se iludir, mas também, na espera, não se desnaturalizar. Não se iludir, porque o fim é somente possível e não necessário. Mas não se desnaturalizar, porque somente se se permanecer fiel às próprias premissas o fim não será perdido de vista. Com outra metáfora poder-se-ia dizer: não se retirar, mas atirar mais alto, sem ter segurança de que se acertará um alvo muito distante, mas com a certeza de que a vitória estará assegurada se por acaso o acertar.

O livro não é fácil de ser resumido, pois nele se entrelaçam propostas teóricas e críticas muito veementes, análise e polêmica. Sou o primeiro a reconhecer que minha resenha é parcial.

Ainda que sem compartilhar aquela que o autor chama de uma "racional confiança estratégica" no marxismo e no comunismo, e estando convencido de que hoje ainda tem sentido falar de marxismo reduzindo-lhe as pretensões, sem o amplificar até o ponto de convertê-lo em uma nova forma de educação do gênero humano contra o capitalismo, descrito em todo o livro como o império do mal, considero que uma obra assim documentada e incandescente, veemente e erudita, pela qual nos sentimos ao mesmo tempo atraídos pela paixão de verdade que a anima e rechaçados pela dureza das convicções que nela se expressam, é uma manifestação, ela mesma, da grande crise moral e intelectual que a esquerda politicamente derrotada está atravessando. Desta crise originam-se tanto fáceis evasões quanto obstinadas seguranças, podendo ser interpretada como uma crise de esperança ou de desespero. Preve apresenta o próprio livro como expressão de uma esperança, da esperança em um novo florescimento do pensamento marxista, do qual ele seria um primeiro broto promissor. Uma esperança que se nutre de uma desconfiança tão radical na sociedade existente, ainda que clamorosamente vitoriosa perante o adversário secular, que exige uma grande força de convicção nas próprias ideias e no sentimento que as anima. É esse sentimento que inspira a "misteriosa vontade humana de não aceitar ter de rastejar em quatro patas diante dos senhores" (ibidem, p.257), da qual o marxismo reinterpretado deveria ser mais uma vez o guia infalível.

17
Ainda a propósito de marxismo. Carta a Costanzo Preve*

Caro Costanzo,

O que você chama de "amável crítica demolidora"[1] era na realidade, nas minhas intenções, uma tentativa – que você é inteiramente livre para julgar malsucedida – de tornar conhecido um livro seu para além do círculo dos marxistas-marxólogos, ainda que manifestando minha discordância ou, mais que minha discordância, as minhas dúvidas. Não tendo sido nunca marxista nem sequer marxólogo, ao passo que você é a pleno direito um e outro, também nunca fui um marxófobo. Tanto mais que ser hoje um marxófobo, sobretudo de primeira hora, está se tornando cada vez mais um título de honra ("Mas nós sempre dissemos isso!") por parte de pessoas na companhia das quais jamais estive e entre as quais desejo menos ainda estar agora.

---

* Publicado inicialmente em Bobbio, 1993a, p.166-8.

Resposta à carta de Costanzo Preve, escrita a propósito do comentário feito por Bobbio ao livro *Il filo d'Arianna* (ver o ensaio precedente). (N.E. It.)

1 Ver a carta de Costanzo Preve, datada de Turim, 9 de outubro de 1992, em resposta ao comentário de Bobbio, *Un tentativo di risposta alla crisi del marxismo*.

Apesar de algumas frases pungentes, que podem tê-lo ferido, com que expressei minha incontida intolerância por seu costume de ironizar os adversários, o principal objetivo daquela minha resenha, evidente (assim o espero) para todo leitor não prevenido, era o de buscar compreender por que você continua a se considerar marxista, mesmo depois da derrocada do regime comunista, que tinha precisamente Karl Marx como o primeiro de seus fundadores, procurando compreender também sua tese, os argumentos com que a sustentara, sua estratégia de renovador do marxismo e o lugar em que sua tentativa poderia ser colocada no interior da grande categoria dos mil marxismos vivos e mortos.

Importava-me desde o início colocar em destaque que não se tratava de um dos costumeiros revisionismos. Os autores a que você se referiu acolhendo-os como companheiros de estrada eram – à diferença daqueles de que se tinham feito acompanhar os revisionistas – todos marxistas, embora eu perceba agora, por sua resposta, que você abandonou dois dos prediletos, Lukács e Althusser, e decidiu seguir em frente sozinho, abrindo passagem na *ingens sylva* das interpretações de Marx. Com efeito, sua maneira de entender Marx, que se pode incluir no gênero "retorno ao verdadeiro Marx", não segue nenhum dos caminhos batidos. Não os segue, e não os poderia seguir, porque entre os seus mestres e as suas últimas reflexões ocorreu a derrocada do comunismo real, um evento de tão grande alcance histórico que ainda hoje não conseguimos nos dar conta com suficiente clareza da sua importância na transformação do curso histórico da humanidade, até porque ainda não sabemos quais e quantas ruínas ele produziu ou, ao contrário, quais fundamentos de um novo edifício ele estabeleceu.

A novidade da sua interpretação está em ser uma inversão radical das interpretações correntes, e propõe-se claramente a alargar ao máximo a distância entre Marx e o regime instaurado na União Soviética, com o propósito de sustentar que nenhum dos erros que levaram aquele regime à falência pode ser imputado ao presumido pai. A União Soviética deu vida a um Estado coletivista opressivo? Mas não, Marx era um individualista. O Estado soviético era um Estado despótico? Mas não, a filosofia de Marx é uma filosofia da liberdade. O povo russo foi levado a um ateísmo absoluto? Mas não, a filosofia de Marx jamais foi uma filosofia ateia. Forço um pouco o seu pensamento, mas você deve admitir que aquilo que sustentou é exatamente o contrário de tudo aquilo que a Marx havia sido até agora atribuído. Diante de uma interpretação excêntrica, o leitor fica perplexo. Mas gostaria que você reconhecesse que a minha perplexidade nunca se transformou ao longo da resenha naquilo que você chamou de crítica demolidora, ainda que amável, até porque, como não marxólogo que sou, apreciei a enorme erudição com que você defendeu suas teses e admirei a paixão ética e cívica com que você as propôs. Talvez você tenha razão: para poder ainda se apresentar como marxista depois do miserável fim do primeiro Estado comunista da história, e comunista porque pretensamente marxista, seria preciso uma interpretação inovadora. Digo isto porque recentemente ocorreu-me ler uma longa entrevista de um marxista não arrependido, mais ainda, de um marxista que se declara abertamente como tal, e que você certamente conhece bem porque é um discípulo fiel de Lukács, István Mészáros (1992, p.27-34), na qual é muito mais reconhecível o Marx da tradição. No entanto, não posso dizer que me tenha convencido. A inovação tem um limite quando se trata de interpretar o pensamento alheio, sobretudo quando se deseja extrair linhas de ação política desta interpretação.

Passo agora aos seus contra-argumentos. Não lhe escondo que o primeiro – "Se não existe o meu comunismo, também não existe a sua democracia" – é daqueles que parecem atingir o alvo. Gostaria, porém, de observar-lhe que há uma diferença: a democracia, ainda que com todos os defeitos, existe em vários países, tanto que é sempre possível e fácil distinguir uma democracia (mesmo que desconjuntada como a italiana) de uma ditadura. Quanto ao comunismo, ao contrário, jamais neguei isso, existe um comunismo ideal, ao menos desde Platão, mas aquilo que jamais existiu é o comunismo real, e quando se tentou fazê-lo existir o efeito foi desastroso. A democracia deve ser corrigida, o comunismo deveria ser reinventado. Esta é, na verdade, a ideia que você mesmo expressou no seu segundo livro, *Il convitato di pietra* [O convidado de pedra],[2] que termina com uma profissão de comunismo, entendido como exigência pessoal, não como exercício de profissão política, de um comunismo filosófico, jamais visto antes, mais ainda, antitético a todas as formas de comunismo até agora cogitadas e praticadas, de um comunismo que você mesmo definiu como sendo "da finitude". Reinventá-lo como, com qual objetivo? Abater o capitalismo, é claro. Mas com quais meios? Parece-me que a tentativa empreendida por você não é tanto a de construir a nova sociedade comunista quanto a de renovar o marxismo, isto é, as premissas teóricas de uma futura e ainda remota sociedade comunista.

Quanto ao seu discurso sobre as dicotomias, não me espanta, porque, amante das dicotomias como eu sou, e como você mesmo me reconhece, sei bem que o nosso modo de pensar é *naturaliter* dicotômico e que, desfeita uma dicotomia, faz-se imediatamente uma outra.

Direita e esquerda. Que a distinção entre direita e esquerda deva ser jogada fora é um lugar comum do atual debate político. Respondo, como escrevi não há muito tempo no jornal *La Stampa* (Bobbio, 1992b, p.1 e 4), que não tenho nada contra reconhecer a historicidade da contraposição e o caráter convencional da denominação. Mas repito que a tendência de todo universo conflitual, como o político, a se dividir em duas partes contra-

---

2 *Il convitato di pietra* (1991). Ensaio sobre marxismo e niilismo, segundo volume de uma "trilogia filosófica unitária" publicada por Preve em 1991-1992. Os outros dois volumes são: *Il pianeta rosso. Saggio su marxismo e universalismo* e *L'assalto al cielo. Saggio su marxismo e individualismo*.

postas jamais se reduziu e que hoje, mais do que nunca, uma das razões da divisão é a distinta postura diante do problema da igualdade e da diversidade. É inegável que um dos grandes problemas do nosso tempo é o das migrações em massa que estão transtornando as nossas sociedades. Diante deste problema, a distinção entre uma postura igualitária e uma inigualitária é muito evidente, e ao menos até agora a denominação de direita e esquerda continua apropriada para reconhecê-la.

Religiosidade-laicismo. Antes de declarar superada esta dicotomia, seria preciso chegar a um entendimento sobre o significado das duas palavras e distinguir as várias áreas nas quais elas são habitualmente aplicadas. A confusão é tal que você define como religiosa – aliás, como mais religiosa do que a era feudal – a sociedade capitalista, que muitos identificam com a era do niilismo em que se realizaria a previsão de Nietzsche: "Deus morreu". Quanto às diversas áreas em que vale a distinção, à distinção entre religião e laicismo corresponde em política a distinção entre Estados confessionais e Estados não confessionais ou laicos; na ética, a distinção entre ética religiosa e ética laica, que estão como nunca em conflito sobre temas da ordem do dia, como aborto, eutanásia, transplantes; em filosofia, o contraste jamais apagado entre razão e fé, entre uma concepção determinista e uma casualista da vida, um contraste que também foi debatido recentemente nos jornais diários. Se há uma época em que o debate entre uma visão laica e uma visão religiosa da vida não parece querer se apagar, essa é, caro Costanzo, precisamente a nossa.

Burguesia-proletariado. Que esta dicotomia esteja superada ao menos nos países capitalistas salta aos olhos de todos. O grande contraste que havia golpeado Marx era o que se abrira nos países que estavam se preparando para a grande revolução industrial. Repetir isso hoje é uma banalidade. Mas este era apenas um dos contrastes entre quem está em cima e quem está embaixo na escala social no mundo de hoje. A superação do contraste entre burguesia e proletariado, posto que tenha existido, não cancela outras "dicotomias" (ainda que a palavra neste contexto seja imprópria), com as quais a esquerda, tal como há pouco a defini, deveria ocupar-se e preocupar-se. Porém, se se tiver sempre como ponto de referência somente Marx, corre-se o risco de deixar de lado outros grandes problemas que Marx não se colocara porque não eram atuais em seu tempo.

É muito certo que existem autores que podem ser utilizados pela direita e pela esquerda. Mas isso não tem nada a ver com a superação da famigerada distinção. Depende da ambiguidade intrínseca a todo escritor clássico, que cada geração interpreta a seu modo. Ambiguidade que não diz respeito somente a Heidegger, mas também a um de seus mestres, Nietzsche (era ou não era nazista?), para não falar de Hobbes (conservador ou liberal?), de Rousseau (democrático ou totalitário?), de Hegel, do qual nasceram, como você sabe muito bem, uma direita e uma esquerda.

Entendo que este modo de responder ao seu projeto filosófico, que você resumiu brevemente na última parte da carta, pode confirmar a minha "condição de estranho" não somente ao marxismo mas também a um modo de filosofar, que lhe é caro, sobre grandes temas e para grandes batalhas. Mas é uma condição de estranho que, como você vê, não atenuou o desejo e o prazer de continuar o diálogo que começamos quando você era estudante. Em um breve apêndice ao meu *Profilo ideologico del Novecento* [Perfil ideológico do século XX], escrito para uma tradução inglesa (1995, p.198), citei este seu livro como prova de que entre as ruínas dos Estados comunistas o marxismo não está morto; é um marxismo não mais triunfal, como o de tantos intelectuais que acompanharam a ascensão e a queda do partido comunista italiano, mas crítico (talvez também, ao menos para mim, críptico), renascido como uma reflexão, amarga mas não resignada, sobre uma grande derrota e como um desafio aos vencedores.

Com as mais cordiais saudações.

18
Convite para que se releia Marx*

Nosso seminário nasceu do propósito de dar uma resposta à questão que aflora com frequência sempre maior nos debates sobre as razões e sobre o destino da esquerda: "O que se passa com Marx e com o marxismo?". Uma resposta bem argumentada, que seja capaz de se contrapor à refutação muitas vezes emotiva, irritada, passional e acrítica que se seguiu aos acontecimentos de 1989, por ocasião da derrocada do universo soviético, do qual a doutrina marxista, com todos os seus sucessores autorizados, havia sido o grande motor.

Em sua história já mais que secular, o marxismo conheceu frequentemente, quando foi assumido de modo fideísta, fenô-

---

* Publicado inicialmente em Bobbio, 1993b, p.3-8. Texto da conferência inaugural do seminário *Rileggere Marx dopo il diluvio* (Torino, Departamento de Estudos Políticos, 11-13 de março de 1992), organizado por Michelangelo Bovero, Franco Sbarberi e Marco Revelli, e do qual participaram M. Bovero, O. Kallscheuer, A. Tosel, S. Veca, A. Doménech, L. Salazar, M. Cruz. As intervenções lá feitas estão publicadas na revista *Teoria politica*, v.9, n.2, p.9-93. (N.E. It.)

menos de conversão e inversamente de abjuração; quando foi acolhido como a única ciência possível da sociedade, foi seguido por afastamentos graduais mediante processos de questionamento guiados pela observação da história real. No primeiro caso, poder-se-ia falar de uma verdadeira inversão de rota, de uma brusca passagem de uma difusa e acrítica *Marxlatria* a uma igualmente difusa e acrítica *Marxfobia*. No segundo caso, poder-se-ia dizer que o resultado foi obtido por meio de uma contestação das pretensas verdades do marxismo. Como exemplos de afastamento crítico, penso em Lucio Colletti na Itália, em Leszek Kolakowski na Polônia, em Agnes Heller e, em geral, na Escola de Budapeste, na Hungria.

O que quando muito distingue a situação presente das passadas é que o movimento rumo à abjuração ou rumo ao afastamento crítico ficou sempre mais acelerado, e ao que parece irreversível, em relação à excepcionalidade da situação histórica. Tal movimento, além do mais, não parece até agora contrabalançado por um movimento inverso: à passagem do marxismo ao antimarxismo não corresponde, como em outras épocas, a passagem inversa do não marxismo ao marxismo. Refiro-me à grande crise histórica precedente, ocorrida por ocasião da queda do fascismo, quando, na Itália mas também em outros lugares, filósofos originariamente idealistas, neokantianos e existencialistas abraçaram o marxismo, em um processo tão rápido de transformação que fez que essa transformação parecesse ser quase uma conversão. Penso em personagens não menores como Antonio Banfi, Galvano della Volpe e Cesare Luporini. Na ausência do movimento contrário, hoje a área do marxismo tornou-se mais restrita, porque o não-mais-marxismo dos velhos marxistas não foi compensado pela conversão de não marxistas ao marxismo.

Porém, é preciso resguardar-se de declarações de morte apressadas. Em nosso direito civil, para que se possa declarar a morte presumida de uma pessoa são necessários dez anos a partir do dia ao qual remonta a última notícia do ausente. À parte o fato de que ainda não se passaram dez anos do grande evento, na história das ideias os tempos são mais longos e a morte é frequentemente aparente: vale sempre o mote horaciano *multa renascentur* com aquilo que segue.* Deus também foi dado por morto, mas nunca esteve tão vivo como hoje.

Quantas vezes Marx foi dado como morto! No início do século, quando a prenunciada derrocada do capitalismo não se deu; depois da Primeira Guerra Mundial, quando a primeira revolução inspirada pelo pensamento de Marx ocorreu em uma região na qual, segundo este mesmo pensamento, ela não deveria ocorrer; uma vez ocorrida a revolução, quando o Estado, em vez de se preparar para a própria extinção, reforçou-se até se transformar na figura sem precedentes do Estado totalitário. Nos momentos decisivos da história contemporânea ocorrera, portanto, exatamente o oposto do que Marx havia previsto. Era natural que os fideístas começassem a se perguntar se Marx não seria por acaso um falso profeta e os cientistas se pusessem inquietos a questão: "Foi mesmo ciência?".

Também é verdade que as razões dos antimarxistas são hoje bem mais graves. O capitalismo não somente não morreu, mas venceu de modo categórico, tanto que já houve quem sentenciasse que a história terminou: afirmação no mínimo insensata porque pode ser interpretada como o reconhecimento de que o sistema capitalista e democrático, que consegue fazer que a liberdade de mercado conviva com a liberdade política, não parece ulteriormente superável e todo o mundo está destinado a se uniformizar. Nenhuma revolução comunista é previsível no

---

* Referência às palavras de Horácio na *Arte poética*: "Multa renascentur quae iam cecidere cadentque/quae nunc sunt in honore vocabula, si volet usus/ quem penes in arbitrium est et ius et norma loquendi", ou seja, "Muitas palavras que já morreram hão de renascer, e cairão outras que atualmente estão em voga, se assim o quiser o uso, que detém o arbítrio, o direito e a norma de falar". (N.T.)

mundo de hoje, mesmo no mundo dos mais pobres e oprimidos, e muito menos nos países capitalistas (segundo a previsão de Marx). Nenhum Estado em nenhuma parte do mundo está em vias de extinção: quando muito, hoje existem Estados que se desagregam mas isso é uma espécie de extinção que não dá lugar a uma sociedade livre sem Estado, e sim a um estado de guerra permanente, à anarquia de Hobbes, não dos anarquistas.

Há uma razão bem mais grave para que consideremos a crise atual do marxismo como excepcional. As crises precedentes, como sempre se disse, derivavam da constatação de um defeito de previsão por parte da doutrina marxista: um defeito que colocava em discussão Marx, seja como profeta, seja como cientista. Mas uma falsa profecia ou uma falsa previsão podem ser salvas com uma operação muito simples, qual seja, deslocando para frente no tempo o momento da verificação. Diz-se: não era equivocado o anúncio da mudança, mas não havia sido calculado exatamente o tempo em que isso se daria. Trata-se de um argumento recorrente em todas as visões apocalípticas da história, tanto se for anunciado o advento do reino da liberdade quanto se for anunciado o advento do Espírito Santo. Permanece a certeza de que o evento prenunciado ocorrerá. Resta incerto o momento: *Certus an*, diria um jurista, *incertus quando*.

A crise atual não deriva de um erro de previsão, mas da constatação cabal de um fato real: a falência catastrófica da primeira tentativa de realizar uma sociedade comunista em nome de Marx e do marxismo, ou melhor, de Marx em companhia de Engels, seguidos por Lenin e depois por Stalin por meio de uma sucessão interpretada como uma filiação ou como derivação do mesmo pai. A comparação entre as Igrejas tradicionais e a Igreja comunista foi feita tantas vezes que parece uma banalidade ou uma maldade de adversários irredutíveis. Mas também sob esse aspecto, isto é, sob o aspecto da verdade fundada em um princípio de autoridade e de sucessivas autorizações de outras autoridades, é surpreendente. Houve quem, diante de fatos reais igualmente perturbadores como Auschwitz, tenha falado até mesmo em "derrota de Deus" (Sergio Quinzio). Por que é que, diante dos *gulag* stalinianos, não se poderia falar de derrota de Marx?

Diante desta imensa derrota real, que não é somente um erro de previsão mas uma prova de fato das consequências perversas de um programa de ação e de transformação social derivado de uma doutrina, não basta fazer o relógio andar para trás para salvar a obra do fundador. São necessárias outras estratégias de interpretação e de correção, que não têm qualquer analogia com as velhas estratégias: nem com o revisionismo, que considerava poder salvar o marxismo enxertando-o em uma outra filosofia – ora o positivismo, ora o neokantismo, ora a fenomenologia –, nem com o retorno ao Marx genuíno, ao "verdadeiro" Marx, mal compreendido pelos maus discípulos. Apesar disso, ambas as estratégias foram novamente tentadas – a primeira nos Estados Unidos com o enxerto da filosofia de Marx na filosofia analítica, a segunda com a recorrente operação de libertar Marx dos vários marxismos. É como dizer que o barbudo que foi belamente exibido durante anos em toda a iconografia soviética era somente a face, o rosto externo, do fundador, não sua alma oculta que esperava ainda ser revelada.[1]

Hoje são necessárias, eu dizia, estratégias de salvação mais fortes. Vejo principalmente duas delas. A primeira: não obstante a conclamada derivação marxiana do comunismo soviético, Marx, o "verdadeiro" Marx, não é de modo algum responsável pelo que ocorreu no país, ou melhor, nos países, do assim chamado socialismo realizado. E não é responsável porque não existe uma relação imediata entre teoria e práxis. O mesmo discurso tem sido repetido há anos com respeito à responsabilidade de Nietzsche perante o nazismo. O fato de que Hitler considerasse Nietzsche como um de seus mestres, tanto que deu as obras completas do

---

1 Penso que a esta orientação pertence a obra de Costanzo Preve, 1990.

profeta de Zaratustra de presente para Mussolini quando o libertou da prisão em que estava recolhido depois do 25 de julho de 1943, não significa nada porque é natural que um chefe político queira embelezar e engrandecer a própria obra fazendo que ela apareça como inspirada por um grande filósofo. Ao longo dos séculos, sempre foi difícil distinguir Cristo do Anti-Cristo: muitas vezes o Anti-Cristo foi visto como sendo Cristo. O que Marx tem a ver, objeta-se, com o sistema político e policialesco instaurado na União Soviética? Vamos reler Marx, dizem os novos revisores, e nos daremos conta de que as ideias de Marx são precisamente o oposto das que puderam inspirar um Estado tirânico. Marx é um pensador libertário, até mesmo um individualista, de modo algum um organicista, e sua doutrina não é a inversão da grande tradição liberal, mas sua única possível realização.

Uma segunda estratégia é a que parte da constatação de que existem muitos Marx e de que, à distância de mais de um século, não dá para salvar a todos eles nem para jogá-los todos fora. É a estratégia que eu chamaria de "dissociação". Há um Marx economista, um Marx historiador, um Marx sociólogo, um Marx filósofo. Estas diversas faces do mesmo e único personagem servem à estratégia da recuperação mediante a dissociação. Marx morreu como filósofo? Pode-se dizer o mesmo do Marx economista? E assim por diante. Marx foi até agora o crítico mais radical do capitalismo. O capitalismo venceu sua batalha contra a primeira tentativa de organizar um sistema social fundado não na economia de mercado mas na economia de comando. Mas a vitória do capitalismo é definitiva? A economia de mercado, enquanto resolve certos problemas, como o da produção dos bens, cria outros problemas, como o da distribuição. Um dos maiores economistas italianos, Paolo Sylos Labini, participando do debate em curso na revista *Il Ponte*, intitulado *Carlo Marx: è tempo di un bilancio* [Karl Marx: é tempo de balanço], escreveu entre outras coisas:

quanto mais diretamente as teses de Marx estão associadas a seu programa revolucionário, mais é preciso desconfiar delas, ao passo que as teses mais afastadas daquele programa, ou seja, as teses verdadeiramente analíticas, são consideradas e valorizadas, sempre com olhos críticos mas com menor suspeita. (1991, p.24)

Ao comentar amigavelmente este seu artigo, perguntei-lhe se não considerava que ao menos duas teses fundamentais do Marx economista deveriam estar sempre presentes: (a) o primado do poder econômico sobre o poder político (que constatamos todo dia também na Itália) e (b) a previsão de que por meio do mercado tudo pode se tornar mercadoria, donde a chegada inevitável à sociedade da mercadorização universal.

Outra dissociação, mencionada já no início, marca toda a história do marxismo: a dissociação entre o Marx cientista e o Marx profeta, cuja crítica caminha *pari passu* com o descrédito de toda forma de utopismo que pressupõe uma concepção perfeccionista do homem. Esta crítica está particularmente presente no atual debate filosófico italiano por meio da descoberta ou da redescoberta da obra de Augusto Del Noce. Mas a refutação do perfeccionismo pertence a pleno direito também à tradição do pensamento liberal. Refiro-me à crítica da filosofia da história no pensamento de Croce, à famosa tese da "pobreza do historicismo" de Popper e à obra global de Isaiah Berlin, na qual é recorrente a refutação dos autores que alimentaram visões perfeccionistas da história. Observo de passagem que em um dos últimos números da *Biblioteca della libertà*, o órgão mais representativo do pensamento liberal na Itália, lê-se um artigo de Michele Marsonet, que considera como erro fundamental de Marx a sua antropologia, segundo a qual o homem é um ser capaz de infinita perfectibilidade (1992, p.39-58.). O autor remete a pensadores como Voegelin, que tiveram muito sucesso também na Itália, entre outros, também mediante Del Noce, e à crítica do gnosticismo, segundo o qual o mundo presente é mau e deve ser radicalmente modificado.

No entanto, ainda que o profetismo não goze hoje de muito prestígio, não é verdade que tenha sido totalmente abandonado. Escolho dois exemplos dele: Luciano Canfora, em seu pequeno livro *Marx vive a Calcutta* [Marx vive em Calcutá] (1992, p.21), reavalia o marxismo precisamente como utopismo escrevendo: "São os 'impulsos utópicos' que movem a história: a utopia cristã da redenção universal, a utopia iluminista da 'paz perpétua', ... a utopia comunista". É supérfluo observar que uma afirmação deste gênero caminha em direção oposta à indicada por Marx e sintetizada por Engels. Não mais "o socialismo da utopia à ciência" mas, com uma inversão total e um retorno às origens, "o socialismo da ciência à utopia". Em uma entrevista de Emmanuel Levinas feita por Barbara Spinelli e publicada em *La Stampa* há poucos dias (6 de maio de 1993), o filósofo, diante da questão de saber se as democracias venceram, responde:

> A mim parece que as democracias perderam, e perderam muito. Não obstante todos os excessos e os horrores, o comunismo sempre representa uma espera. Espera de poder corrigir os equívocos e as injustiças cometidas contra os mais fracos, espera de uma ordem social mais justa. Não digo que os comunistas tivessem pronta a solução, nem que a estivessem preparando. Longe disso. Mas havia a ideia de que a história teria um certo sentido. Que viver não seria um viver insensato. É uma ideia que os ocidentais tiveram no século XVIII e que Marx enraizou no pensamento do século XX. Não creio que perder essa ideia para sempre seja uma grande conquista espiritual. Até ontem, pelo menos, sabíamos para onde ia a história e que valor dar ao tempo. Agora vagamos perdidos, perguntando-nos a todo instante: "Que horas são?". Fatalistamente, um pouco como costumam perguntar os russos. Que horas são? Ninguém mais sabe.

Como vocês podem ver, não faltam problemas para se discutir. Bom trabalho.

Índice onomástico

Adoratskij, Viktor 45
Adorno, Theodor Wiesengrund 173,174,185,188
Albert, Hans 185
Alcaro, Mario 12
Almond, Gabriel A. 33, 190, 191, 192, 193, 194, 195, 196, 197, 199, 200, 201, 202, 203
Althusser, Louis 26, 35, 114, 169, 192, 199, 201, 238, 271, 272, 276, 277, 278, 279, 284, 288, 294
Amendola, Giorgio 18, 19, 20, 116
Aristóteles 21, 274
Asor, Rosa Alberto 16
Badaloni, Nicola 18, 32, 245, 246, 248
Balbo, Felice 29, 30, 61, 62, 63, 64, 65, 67
Banfi, Antonio 33, 300
Baratta, Alessandro 265, 269
Battaglia, Felice 8
Bauer, Bruno 50, 156

Berlin, Isaiah 15, 305
Bianchi Bandinelli, Ranuccio, 14
Bismarck-Schönhausen, Otto 75, 159, 204
Bloch, Ernst 213, 286
Bodin, Jean 224
Böhler, D. 213, 215
Bonaparte, Luís Napoleão 159, 228
Bovero, Michelangelo 26, 34, 299
Bukharin, Michelangelo 268
Cabet, Étienne 48
Calógero, Guida 8
Calvez, Jean-Yves 122
Canfora, Luciano 306
Carocci, Alberto 103, 104, 105
Cattaneo, Carlo 23
Cerroni, Umberto 18, 216, 276
Cherubini, Giovanni 121
Chevalier, Michel 46
Chiaromonte, Nicola 104
Chiodi, Pietro 251
Colletti, Lucio 12, 300

Comte, Auguste 79, 174, 181, 219
Constant, Benjamin 94, 116
Corradini, Domenico 35, 259
Croce, Benedetto 8, 19, 23, 82, 305
Cruz, M. 299
Dal Pra, Mario 32
De Felice, Renzo 17
De Maistre – *ver* Maistre, Joseph de
della Volpe, Galvano 8, 11, 12, 13, 14, 15, 16, 17, 28, 106, 122, 274, 300
Del Noce Augusto 29, 30, 66, 305
Desmoulins, Camille 47
Deutsch, K. 191
di Castiglia, Roderigo 14, 27 – *ver* Togliatti, Palmiro
Dilthey, Wilhelm 64
Doménech, A. 299
Dühring, Karl Eugen 124, 128
Einstein, Albert 73
Elster, Jon 10
Engels, Friedrich 29, 46, 47, 51, 52, 54, 60, 69, 70, 72, 73, 75, 78, 84, 85, 86, 87, 88, 89, 91, 92, 97, 98, 122, 123, 124, 125, 126, 128, 129, 130, 137, 138, 140, 144, 145, 146, 147, 149, 150, 153, 156, 158, 159, 162, 164, 178, 208, 228, 229, 257, 259, 263, 302, 306
Epicuro 287
Ferrajoli, Luigi 265
Feuerbach, Ludwig 9, 28, 29, 51, 52, 53, 55, 56, 57, 58, 59, 60, 123, 125, 128, 136, 152
Fortini, Franco 31, 112, 114, 115, 116, 117
Freiligrath, Ferdinand 130
Galilei, Galileu 13, 79, 251
Galtung, Johan 233

Garin, Eugenio 29
Gentile, Giovanni 12
Gerratana, Valentino 31, 112, 113, 114
Giannantoni, Gabriele 17
Gobetti, Piero 19, 24
Goethe, Wolfgang 47
Gouldner, Alvin W. 169
Gramsci, Antonio 7, 24, 31, 32, 36, 274
Grotius, Ugo 224
Guastini, Riccardo 34, 220, 259
Habermas, Jürgen 185, 188, 213
Hamilton, A. 239
Hart, Herbert L. A. 211
Hegel, Georg Wilhelm Friedrich 13, 21, 22, 29, 30, 32, 34, 46, 48, 49, 51, 52, 54, 56, 59, 62, 63, 64, 65, 66, 67, 85, 89, 92, 121, 122, 123, 124, 125, 126, 127, 128, 129, 130, 131, 132, 133, 134, 135, 136, 137, 141, 142, 143, 147, 150, 151, 152, 153, 154, 155, 180, 185, 226, 227, 228, 280, 287, 288, 298
Heidegger, Martin 57, 286, 298
Heller, Agnes 300
Hess, Moses 47, 54
Hitler, Adolf 251, 303
Hobbes, Thomas 21, 22, 29, 32, 34, 82, 152, 155, 195, 224, 274, 280, 298, 302
Hobson, John Atkinson 230
Husserl, Edmund 250, 251, 252, 253, 254, 255, 256, 257, 258
Hyppolite, Jean 121
Kallscheuer, Otto 299
Kant, Immanuel 21, 22, 63, 152, 155, 225, 226
Kelsen, Hans 23, 211
Kierkegaard, Sören 55, 57
Kojève, Alexander 121

Kolakowski, Leszek 300
Korsch, Karl 172
Kruschev, Nikita 9, 18, 30, 69, 78, 91, 96, 99, 100, 103, 106, 107, 111, 113, 116
Kugelmann, Ludwig 160
Labriola, Antonio 8, 12
Lanfranchi, Enrico 27
Lassalle, Ferdinand 129, 130
Lasswell, Harold D. 191
Lefèbvre, Henri 130, 132, 133
Lenin, Nikolai 72, 73, 75, 76, 78, 81, 82, 84, 90, 93, 94, 107, 109, 110, 112, 113, 115, 122, 161, 232, 234, 263, 274, 276, 277, 302
Leonardi, Franco 33, 167
Leske, Carl Wilhelm 49
Levinas, Emmanuel 306
Lissa, Giuseppe 32
Locke, John 22, 63, 94, 116, 152, 155, 274
Luhmann, Niklas 211
Lukács, György 65, 104, 121, 122, 127, 183, 188, 274, 284, 285, 294, 295
Lukic, R. 209
Luporini, Cesare 300
Lutero, Martinho 59
Maistre, Joseph de 82
Maquiavel, Nicolau 93, 113, 274
Marsonet, Michele 305
Matteucci, Nicola 13, 149
Mazzini, Giuseppe 157
Meaglia, Piero 23
Mendelssohn, Moses 128
Merker, Nicolao 12, 121
Merton, Robert King 191
Mészáros, István 295
Mill, John Stuart 46, 94, 116, 274
Mills, Wright Charles 169
Mondolfo, Rodolfo 12, 13

Montesquieu, Charles Secondat 274
Moravia, Alberto 103, 104
Morgan, Lewis Henry 86
Mussolini, Benito 12, 304
Napoleão III 75
Napoleão – *ver* Bonaparte, Luís Napoleão
Negt, Oscar 215
Newton, Isaac 73
Nietzsche, Friedrich Wilhelm 251, 297, 298, 303
Ockham, Guilherme de 112
Opocher, Enrico 218
Owen, Robert 48, 230
Paci, Enzo 249, 250, 252, 253, 254, 256, 257, 258
Panzieri, Raniero 12
Pareto, Vilfredo 21, 23, 81, 82, 175, 176, 246
Parsons, Taleott 176, 177, 178, 179, 191, 274
Paul, W. 210, 213, 215
Pietranera, Giulio 12
Pistone, Sergio 237
Pizzorno, Alessandro 204
Platão 21, 31, 105, 106, 227, 269, 296
Polito, Pietro 14, 21, 25, 31
Popper, Karl 9, 169, 185, 188, 305
Poulantzas, Nicos 33, 190, 191, 192, 193, 194, 195, 197, 199, 200, 201, 202, 204, 238, 274
Pound, Roscoe 219
Powell, G. Bingham 190, 192, 200
Preobrachensky, Evgenij 268
Preve, Costanzo 35, 283, 284, 285, 286, 287, 288, 289, 290, 291, 292, 293, 296, 297, 303
Proudhon, Pierre-Joseph 46, 48, 131, 132
Quinzio, Sergio 303

Racinaro, Roberto 272
Reich, N. 213
Renner, Karl 220
Ricardo, David 46
Ross, Alf 211
Rossanda, Rossana 271
Rossi, Mario 12, 137
Rossi, Pietro 33
Roth, Alois 251
Rousseau, Jean-Jacques 16, 21, 113, 122, 152, 155, 262, 287, 298
Roy, Claude 31, 92, 105, 106
Ruge Arnold 45
Rusconi, Gian Enrico 17
Sacristán, Manuel 291
Saint-Simon, Claude-Henri 48, 227
Salazar, L. 299
Say, Jean-Baptiste 46
Sbarberi, Franco 299
Schmitt, Carl 274
Schweitzer, Johann Baptiste von 132
Serra, Pasquale 36
Shakespeare, William 47, 93
Smith, Adam 46, 179, 287
Solmi, Sergio 104
Sarei, Georges 250
Spencer, Herbert 181

Spinelli, Barbara 306
Spinoza, Baruch 128
Spriano, Paolo 13
Stalin, Josef 8, 9, 31, 69, 70, 73, 74, 75, 76, 77, 78, 81, 91, 92, 93, 96, 97, 98, 100, 103, 107, 110, 113, 204, 302
Sutcliffe, B. 230
Sylos Labini, Paolo 36, 304
Tocqueville, Alexis Clérel de 274
Tosel, André 299
Togliatti, Palmiro 14, 105
Treves, Renato 33, 207, 216, 218, 219, 220
Turi, Gabriele 14
Vacca, Giuseppe 12
Veca, Salvatore 10, 299
Venediktov, Anatoli V. 74
Vico 291
Violi, Carlo 7, 10, 11, 13, 23
Viskovic, Nicola 210
Voegelin, Eric 305
Weber, Max 21, 23, 193, 219, 240, 274, 280
Westphalen, Jenny Von 45
Weydemeyer, Joseph 162, 163
Windelband, Wilhelm 59
Zaratustra 304
Zini, Zino 7
Zolo, Danilo 34, 35, 259, 265

Referências bibliográficas

ADORNO, T. W. *Dialettica e positivismo in sociologia*. Torino: Einaudi, 1969.

ALMOND, G. A., POWELL, G. B. *Politica comparata*. Bologna: Il Mulino, 1970.

ALTHUSSER, L. Teoria dello Stato o teoria Del partito? In: VV.AA. *Discutere lo Stato*. Posizioni e confronto su una tesi di Louis Althusser. Bari: De Donato, 1978a.

_____. Il marxismo come teoria "finita". In: VV.AA. *Discutere lo Stato*. Posizioni e confronto su una tesi di Louis Althusser. Bari: De Donato, 1978b.

BADALONI, N. *Marxismo come storicismo*. Milano: Feltrinelli, 1962.

BALBO, Felice. La filosofia dopo Marx. *Rivista di filosofia*. v.40, n.1, jan./mar. 1949a.

_____. La filosofia dopo Marx. *Rivista di filosofia*. v.40, n.3, jul./set. 1949b.

_____. La filosofia prima di Marx. *Rivista di filosofia*. v.41, n.1, jan./mar. 1950.

_____. *Opere 1945-1964*. Torino: Boringhieri, 1966.

BOBBIO, N. Avvertenza a Ludwig Feuerbach. In: _____. *Principi della filosofia dell'avvenire*. Torino: Giulio Einaudi editore, 1946. [2.ed. 1948.]

BOBBIO, N. La filosofia prima di Marx. In: *Rivista di filosofia*. v.41, n.1, jan./mar. 1950.

_____. Della libertà dei moderni comparata a quella dei posteri. *Nuovi argomenti*, n.11, nov./dez. 1954. [Ed. bras..: Da liberdade dos modernos comparada à dos pósteros. In: BOBBIO, N. *Teoria geral da Política*. Org. M. Bovero. Rio de Janeiro: Campus, 2000. p.267-97.]

_____. *Politica e cultura*. Torino: Einaudi, 1955.

_____. Ancora dello stalinismo: alcune questioni di teoria. *Nuovi argomenti*, n.21-2, jul./out. 1956.

_____. La dialettica di Marx. *Rivista di filosofia*, v.49, n.2, abr. 1958a.

_____. Nota sulla dialettica in Gramsci. *Società*, v.14, n.1, 1958b. [Ed. bras.: Gramsci e a dialética. In: BOBBIO, N. *Ensaios sobre o conceito de sociedade civil*. São Paulo: Paz e Terra, 1999, p.27-41.]

_____. Marxismo critico. *Paese Sera-Libri*, a.3, 24 jul. 1962.

_____. Marxismo e fenomenologia. *Rivista di filosofia*, v.55, n.3, jul./ set. 1964.

_____. *Da Hobbes a Marx*. Napoli: Morano, 1965.

_____. La resistenza all'opressione, oggi. *Studi sassaresi*, serie 3, 1970-1971.

_____. *Società e Stato da Hobbes a Marx*. Curso universitário de filosofia da política, em colaboração com Michelangelo Bovero, ano acadêmico 1972-1973. Torino: Clut, 1973a.

_____. Democrazia socialista? ln: VV.AA. *Omaggio a Nenni*. Roma: Quaderni di Mondoperaio, 1973b.

_____. Marxismo e scienze sociali. *Rassegna italiana di sociologia*, v.15, n.4, out./dez. 1974a.

_____. Teoria sociologica e teoria general e del diritto. *Sociologia del diritto*, v.1, fasc. 1, 1974b.

_____. Marx, Engels e la teoria dello Stato. *Prassi e teoria*, v.1, n.3, 1975.

_____. *Quale socialismo?* Torino: Einaudi, 1976. p. 3-20. [Ed. bras.: *Qual socialismo?* Debate sobre uma alternativa. Rio de Janeiro: Paz e Terra, 1983.]

_____. Diritto privato e diritto pubblico in Hegel. *Rivista di filosofia*, v.48, n.7-8-9, out. 1977a. [Ed. bras.: Direito privado e direito público em Hegel. In: BOBBIO, N. *Estudos sobre Hegel*. São Paulo: Editora Unesp, Brasiliense, 1989. p.111-42.]

_____. Marxismo e questione criminale. *La questione criminale*, v.3, n.3, set./ dez. 1977b.

BOBBIO, N. Marxismo e socialismo. *Mondoperaio,* v.31, n.5, maio 1978a.

_____. Marx e la teoria del diritto. *Sociologia del diritto,* v.5, fasc. 2, jul./ dez. 1978b.

_____. Teoria dello Stato o teoria del partito? ln: VV.AA. *Discutere lo Stato. Posizioni a confronto su una tesi di Louis Althusser.* Bari, De Donato, 1978c.

_____. Discutendo con Althusser. La crisi è dei marxisti, che si ostinano a cercare una teoria marxista dello Stato. *Il Manifesto,* v.8, n.127, 30 maio 1978d.

_____. *Il problema della guerra e le vie della pace.* Bologna: Il Mulino, 1979. [Ed. bras.: O *problema da guerra e as vias da paz.* Tradução: Álvaro Lorencini. São Paulo: Unesp, 2003.]

_____. *Un tentativo di risposta alla crisi del marxismo. Teoria politica,* v.8, n.3, 1992a.

_____. Sinistra e destra. *La Stampa,* a.126, n.331, 3 dez. 1992b.

_____. Ancora a propósito di marxismo. Carta a Costanzo Preve. *Teoria politica,* v.9, n.1, 1993a.

_____. Invito a rileggere Marx. *Teoria politica,* v.9, n. 2, 1993b.

_____. *Ideological Profile of Twentieth-Century Italy.* Tradução: Lidia G. Cochrane. Prefácio: Massimo L. Salvadori. Princeton, New Jersey, Princeton University Press, 1995. (The Giovanni Agnelli Foundation Series in Italian History.)

BOBBIO, N. MATTEUCCI, N., PASQUINO, G. (coords.). *Dizionario di Politica.* 2. ed. Torino: Utet, 1983. [Ed. bras.: *Dicionário de Política.* Brasília: Editora Universidade de Brasília, 1986.]

BOHLER, D. Zu einer historisch-dialektischen Rekonstruktion der bürgerlichen Rechts. In: VV.AA. *Probleme der marxistischen Rechtstheorie.* Frankfurt: Suhrkamp, 1975.

BUKHARIN, N., PREOBRACHENSKY, E. *L'ABC del comunismo.* Milano: Avanti!, 1921.

CALVEZ, J. Y. *La pensée de Karl Marx.* Paris: Éditions du Seuil, 1956.

CANFORA, Luciano. *Marx vive a Calcutta.* Bari: De Donato, 1992.

CERRONI, U. *Il pensiero giuridico soviético.* Roma: Editori Riuniti, 1969.

CHERUBINI, G. Logica formale e dialettica in un dibattito sovietico. *Società,* v.9, 1953.

CHIODI, P. Recensão de ROTH, A. *Edmund Husserl ethische Untersuchungen. Dargestellt anhand seiner Vorlesungsmanuskripte.* Den Haag: M. Nijhoff, 1960. *Rivista di filosofia,* v.54, n.4, 1963.

COEN, F. (org.). *Il marxismo e lo Stato. Il dibattito aperto nella sinistra italiana sulle tesi di Norberto Bobbio.* Roma: Mondoperaio, 1976.

DELLA VOLPE, G. Per una metodologia materialistica dell'economia. *Società*, v.13, p.36-72, 1957a.

_____. *Rousseau e Marx.* Roma: Editori Riuniti, 1957b.

_____. Il marxismo e la dialettica de Hegel. *Rinascita*, v.13, n.10-11, out./nov. 1957c.

_____. Il problema della libertà egualitaria nello sviluppo della moderna democrazia. In: _____. *Rousseau e Marx e altri saggi di critica materialistica.* 4.ed. Roma: Editori Riuniti, 1964.

ENGELS, F. *Ludovico Feuerbach e il punto d'approdo della filosofia clássica tedesca.* Mosca: Edizioni in lingue estere, 1947.

_____. Per la storia deli a lega dei comunisti (1885). In: MARX, K., ENGELS, F. *Il partito e l'internazionale.* Roma: Rinascita, 1948a.

_____. Carta a Bebel. 18 de março de 1875. In: MARX, K., ENGELS, F. *Il partito e l'internazionale.* Roma: Rinascita, 1948b.

_____. *Antidühring.* Roma: Rinascita, 1950a.

_____. *Dialettica da natura.* Roma: Rinascita, 1950b.

FEUERBACH, L. *Principi della filosofia dell'avvenire.* 2.ed. Torino, Giulio Einaudi, 1948.

FORTINI, F. Il lusso della monotonia. *Ragionamenti*, v.2, n.7, out./nov. 1956.

GALTUNG, J. *Imperialismo e rivoluzione. Una teoria strutturale.* Introdução de A. Anfossi. Torino: Rosemberg & Sellier, 1977.

GERRATANA, V. Bobbio e lo stalinismo. *Il Contemporaneo*, v.3, n.4, 20 out. 1956.

GUASTINI, R. Il lessico giuridico di Marx 1843-1844. In: TARELLO, G. (org.). *Materiali per una storia della cultura giuridica*, v.3, n.1, 1973.

HAMILTON, A.; JAY, J.; MADISON, J. *Il Federalista.* Pisa: Nistri-Lischi, 1955.

HEGEL, G. W. F. *Lineamenti di filosofia dei diritto.* Bari: Laterza, 1974.

HUSSERL, E. *Crisi delle scienze europee e la fenomenologia trascendentale.* Milano: Il Saggiatore, 1961.

KORSCH, K. *Karl Marx.* Bari: Laterza, 1969.

SYLOS LABINI, Paolo. Carlo Marx: è tempo di un bilancio. *Il Ponte*, v.47, n. 8-9, ago./set. 1991.

LEFÈBVRE, Henri. *Il materialismo dialettico.* Torino: Einaudi, 1947.

LENIN, N. Tre fonti e tre parti integranti del marxismo (1913). In: _____. *Opere Scelte*. Mosca: Edizioni in lingue estere, 1949a. v.1.

_____. Stato e rivoluzione (1917). In: _____. *Opere Scelte*. Mosca: Edizioni in lingue estere, 1949b. v.2.

_____. Due tattiche della socialdemocrazia nella rivoluzione democratica (1905). In: _____. *Opere scelte*. Mosca: Edizioni in lingue estere, 1949c. v.1.

_____. I compiiti del proletariato nella nostra rivoluzione (1917). In: _____. *Opere scelte*. Mosca: Edizioni in lingue estere, 1949d. v.2.

_____. L'estremismo, malattia infantile del comunismo (1920). In: _____. *Opere scelte*. Mosca: Edizioni in lingue estere, 1949e. v.2.

_____. Sullo Stato (1919). In: _____. *Marx-Engels-marxismo*. Roma: Rinascita, 1952. p.393-411.

LUKÁCS, G. *Geschichte und Klassenbewusstsein. Studien über marxistische Dialektik*. Berlin: Der Malik Verlag, 1923.

_____. *Storia e coscienza di classe*. Torino: Einaudi, 1959.

_____. *La distruzione della ragione*. Milano: Sugar, 1967.

_____. *Storia e coscienza di classe*. 4.ed. Milano: Sugar, 1971.

_____. *Per l'ontologia dell'essere sociale*. Roma: Editori Riuniti, v.I, 1976; v.II, 1981.

LUKIC, R. *Théorie de l'État et du droit*. Paris: Dalloz, 1974.

MARSONET, M. La crisi dell'antropologia filosofica marxista. In: *Biblioteca della libertà*, n.116, 1992.

MARX, K. *Manoscritti economico-filosofici dei 1844*. Prefácio e tradução de Norberto Bobbio. Torino: Giulio Einaudi, 1949. 2.ed. 1968. [Ed. bras.: *Manuscritos economico-filosóficos*. Tradução, apresentação e notas Jesus Ranieri. São Paulo: Boitempo, 2004.]

_____. *Miseria della filosofia*. Roma: Rinascita, 1950a.

_____. *Critica della filosofia hegeliana del diritto pubblico*. In: _____. *Opere filosofiche giovanili*. Roma: Rinascita, 1950b. [Ed. bras. *Crítica da filosofia do direito de Hegel*. São Paulo: Boitempo, 2005.]

_____. *Opere filosofiche giovanili*. Roma: Rinascita, 1950c.

_____. *Scritti politici giovanili*. Org.: Luigi Firpo. Torino: Einaudi, 1950d.

_____. *Il capitale*. Roma, Rinascita, 1952. [Ed. bras.: *O capital*. São Paulo: Abril Cultural, 1983. Tradução Regis Barbosa e Flávio R. Kothe.]

_____. *Per la critica dell'economia politica*. Roma: Rinascita, 1957.

_____. *Il capitale*. Roma: Editori Riuniti, 1965. v.3.

MARX, K. *Il capitale*. Roma: Editori Riuniti, 1967. v.1.

_____. *Lineamenti fondamentali di critica dell'economia politica*. Organização: G. Backhaus. Torino: Einaudi, 1976. v.1.

MARX, K., ENGELS, F. *Manifesto del partito comunista*. In: _____. *Il partito e l'internazionale*. Roma: Rinascita, 1948. [Ed. bras.: *Manifesto do partido comunista*. Petrópolis: Vozes, 1988.]

_____. *Carteggio Marx-Engels*. Roma: Rinascita, 1951.

_____. *La Sacra Famiglia*. Roma: Editori Riuniti, 1954.

_____. *Ideologia tedesca*. Roma: Rinascita, 1958. [Ed. bras.: *A ideologia alemã*: Feuerbach, a oposição entre as concepções materialista e idealista. São Paulo: Martin Claret, 2006.]

_____. *Il 18 brumaio di Luigi Bonaparte*. In: _____. *Le opere*. Roma: Editori Riuniti, 1966a. [Ed. bras.: MARX, K. *O 18 brumário de Luís Bonaparte*. In: _____. Manuscritos econômico-filosóficos e outros textos escolhidos. v.II. São Paulo: Abril, 1974. [Os pensadores.]

_____. *Le opere*. Roma: Editori Riuniti, 1966b.

MERKER, N. Una discussione sulla dialettica. *Società*, v.12, p.819-48, 1956.

MÉSZÁROS, I. Marxism today. *Radical Philosophy*, outono de 1992.

NEGT, O. La teoria marxista dello Stato. In: VV.AA. *Stato e teorie marxiste*. Organização: G. Carandini. Milano: Mazzotta, 1977.

PACI, E. *Funzione delle scienze e significato dell'uomo*. Milano: Il Saggiatore, 1963.

PAUL, W. *Marxistische Rechtstheorie als Kritik dês rechts*. Frankfurt: Athenäum, 1974.

_____. Der aktuelle Begriff marxisticher Rechtstheorie. In: VV.AA. *Probleme der marxistichen Rechtstheorie*. Frankfurt: Suhrkamp, 1975.

POULANTZAS, N. *Pouvoir politique et classes sociales*. Paris: Maspero, 1968.

_____. *L'État, le pouvoir, le socialisme*. Paris: PUF, 1978.

PREVE, C. *La filosofia imperfetta. Una proposta di ricostruzione del marxismo contemporaneo*. Milano: Franco Angeli, 1984.

_____. *Il filo d'Arianna. Quindici lezioni di filosofia marxista*. Milano: Vangelista, 1990.

_____. *Il convitato di pietra. Saggio su marxismo e nichilismo*. Milano: Vangelista, 1991.

RACINARO, R. *La crisi del marxismo nella revisione di fine secolo*. Bari: De Donato, 1978.

REICH, N. *Marxistische Rechtstheorie*. Tübingen: Mohr, 1973.

ROSSI, M. "Rovesciamento" e "nucleo razionale" della dialettica hegeliana secondo Marx. *Opinione*, v.2, n.4/6, out. 1956/mar. 1957a.

_____. L'ostoricismo mistificato della fenomenologia hegeliana. *Società*, v.13, 1957b.

ROY, C. *Clefs pour la Chine*. Paris: Gallimard, 1953.

STALIN, J. *Questioni del leninismo*. Mosca: Edizioni in lingue estere, 1948.

TREVES, R. Marx e la sociologia del diritto. *Sociologia del diritto*, v.5, fasc. 2, jul./dez. 1978.

VECA, S. Marx e la teoria deli a giustizia. *Teoria politica*, v.9, n.2, 1993.

VENEDIKTOV; A. V. *La proprietà socialista dello Stato*. Torino: Einaudi, 1953.

VISKOVIC, N. *Thèses sur la théorie marxiste du droit*. Split, 1975.

VV.AA. *Studi sulla dialletica*. Torino: Taylor, 1958.

_____. *Politica di potenza e imperialismo*. Organização de S. Pistone. Milano: Angeli, 1973.

_____. *Probleme der marxistischen Rechtstheorie*. Organização de H. Rottleuthner. Frankfurt: Suhrkamp, 1975.

_____. *Il marxismo e lo Stato*. Il dibattito aperto nella sinistra italiana sulle tesi di Norberto Bobbio. Prefácio de Federico Coen. Roma: Mondoperaio, 1976.

_____. *Studi sulla teoria dell'imperialismo*. Dall'analisi marxista alle questioni dell'imperialismo contemporaneo. Organização de OWEN, R., STUCLIFFE, B. Torino: Einaudi, 1977.

_____. *Problemi della sanzione*. Società e diritto in Marx. Le relazioni. Organização de Rinaldo Orecchia. Roma: Bulzoni, 1978a. v.I.

_____. *Discutere lo Stato*. Posizioni e confronto su una tesi di Louis Althusser. Bari: De Donato, 1978b.

_____. Potere e opposizione nelle società post-rivoluzionarie. *Quaderni de "Il Manifesto"*, n.8, Roma, Alfani Editori, 1978c.

_____. *Filosofia e politica*. Scritti dedicati a Cesare Luporini. Firenze: La Nuova Italia, 1981.

_____. *Ripensare il 1956*. Annali della Fondazione Giacomo Brodolini, Roma: Lerici, 1987.

ZOLO, D. *La teoria comunista dell'estinzione dello Stato*. Bari: De Donato, 1974.

SOBRE O LIVRO

Formato: 14 x 21 cm
Mancha: 23 x 39 paicas
Tipologia: Iowan Old Style 10/14
Papel: Pólen Soft 80 g/m² (miolo)
Cartão Supremo 250 g/m² (capa)
1ª edição: 2006

EQUIPE DE REALIZAÇÃO

Edição de Texto
Andréia Schweitzer (Preparação de Original)
Sandra Garcia Cortés e Ruth Mitzuie Kluska (Revisão)
Anselmo Vasconcelos (Atualização Ortográfica)

Editoração Eletrônica
Casa de Ideias

Impressão e Acabamento

Bartiragráfica

(011) 4393-2911